현대문화를 연구하고 대중문화 속에서 사는 청년들에게 복음을 전해 온 윤영훈 교수의 이 책은 문화를 통해 복음을 소통하고 복음의 문화를 대중화하려는 깊은 의지의 열매다. 우리 귀에 익숙한 대중음악으로 성경의 메시지를 전하는 방식이 매우 흥미로운데, 젊은 세대와 소통하려는 저자의 지혜가 엿보인다. 아울러 진리를 드러내는 새로운 방식을 따라가다 보면 그리스도인의 신앙과 교양이 함께 넓어지리라 확신한다.
강진구 고신대학교 국제문화선교학과 교수, 영화평론가

오늘날 한국 그리스도인은 범람하는 대중문화 속에서 살지만, 어떻게 대응해야 할지 몰라 배타적으로 거부하거나 별생각 없이 따라 하고 있다. '문화신학자' 윤영훈은 탁월한 식견과 문장을 바탕으로 국내외 대중음악 명곡들에 담긴 삶의 통찰과 메시지를 묵상의 재료로 삼는다. 이 책은 대중음악에 대한 교양서로도 뛰어나지만, 그리스도인이 대중문화에 담긴 인간에 대한 이해와 영성적 의미를 어떻게 읽어 내야 하는지를 솜씨 좋게 안내하는 명저라 할 만하다.
구제홍 명지대학교 교목실장, 교양학부 교수

이 책은 독특하다. 저자는 우리가 즐겨 부르는 가요와 팝송의 주옥같은 노랫말을, 깊은 묵상을 바탕으로 믿음, 삶, 사회라는 세 갈래로 나누고, 전혀 다른 가사로 다가오게 만든다. 그 매력이 너무 빼어나다. 세상 속에 자연스럽게 녹아 있는 저자의 신선한 시각이 참 좋다. 나에 대한 의문이 들 때는 장기하의 "싸구려 커피"를 들어봐야겠다는 마음이 들게 하고, 또 세상이 왜 이렇게 악하냐며 한탄하는 이에게는 마빈 게이의 "왓츠 고잉 온?What's going on?"을 들려주며 "사랑이 모르는 답은 없다"고 권면해 줄 지혜도 생기게 한다.
문애란 지앤엠글로벌문화재단 이사장/대표

평소 좋아하는 노래를 듣고 부르며 예수님의 사랑을 만나다니, 큰 기쁨이다. 노래 하나하나마다 마음속으로 깊이 묵상해 끌어올린 글이 함께 실려 있다. 세상 한가운데서 하나님의 사랑과 정의를 붙잡고 처절하게 몸부림쳤던 음악인들의 삶이 생생히 그려진다. 수없이 반복해 듣던 명곡들이 언제나 새로웠던 이유가 바로 그 때문이었다. 하나님의 사랑이 더욱 깊이 다가온다.
박태희 YB 베이시스트

영화가 "신학의 장場"이 될 수 있다면 대중음악 역시 그렇다. 사실 훨씬 더 명시적으로 신학적일 때가 많다. 그렇다면 이 책은 대중음악에 녹아든 신학을 풀어내는 주석이다. "선지자의 말이 지하철 벽에 써 있다"라고 사이먼과 가펑클이 노래한 지도 반세기가 넘었다. 세속의 한복판에서 그들의 애환을 누구보다 깊이 품고 씨름했던 "세속 선지자"들이 지은 노랫말에 대한 신학적 해석은 세상이 진리와 자신과 사회 문화를 어떤 시각으로 보고 있는지를 우리에게 알려 준다. 이 책은 지금도 귓전에 쟁쟁히 울려 퍼지고 여전히 입술에 맴도는 그들의 메시지를 어떻게 성경적으로 보아야 할지를 알려 주는 안내서다.
신국원 총신대학교 신학과 교수, 『변혁과 샬롬의 대중문화론』 저자

아무런 신앙적 근거 없이 대중음악을 사탄의 음악으로 매도하는 우매하며 오만한 신앙인들에게 지혜를 전하는 귀한 책이다. 특히 상당수 서구 대중음악이 복음에 바탕을 두고 있음을 일깨우는 귀한 자료라 할 수 있다.
이무영 영화감독, 팝 칼럼니스트, 『명곡의 재발견』 저자

한국 교회를 향한 사회의 질타에 귀를 기울인다면, 우리가 세상과 전혀 소통하지 못했음을 알게 될 것이다. 따라서 그 어느 때보다도 이웃의 삶과 문화를 소개하고 분석하고 해석해 주는 문화비평 작업이 절실한 지금, 문화신학자이자 대중음악 연구자인 윤영훈 교수의 신학적 음악비평을 담은 책이 출간되어 다행이다. 이 책이 한국 교회의 문화적 감수성을 바꾸고 나아가 우리 시대의 종교개혁을 일으키는 단초가 되길 기대한다. 무엇보다도 이 책이 품고 있는 따스한 메시지가 교회 안팎의 청년들에게 격려와 희망을 안겨 줄 것이라 믿어 마지않는다.
이원석 문화연구자, 『거대한 사기극』, 『공부란 무엇인가』 저자

몇 해 전 대중음악 속에 녹아 있는 하나님의 말씀을 전하겠다고 『노래로 듣는 설교』를 냈다가 여기저기서 양가적 판단을 받은 바 있는 내게 『윤영훈의 명곡 묵상』은 또 다른 확신을 선사한다. "그래, 우리는 혼자가 아냐!But I'm not the only one!"(존 레논의 "이매진 Imagine" 중에서) 이 책에서 저자는 대중음악에 대한 전문 지식, 신학과 기독교 역사에 대한 반성적 연구, 현실에 대한 냉철하고도 윤리적인 판단, 이 모두를 익숙한 노래들에 버무려 내놓는다. 피조물인 우리가 창조한 대중문화 속에서 창조자의 숨결을 느끼는 작가의 깊은 영적 감수성을 모든 이들에게 강력 추천한다.
이충범 협성대학교 신학과 교수, 『노래로 듣는 설교』 저자

우리는 노래에서 예술적 감동을 먼저 느끼지만, 노래의 배경 정보나 그 밑에 흐르는 의미를 포착하면 이차적인 또 다른 느낌을 얻으면서 노래의 매혹을 더욱 가슴 깊이 간직하게 된다. 이는 노래를 보는 관점과 시야가 확장되면서 이루어지는데, 이 책은 좀처럼 사용되지 않던 종교적·성경적·실존적 시각을 적용한다는 점에서 독특성을 획득한다. 그 덕에 밥 딜런, U2, 존 레논, 그리고 시인과 촌장, 김광석, 들국화처럼 대중음악 역사를 장식하는 명작들이 아주 새롭게 그리고 묵직하게 다가온다. 감화력의 확장이다. 예술에서 해석이 얼마나 중요한지를 다시금 일깨우는 진지한 묵상, 놀라운 저술이다!
임진모 대중음악 평론가, 『팝, 경제를 노래하다』 저자

한 노래에는 한 인간의 실존이 오롯이 담긴다. 노래로 들여다보는 풍경에는 음악가가 동시대 사람들과 나눈 교제가 함께 담기는 셈이다. 그러므로 음악은 소통 이전에 먼저 교제다. 이 책은 그 교제를 깊이 있게 제대로 보여 주어 참 좋다. 막막한 이곳에서 우리가 쉼 없이 나누는 "우리는 누구이며 어디로 가는 존재인가"라는 대화 말이다. 예리하지만 따뜻하게 노래를 묵상한 글들은 우리에게 예술을 주신 이의 일반 은총을 떠올리게 하고, 세상의 모든 예술가를 지으시고 함께 일하시는 분의 손길을 다시 돌아보게 만든다.
하덕규 시인과 촌장, 백석대학교 기독교실용음악과 교수

윤영훈의
명곡묵상

IVP(InterVarsity Press)는
캠퍼스와 세상 속의 하나님 나라 운동을 지향하는
IVF(InterVarsity Christian Fellowship)의 출판부로
생각하는 그리스도인을 위한 문서 운동을 실천합니다.

윤영훈의
명곡묵상

길 위에서
자유롭게

윤영훈 지음

Ivp

차례

9　　머리말 | 길 위에서 자유롭게

1부 | 믿음_ 진리를 찾는 여정

23　　함께 가는 길, 두렵지 않네
　　　벤 E. 킹 "Stand by Me"

37　　내려놓아요
　　　비틀즈 "Let It Be"

51　　끝까지 가는 거야
　　　U2 "I Still Haven't Found What I'm Looking for"

63　　짙은 어둠은 빛을 가리킨다
　　　콜드플레이 "Fix You"

75　　내가 어쩔 수 없는 어둠
　　　시인과 촌장 "가시나무"

87　　별에서 온 그대
　　　심수봉 "백만 송이 장미"

97　　내가 누군지 알기 위해
　　　신해철 "민물장어의 꿈"

2부 | 삶_ 나 자신으로 산다는 것

111　 길 위에서 자유롭게
　　　밥 딜런 "Like a Rolling Stone"

127　 나를 사랑하는 법
　　　휘트니 휴스턴 "Greatest Love of All"

139　 영웅은 바로 내 안에
　　　머라이어 캐리 "Hero"

151　 내면의 아름다움을 보라
　　　에이브릴 라빈 "Sk8er Boi"

165	다시 행진
	들국화 "그것만이 내 세상" "행진"
181	때를 따라 아름답게
	김광석 "일어나"
191	제3의 길을 찾아서
	YB "나는 나비"
203	잉여, 다른 삶의 가능성
	장기하와 얼굴들 "싸구려 커피" "아무것도 없잖어"

3부 | 사회_ 어제보다 나은 세상

221	죽어도 사라지지 않는 꿈
	존 레논 "Imagine"
235	사랑이 모르는 답은 없다
	마빈 게이 "What's Going on?"
247	희망의 리듬을 타는 사람들
	밥 말리 "No Woman, No Cry"
261	함께 기도하는 사람이 있기에
	본 조비 "Living on a Prayer"
273	무기가 쟁기가 되는 세상
	마이클 잭슨 "Heal the World"
287	같이 갈 수 있어요
	U2 "One"
301	더 좋은 세상은 어디에
	한대수 "행복의 나라로"

314	주

연대순 차례

◎ 영미 팝송

23	함께 가는 길, 두렵지 않네	Ben E. King – "Stand by Me"(1961)
111	길 위에서 자유롭게	Bob Dylan – "Like a Rolling Stone"(1965)
37	내려놓아요	The Beatles – "Let It Be"(1970)
221	죽어도 사라지지 않는 꿈	John Lennon – "Imagine"(1971)
235	사랑이 모르는 답은 없다	Marvin Gaye – "What's Going on?"(1971)
247	희망의 리듬을 타는 사람들	Bob Marley – "No Woman, No Cry"(1974)
127	나를 사랑하는 법	Whitney Houston – "Greatest Love of All"(1988)
261	함께 기도하는 사람이 있기에	Bon Jovi – "Living on a Prayer"(1986)
51	끝까지 가는 거야	U2 – "I Still Haven't Found What I'm Looking for"(1987)
273	무기가 쟁기가 되는 세상	Michael Jackson – "Heal the World"(1991)
287	같이 갈 수 있어요	U2 – "One"(1991)
139	영웅은 바로 내 안에	Mariah Carey – "Hero"(1992)
151	내면의 아름다움을 보라	Avril Lavigne – "Sk8er Boi"(2002)
63	짙은 어두움은 빛을 가리킨다	Coldplay – "Fix You"(2005)

◎ 한국 가요

301	더 좋은 세상은 어디에	한대수 – "행복의 나라로"(1974)
165	다시 행진	들국화 – "행진" "그것만이 내 세상"(1984)
75	내가 어쩔 수 없는 어둠	시인과 촌장 – "가시나무"(1988)
181	때를 따라 아름답게	김광석 – "일어나"(1992)
87	별에서 온 그대	심수봉 – "백만 송이 장미"(1997)
97	내가 누군지 알기 위해	신해철 – "민물장어의 꿈"(1999)
191	제3의 길을 찾아서	YB – "나는 나비"(2006)
203	잉여, 다른 삶의 가능성	장기하와 얼굴들 – "싸구려 커피""아무것도 없잖어"(2009)

머리말

길 위에서 자유롭게

노래 속에 살아 있는 우리 이야기

어릴 때 난 라디오를 들으며

내가 좋아하는 노래들이 나오길 기다렸지

그 노래가 나오면 나는 따라 불렀고

노래는 날 미소 짓게 했지

> When I was young, I'd listened to the radio,
> Waiting for my favorite songs
> When they played I'd sing along
> It made me smile

_카펜터스Carpenters, "예스터데이 원스 모어Yesterday Once More"

어릴 때부터 음악이 좋았습니다. 1980년대, 음악이 귀했던 시절, 나는 매일 밤 라디오에 귀를 기울이고는 내가 좋아하는 노래가 나오길 기다렸습니다. 이종환, 황인용, 박원웅, 이문세, 전영혁이 진행하는 라디오 프로그램은 나의 희로애락을 함께한 놀이터였고, 학교에서 맛볼 수 없었던 감수성을 배우는 '에프엠FM 스쿨'이었습니다. 용돈이 궁하던 때라 좋아하는 앨범을 싼값에 구하려 세운상가 구름다리 '빽판 가게'를 뒤지던 기억들이 지금도 새록새록 떠오릅니다.

그렇게 행복했던 시절은
그리 오래전도 아니건만
어떻게 다 사라져 버린 것일까
그러나 그 노래들을 다시 들으니
나는 오랜 친구를 만난 듯 반갑다
난 그 노래들을 너무나 사랑했었지

Those were such happy times
And not so long ago
How I wondered where they'd gone
But they're back again
Just like a long lost friend
All the songs I loved so well

 음악이 너무 흔해졌습니다. 카펜터스의 노랫말처럼 음악 환경은 급속히 변했고, 턱없이 값싸고 손쉽게 음악에 접근하는 시대가 되었습니다. 그래서 음악에 얽힌 내 그리움이 구닥다리 아저씨의 넋두리처럼 들릴 것도 같습니다. 하지만 변화가 빨라질수록 음악과 함께했던 지난날이 더욱 그리워지고, 멀어지는 청춘을 바라보며 애상에 젖는지도 모릅니다.

 음악은 내게 탈출구였습니다. 입시가 주는 부담과 엄격한 아버지를 피해 음악 안에 정서적 둥지를 틀었습니다. 당시 음악을 좀 듣는다는 녀석들은 대개 하드록 마니아였는데, 나 역시 헤드폰을 타고 볼륨 텐으로 흘러나오는 로큰롤 사운드에 젖어 나만의 세상에 빠져들었습니다.

 그때 즐겨 듣던 노래들은 어른들의 통제에서 벗어난 자유로운 시공간으로 나를 안내했습니다. 1950년대에 미국에서 로큰롤이 등장하자, 젊은이들은 기성세대의 주류 음악과는 전혀 다른 음악으로, 또 클럽을 통해 청년 하위문화subculture를 형성했습니다. 미국 대중음악을 듣고 자라며 큰 영향을 받은 1970년대 한국 청년들과 그들의 음악에도 이 흐름은 이어졌으며, 당시 청년들의 사회적 저항성과도 밀접한 관계를 맺습니다. 분명, '노래운동'은 청년문화의 상징입니다.

각 시대에는 그 시대만의 노래가 있습니다. 노래는 여흥을 돋우는 삶의 양념만이 아니라 그 시대의 정서와 정신이 담긴 문화유산입니다. 잊었던 옛 노래를 들으면 시간을 거슬러 그 시절을 떠올리게 됩니다. 어른이 되면서 어릴 때 좋아했던 노래들이 새롭게 내 마음에 들어왔습니다. 어릴 때는 그저 멜로디가 좋아서 듣던 노래들의 가사가 나의 이야기로 다가온 것입니다. 그 노랫말들은 당시 사람들의 정신과 마음과 공명하면서 시대의 흐름을 이끌었습니다. 음악평론가 강헌이 말한 대로 "20세기 이후 인간의 일상에 음악이 개입하지 않은 순간은 거의 없다"[1]고 해도 과언은 아닙니다.

"눈보라가 휘날리는 바람 찬 흥남 부두에…." 한국 전쟁의 혼돈을 겪은 이들은 "굳세어라 금순아"에 공감하고, 그때를 살지 않은 우리도 현대사의 비극을 생생하게 느끼게 됩니다. "어머니는 짜장면이 싫다고 하셨어." 이 기막힌 가사가 전하는 공감은 우리 마음을 그냥 짠하게 만듭니다. "환상 속에 그대가 있다. 지금 여기 내 모습은 진짜가 아니라고 말한다." 다가올 포스트모던 사회에서 과잉실재가 무차별 복제되는 세태를 1992년의 서태지는 어떻게 알았을까요? 대중음악은 지난 시간이 남긴 흔적, 그 당시 보통 사람들의 일상과 체취를 담고 있습니다. 그래서 노래에 담긴 시대 정서는 그 노래를 이해하는 핵심입니다. 클래식 음악도 어떤 점에서는 그렇겠지만, 대중음악을 더 잘 이해하기 위해서는 콘텍스트가 더욱더 중요합니다.

머리말

노래에 담긴 종교, 종교를 담아낸 노래

종교는 모든 문화에 의미를 주는 실체적 내용이며
문화는 종교의 근원적 관심이 표현되는 형식이다.[2]
_폴 틸리히|Paul Tillich

고등학교를 졸업하고 신학교에 입학하고 나서는 기독교 신앙과 세속 문화 사이에서 크게 갈등했습니다. 당시 한국 교회에는 "대중음악에 나타난 사탄의 현상" 같은 세미나가 유행했지요. 대중음악은 건전한 그리스도인이라면 기피해야 하는 세속 문화로 여겨졌습니다. 나는 대중음악과 아쉬운 작별을 고해야 했습니다. 그래야만 건전한 그리스도인이 될 수 있다고 생각하며 내 오랜 친구들을 중고상에 헐값으로 팔아넘기는 신앙적 결단을 단행했습니다. 지금 생각하면 어처구니없지만 당시는 너무나 심각한 양자택일의 문제였습니다.

이후 미국으로 유학을 떠나 종교문화사를 전공했는데, 지도교수님은 음악에 관심이 많은 내게 그 방면의 연구를 권했습니다. 그러던 중 나는 대중음악과 대중적 종교의 역사적 뿌리와 발전 과정이 상당히 유사하다는 사실을 알았고, 그동안 일반 문화계가 간과해 왔지만 유명 음악인들과 그들의 노래에도 종교적 영향과 흔적이 두드러짐을 발견했습니다.

종교와 대중문화는 분리될 수 없는 연결고리를 그 시초부터 공유합니다. 근대 기독교 부흥운동 이후의 회중찬송은 아이작 왓츠Isaac Watts와 찰스 웨슬리Charles Wesley 등의 창작시에 민속적 멜로디를 입힌 형태로 나타나는데, 신자의 삶과 고백에 엄청난 영향을 미치며 발전합니다. 이후 회중찬송은 당대에 가장 보편적 멜로디로 창작되어 널리 퍼지면서 부흥운동의 엔진 역할을 합니다. 또한 미국에 끌려온 흑인들은 초창기부터 그들만의 특별한 영성과 음악적 은사를 활용해 백인 찬송과는 전혀 다른, 리듬과 당김음법syncopation이 두드러진 '흑인 영가Negro Spiritual' 전통을 발전시켜 나갑니다.³

미국에서 백인의 회중찬송과 흑인의 영가와 가스펠은 재즈와 블루스, 컨트리와 포크의 발흥과 함께 서로 영향을 주고받으며 현대 대중음악의 뿌리가 되었고, 대중적 설교가들의 순회 전도와 집회를 인도하는 기술은 이후 대중음악인들의 '투어'와 콘서트, 방송인들의 스탠딩 토크쇼의 원형이 되었습니다. 예일 대학교의 역사학자 해리 스타우트Harry Stout는 18세기 미국 제1차 대각성운동의 부흥사인 조지 휫필드George Whitefield가 종교적 지도자 이상으로 전국적인 인기와 명성을 얻은 대중적 스타celebrity였다고 묘사하며, 미국 대중문화의 최초의 스타는 무대stage가 아니라 강단pulpit에서 시작되었다고 주장했습니다.⁴

즉, 미국 기독교는 세속문화로부터 형식 면에서 많은 영향을 받았으며, 동시에 당대의 대중문화에도 절대적 영향을 미치며 발전했습니다. 또한 양자는 그렇게 문화적으로 교류하며 유럽과는 구별된 미국적인 '대중'음악과 '대중'예배의 전통을 형성했습니다.⁵ 이처럼 문화와 종교가 지닌 역사와 성격을 함께 분석하면, 양자를 더 잘 이해하는 통찰을 얻을 수 있습니다.

한국에서도 일제 강점기 이후 미국과 일본에서 유입된 새로운 음악 흐름들이 전통적 노래 양식과 만나 한국 대중음악의 다양한 흐름을 만들어 왔습니다. 서구 음악의 가장 중요한 창구는 기독교 선교사였으며, 기독교는 한국 음악의 근대화에도 큰 영향을 미쳤습니다. 해방 이후 등장한 청년문화에는 미 8군 무대뿐 아니라 교회와 기독교 기관들도 큰 역할을 하는데, 이들은 한국 대중음악사에서 무시할 수 없는 중요한 뿌리가 됩니다. 특히 와이엠씨에이YMCA는 1965년부터 "싱어롱 와이Sing Along Y"라는 통기타 교실을 열어

복음성가뿐 아니라 건전한 팝송을 배우고 함께 부르는 공간을 제공했으며, 한국 포크 음악의 요람으로 자리매김합니다.

더 나아가 오늘날 대중문화에는 종교적 아우라를 품은 콘텐츠들이 자주 눈에 띕니다. 이들은 즐거움을 넘어 청중에게 종교적인 체험을 불러일으킵니다. 심지어 기독교에 비판적이고 반종교적인 노래에도 매우 중요한 종교적 관심과 질문들이 숨어 있지요. 폴 틸리히가 말한 대로 종교에는 인류의 모든 문화가 내포하고 제기하는 '궁극적 관심ultimate concern'과 '질문'이 담겨 있으며, 종교적 믿음과 내용은 보편적 문화 형식으로만 표현되고 소통될 수 있습니다.

예수는 누군가의 죄를 위해 죽으셨지만, 나의 죄는 아니야⋯
나의 죄는 나의 것, 그것들은 내게 속한 거지, 바로 나 말야

    Jesus died for somebody's sins but not mine⋯
    My sins my own. They belong to me, me

_페티 스미스Petti Smith, "글로리아Gloria"

어쩌면 저 위에 신이 있을지도 몰라

하지만 내가 사랑에서 배운 것은

총을 더 빨리 뽑아 든 이를 쏘는 방법뿐이지

이건 네가 밤에 들은 울음소리가 아냐

빛을 본 사람도 아니야

그것은 차갑고 부서진 할렐루야였지

    Well, maybe there is a God above
    But all I've ever learned from love
    Was how to shoot somebody who outdrew ya
    And it's not a cry that you hear at night

It's not somebody who's seen the light
It's a cold and it's a broken Hallelujah

_레너드 코헨Leonard Cohen, "할렐루야Hallelujah"

잠자는 하늘님이여 이제 그만 일어나요

그 옛날 하늘빛처럼 조율 한번 해 주세요

_한영애, "조율"(한돌 작사, 작곡)

하늘에 계시지 않는 그들만의 아버지여 그 이름과 나라는 없으며

그 뜻은 하늘에서도 그 뜻은 땅위에서도 이루어지지 않았습니다

오늘날 일용할 양식은 그들이 모두 가졌고

아이들까지도 죽이는 자들을 용서하고 계십니다

무지한 우리들을 시험하지 마옵시고 다만 악에서 구원해 주소서

나라와 권력과 세력과 영광들은 그들에게만 있사옵니다

_코코어, "주기도문"

이 노래들을 들으면 어떤 생각이 드십니까? 일부 그리스도인은 이 노래의 표현들이 세속주의적 무신론을 반영한다며 비판할지 모릅니다. 하지만 이들이 제기하는 문제의식은, 어떤 의미에서 상투적이며 확신에 찬 언어들로 채색된 찬송보다 더 진지한 종교적 묵상을 반영하고 있습니다. 내게는 이 노래들이 오늘날 고통당하는 수많은 이들의 신음으로 들립니다. 이제 그리스도인들이 이들의 질문에 응답할 차례입니다. 바로 여기서부터 진정한 전도와 소통이 시작되지 않을까요?

문화는 신이 부여한 창의성으로 인간이 만들어 가는 콘텐츠이며, 동시에

인간이 살아가는 콘텍스트입니다. 인간은 문화를 떠나 존재할 수 없습니다. 인간에게 문화는 자연을 토대로 한 "제2의 환경"입니다. 문화신학자 신국원이 주장했듯이 타락 이후 인간은 하나님의 창조세계를 문명이라는 이름으로 훼손하고 오염시켰지만, 세상을 아름답게 돌보고 가꾸라는 하나님의 문화명령이 취소된 것은 아닙니다. "문화는 타락보다 앞서며 문화의 기원은 창조에 있습니다." 인간은 이해와 분석, 느낌과 직관, 상상력을 동원해 이 세상을 파악하고 예술적 솜씨를 발휘하여 가꾸어 가는 소명을 감당해야 합니다.[6]

하지만 모든 대중음악을 무분별하게 수용하고 즐기는 것은 신앙뿐 아니라 음악 자체에도 해롭습니다. 오늘날 상업적으로 기운 음악 문화는 분명 비판할 여지가 많습니다. 대중의 취향과 정서를 대변하기보다 대중을 특정한 음악에 종속시켜 다양성을 상실해 가고 있는 것이 사실입니다. 문화를 건강하게 비평하는 힘을 지닐 때 우리는 문화의 풍성함을 보다 즐겁고 온전하게 누릴 수 있습니다.

그러기 위해서는 음악에 담긴 예술가의 의도와 미학적 시도를 적극적으로 청취하고 해석해, 늘 새로운 실험의 가능성을 염두에 두고 대안을 모색하는 창조적 청취 문화가 필요합니다. 수많은 대중음악 명곡들은 청중과의 바로 이런 적극적 상호작용에 힘입어 우리 곁에 머물고 있는 것입니다.

길의 노래, 자유의 노래

이 책에서 대중음악 명곡들을 추려 두 방향에서 살펴보았습니다. 먼저, 대중음악에 깊이 스며 있는 신앙 고백들을 찾아내려 했습니다. 다음으로는 종교적 고백이 없는 대중음악의 메시지를 종교적으로 해석하고 적용했습니다. 수록된 스물두 노래는 모두 대중음악사의 명곡으로 인정받으며, 즐김을 넘어 탐독되고 새롭게 해석되는 문학적·사회적 텍스트로서 가치를 담고 있습니다. 이는 이 노래들이 개인의 고백을 넘어 함께 듣고 부른 모든 이들의 보편적 이야기가 되었음을 의미합니다. 이 책은 대중음악이 지닌 보편적이고 역사적인 가치를 재발견하려는 소박한 묵상집입니다.

이 책은 2013년부터 2015년까지 월간 「워십리더」에 "명곡 속의 영성"이라는 제목으로 연재한 글을 묶은 것입니다. 1960년대부터 2000년대까지 우리가 보편적으로 반드시 알아야 할 팝 명곡들이 인종, 성별, 장르 별로 다양하게 선곡되어 있어서 이 책을 연대순으로 읽는다면 지난 대중음악의 역사를 대략적으로나마 이해할 수 있을 것입니다. 특히 일곱 곡의 한국 가요는 1970년대 한대수부터 최근의 장기하까지 청년 세대의 가슴을 뛰게 한 노래들이기에, 오늘날 길을 잃은 청춘들에게 많은 공감을 나눌 수 있기를 기대합니다. 다만 힙합 노래가 포함되지 않아 무척 아쉽습니다. 오늘날 힙합은 젊은 층이 가장 환호하는 음악 장르이며 가사의 철학과 미학을 가장 효율적으로 표현할 수 있는 음악 양식입니다. 끝에 한 곡을 추가하려 했으나 힙합의 메시지 분석은 또 다른 중요한 프로젝트라 판단해 다음을 기약하며 미루었습니다.

이 책에서 소개한 노래의 공통 키워드는 '길'과 '자유'입니다. 구약 성경에서 제가 만난 하나님은 유목민의 하나님이며, 농경문화에 기초한 이방 종교의 세속적 세계관을 철저히 경계합니다. 신약 성경에서도 예수는 늘 유랑하며 사람들과 이야기를 나누고 하나님 나라의 대안적 가치를 전했습니다. 그 삶은 제자들에게도 그대로 이어집니다. 길 위의 삶은 분명 고달프지만 무엇에도 종속되지 않는 자유로운 삶입니다.

이 책은 크게 세 부분으로 나뉩니다. 1부의 노래들을 통해서는 그리스도인의 신앙을 돌아보았습니다. 내게 신앙은 단순히 교리를 수용해 해답을 얻는 것이 아니라 진리를 찾는 거룩한 순례의 여정입니다. 그리스도를 영접하

머리말

는 순간 여정이 끝나는 것이 아니라 오히려 시작되지요. 그 순간부터 우리는 불쑥 나타나 우리를 잠식해 오는 의심과 격돌하고, 부조리한 세상 한가운데서 치열한 내적 갈등도 겪습니다. 일곱 노래가 모두 이런 거룩한 여정의 고뇌와 환희를 진솔하게 표현하고 있습니다.

2부의 노래들은 자기 자신으로 사는 자유로운 삶의 길을 제안합니다. 다른 사람들의 길을 무작정 따라가면서 그들의 눈치를 보며 자신을 잃어 가는 삶이 아니라, 자신의 존엄과 자신 안에 꿈틀거리는 진정한 소원을 바라보며 새로운 길을 찾아가는 용감한 삶을 격려하고 축복합니다. 길거리에 '구르는 돌'의 하찮음이 아니라 결코 이끼가 끼지 않는 '구르는 돌'의 강인한 자유에서 다른 삶의 가능성을 찾길 기대합니다. 하나님의 약속은 풍요로운 삶이 아니라 새로운 삶입니다. 이 노래들을 함께 부르며 오늘의 답답하고 꽉 막힌 환경에서 새로운 '행진'을 시작할 수 있지 않을까요?

3부의 노래들은 길벗들과 함께 누리는 새로운 세상을 상상합니다. 이 노래들은 기득권에 저항하며 더 나은 세상을 꿈꾸는 희망의 리듬을 담아냅니다. 히피들의 '사랑과 평화'라는 슬로건처럼 우리 이웃들이 경쟁자가 아니라 친구임을 기억하며 공존하며 서로 나누는 이상 사회를 노래합니다. 이런 세상이 현실에서 가능할까요? 이 꿈은 2천 년 전 예수가 꿈꾸고 전한 하나님 나라의 이상을 공유하고 있는 이들에게는 몽상이 아닙니다. 이상ideal은 가능성possibility의 문제가 아니라 방향direction이며 목표입니다. 적어도 어제보다 더 나은 세상을 위한 오늘의 실천을 이 노래들과 함께 시작할 수 있기를 기대합니다.

이 책을 쓰면서 많은 분의 도움을 받았습니다. 김순애 이사장님, 김명식 교수님, 이명훈 교수님, 남오성 목사님, 고정석 실장님, 강도영 기획자님, 이원석 작가님, 석기용 교수님, 김지향 간사님, 그리고 일러스트를 멋지게 그려 준 차재옥 작가님께 감사드립니다. 이분들은 지난 3년간 홍대 앞에서 함께 공부하며 문화를 통한 세계관 운동을 일군 빅퍼즐 커뮤니티의 소중한 가족들입니다. 이분들과 함께한 지난 시간보다 앞으로 서로 누리게 될 동역에 더 큰 기대를 품고 있습니다.

이 책의 상당 부분은 내 음악 연구의 스승인 임진모 선생님과 대중음악 웹진 「이즘」 필자들에게 많은 도움을 받았습니다. 매주 토요일 머리를 맞대고 음악을 공부하고 글을 쓰는 멋진 분들과 함께할 수 있어 너무나 행복합니다. 부족한 글을 읽어 주시고 추천과 격려의 말씀 전해 주신 구제홍 교수님, 하덕규 교수님, 신국원 교수님, 강진구 교수님, 이충범 교수님, 이무영 감독님, 지앤앰문화재단 문애란 대표님, 그리고 YB의 '밝은별' 박태희 선생님께도 감사드립니다. 이분들은 제 문화 연구와 사역의 귀한 선배들이며 롤모델입니다. 또한 이종복 목사님과 창신교회 성도들, 그리고 제 은사이신 윤동철 교수님께도 감사드립니다. 이 책은 제가 이 모든 분들에게 받은 영감의 결과물입니다.

이 책에 실린 글이 첫 발을 내딛도록 귀한 지견을 마련해 준 「워십리더」 가진수 대표님과 이 책이 출판되도록 지원을 아끼지 않고 애써 주신 IVP의 편집진에게도 감사를 드립니다. 마지막으로 저의 가장 귀한 동반자인 아내 남경빈—심수봉의 "백만 송이 장미"는 당신을 위한 선곡이었소!—과 소중한 가족에게 이 자리를 빌려 쑥스러운 고마움과 미안함과 사랑을 전합니다.

2016년 2월
홍대 앞 연구소에서
윤영훈

머리말

1부 믿음
진리를 찾는 여정

함께 가는 길, 두렵지 않네

벤 E. 킹
"Stand by Me"

밤이 다가오고
땅에는 어둠이 드리워
오직 달빛만 의지할 수밖에 없어도

    When the night has come
    And the land is dark
    And the moon is the only light we see

난 두렵지 않습니다
난 두렵지 않아요
당신이 내 곁에만 있어 준다면 말이죠

    No I won't be afraid
    No I won't be afraid,
    Just as long as you stand, stand by me

사랑하는 사람아 내 곁에 있어 주세요
내 곁에 있어 주세요
내 곁에 있어 주세요

    And darling, darling, stand by me
    Oh stand by me,
    Stand by me, stand by me

우리가 바라보는 하늘이
무너져 내리고
산들은 산산이 무너져
바다로 곤두박질친다 해도

    If the sky that we look upon
    Should tumble and fall
    And the mountains
    Should crumble to the sea

난 울지 않아요 난 울지 않을 거예요
난 눈물을 보이지 않을 거예요
당신이 내 곁에 있어 준다면 말이죠

    I won't cry, I won't cry
    No I won't share a tear
    Just as long as you stand, stand by me

오 그대 그대여 내 곁에 있어 주세요
내 곁에 있어 주세요
내 곁에 있어 주세요

    And Darling, darling stand by me
    Oh stand by me, stand by me,
    Stand by me, stand by me

당신이 힘들어할 때마다
내 곁에 머물 수는 없나요
내 곁에 있어 주세요
내 곁에 있어 주세요

    Whenever you're in trouble
    Won't you stand by me
    Oh stand by me,
    Stand by me, stand by me

아티스트 | 벤 E. 킹
곡명 | Stand by Me
앨범 | Don't Play That Song
발매 연도 | 1962

 "스탠드 바이 미"는 미국에서 남진의 "님과 함께"쯤 되는 국민가요입니다. "둥, 둥, 두둥, 둥, 둥" 하고 시작되는 베이스 기타의 전주가 깔리고 "웬 더 나이트When the night"라는 첫 소절이 시작되면, "아, 이 노래!" 하면서 누구나 따라 흥얼거리게 될 것입니다. 이 노래는 리듬앤블루스 싱어송라이터, 벤 E. 킹Ben E. King이 1961년 발표해 빌보드 차트 4위까지 오른 곡입니다. 이 노래의 단순하지만 흥겹게 반복되는 코드C-Am-F-G-C와, 리드 보컬에 허밍풍의 코러스가 어우러지는 '두왑Doo-wop' 스타일은 당시 가장 유행한 음악적 진행입니다. 이 노래가 크게 히트하면서 이런 구성을 "스탠드 바이 미 코드"라고 부르기도 합니다.

리듬앤블루스

 이 노래를 더 깊이 파고들려면 '리듬앤블루스Rhythm and Blues'라는 음악 장르를 먼저 이해해야 합니다. 미국 팝 음악은 두 가지 흑인 음악을 뿌리로 자라났습니다. 하나는 뉴올리언스에서 탄생해 뉴욕에서 만개한 재즈이며, 다른 하나는 미시시피 주 델타 지역에서 태동해 시카고에 새로운 둥지를 튼 블루스입니다. 흑인에게 비교적 관대했던 뉴올리언스에서는 흑인들이 백인들의 노래와 악기에 자신들 특유의 리듬감을 입혔습니다. 그 결과 밝고 경쾌한 재즈Jazz가 발전했지요. 반면, 미시시피 강 서쪽 지역 흑인들은 백인들에게 더 심하게 억압당했습니다. 흑인 노예들은 악기 사용이 금지되었고 심지어 대화마저도 허락을 받아야 가능했습니다. 그러다 보니 흑인들은 목소리만으로 어둡고 우울한 노동요나 영가를 불렀는데, 이 음악이 나중에 '블루스Blues'가 됩니다. 남북전쟁 이후 블루스는 시카고로 북상해 주로 어쿠스틱 기타와 함께 불리는 솔로 곡 형태로 발전했습니다.

그렇게 블루스는 1940년대까지는 흑인 민중의 구전 가요로 서서히 그 영향력을 확장했습니다. 그러다가 1940년대 말에 이르러 새로운 변화가 찾아옵니다. 블루스가 도시에 상륙하자 어쿠스틱 기타와 함께 느릿느릿 구성지게 부르는 색깔은 옅어지고, 도시의 활기차고 경쾌한 기운을 받아 변신합니다. 멜로디가 빨라지고 리듬도 강해집니다. 그렇게 해서 우리가 잘 아는 리듬앤블루스가 탄생합니다. 특히 젊은 층이 뜨겁게 호응하면서 1950년대에 큰 인기를 얻게 됩니다. 이후 리듬앤블루스는 강한 비트를 동반한 로큰롤이나 1960년대 소울 음악에 지대한 영향을 끼칩니다.[1]

샘 쿡Sam Cooke이나 드리프터스Drifters 같은 리듬앤블루스의 대표 주자들은 대개 가스펠 가수로 출발했지만, 곧이어 낭만적인 사랑 노래를 발표하면서 일반 대중음악계에서도 큰 성공을 거두었습니다. 벤 E. 킹 역시 드리프터스 2기 멤버였으며 리드 싱어로 활동했습니다. 이처럼 리듬앤블루스의 뿌리에는 가스펠이 깊게 자리하고 있습니다. 하지만 기성세대와 보수적 기독교계는 리듬앤블루스에 강하게 반발했습니다. 로큰롤과 마찬가지로 리듬앤블루스는 성행위를 연상시키는 불온한 음악이며 종교적 경건성을 모독한다고 여겼기 때문입니다.

레이 찰스Ray Charles의 일대기를 그린 영화 〈레이Ray〉에는 리듬앤블루스와 가스펠의 융합과 갈등을 잘 보여 주는 상징적 장면이 나옵니다. 레이 찰스는 자신이 좋아하는 가스펠을 리듬앤블루스 리듬으로 변주해 노래합니다. 새로운 시도에 청중은 열광하지만, 교회 지도자들은 신성을 모독당한 불쾌감에 휩싸여 강력하게 항의합니다. 이런 갈등이 당대의 소소한 일화로 비칠 수도

있겠으나 문화와 종교의 갈등은 다양한 모습을 띠고 오래전부터 지금까지 여전히 반복되고 있습니다.

'로큰롤의 황제' 엘비스 프레슬리Elvis Presley는 1960년대 말 자신의 공연 실황에서 이렇게 말했습니다. "지난 10년간 우리는 로큰롤의 탄생과 놀라운 발전을 목격했습니다. 모든 면에서 로큰롤은 크게 발전했고 비틀즈 같은 새로운 스타들도 나타났지요. 하지만 나는 기억하길 원합니다. 로큰롤의 뿌리는 두 가지 음악에 깊이 박혀 있습니다. 가스펠과 리듬앤블루스가 없었다면 로큰롤은 탄생할 수 없었습니다. 그래서 나는 이 두 음악을 깊이 사랑합니다."[2] 그러고는 자신이 사랑하는 가스펠을 메들리로 엮어 무대에서 들려줍니다. 이처럼 흑인 영가와 가스펠, 그리고 블루스와 리듬앤블루스는 미국 흑인들의 한과 흥이 녹아들고, 성과 속이 절묘하게 어우러진 현대의 문화유산입니다.

원곡은 가스펠

"스탠드 바이 미"는 바로 그 가스펠과 리듬앤블루스가 절묘하게 어우러진 명곡입니다. 이 노래는 단순한 사랑 노래에 머물지 않습니다. 벤 E. 킹은 자신이 즐겨 부르던 가스펠 "주님, 내 곁에 있어 주세요Lord, Stand by Me"와 시편 구절을 연결해 낭만적인 사랑 노래로 발표했습니다.

그는 어릴 때부터 교회 성가대에서 노래하며 가수의 꿈을 키우다가 1958년 보컬 그룹 파이브 크라운스Five Crowns를 결성해 활동을 시작했습니다. 같은 해 드리프터스의 매니저 조지 트레드웰Geoge Treadwell은 원래 멤버들을 해고하고, 파이브 크라운스의 다섯 명을 2기 멤버로 영입합니다. 이들은 "데어 고스 마이 베이비There Goes My Baby" "마지막 춤을 나와 함께Save the Last Dance for Me" 같은 곡을 히트시키며 큰 성공을 거둡니다.

함께 가는 길, 두렵지 않네

벤 E. 킹은 드리프터스 앨범에 자신이 좋아하는 가스펠 "주님, 내 곁에 있어 주세요"를 넣고 싶었지만 매니저의 반대로 무산됩니다. 이에 굴하지 않고 1961년 그룹에서 독립해 솔로 가수로 나서면서 이 노래를 재구성해 발표합니다. 바로 그 노래가 "스탠드 바이 미"입니다. 이 노래의 원곡인 "주님, 내 곁에 있어 주세요"는 전형적인 블루스 곡으로 가사는 다음과 같습니다.

우리가 외로이 홀로 있을 때가 있지요

우리에게 아무 잘못도 없는데 말예요

오 주님 오 주님

내 곁에 있어 주세요

> There are times we stand alone,
> Although we've done no wrong;
> Oh Lord (oh Lord), oh Lord (oh Lord),
> Stand by me (stand by me).

우리가 시험 당할 때가 있지요

우리가 최선을 다했는데도 말예요

오 주님 오 주님

내 곁에 있어 주세요

> There are times we stand to test,
> Even when we've done our best;
> Oh Lord (oh Lord), oh Lord (oh Lord),
> Stand by me (stand by me).

나는 걱정 안 해요 나는 두렵지 않아요

전능하신 하나님은 실수가 없으시기 때문이죠

오 주님 오 주님

내 곁에 있어 주세요

I don't worry and I don't fret,
'Cause God Almighty never failed me yet;
Oh Lord (oh Lord), oh Lord (oh Lord),
Stand by me (stand by me).

벤 E. 킹은 이 노래의 원형과 의미를 특히 후렴구에 그대로 살려 두고, 자신이 사랑하는 시편 46편 2-3절을 추가합니다. "땅이 흔들리고 산이 무너져 바다 속으로 빠져들어도, 우리는 두려워하지 않는다. 물이 소리를 내면서 거품을 내뿜고 산들이 노하여서 뒤흔들려도, 우리는 두려워하지 않는다." 그리고 원곡의 '주님Lord'을 '그대Darling'로 개사하고, 당대 최고의 음악 콤비였던 제리 리버Jerry Leiber와 마이크 스톨러Mike Stoller와 함께 보다 경쾌한 느낌의 리듬앤블루스로 새롭게 작곡했습니다.

이후 지미 헨드릭스Jimi Hendrix, 레드 제플린Led Zeppelin, 아레사 프랭클린Aretha Franklin, 존 레논John Lennon, 본 조비Bon Jovi 등 수많은 가수들이 400여 회 이상 이 노래를 리메이크하면서 가장 위대한 사랑 노래 중 하나로 각광을 받게 됩니다. 특히 존 레논이 1975년에 공백기를 깨고 발표한 로큰롤 버전은 원곡과는 또 다른 매력으로 큰 인기를 끌었습니다.

1986년에는 〈스탠 바이 미〉라는 같은 이름의 영화가 제작되었는데, 로브 라이너Rob Reiner 감독은 이 영화의 주제가로 벤 E. 킹의 원곡을 사용했습니다. 발표 이후 16년 만에 "스탠드 바이 미"는 빌보드 차트 10위, 영국 차트 1위에 다시 오르는 기염을 토합니다. 이 영화는 한 시골 마을 소년들의 모험과 성장을 감동적으로 담아내며, 평단의 찬사 속에 그해 아카데미 작품상 후보에까지 오릅니다. 주인공을 맡았던 리버 피닉스River Phoenix는 당대의 청춘스타로 떠올랐지요. (불행히도 그는 1993년, 23세의 젊은 나이에 심장마비로 요절했습니다.)

"스탠드 바이 미"는 시간이 흘러도 끊임없이 호출되고 재해석되어 다음

함께 가는 길, 두렵지 않네

세대, 그다음 세대 청중까지 사로잡는 명곡으로 자리 잡았습니다. 수많은 노래가 쏟아지고 사라지는 음악 시장에서 좀처럼 빛이 바래지 않는 이 노래의 힘은 무척 놀랍습니다. 아마도 어둡고 힘든 삶의 여정을 혼자가 아니라 누군가와 함께 걷고 있다는 사랑과 소망을 담고 있기 때문이 아닐까요.

"오 그대 그대여 내 곁에 있어 주세요"라는 후렴구는 연인과 늘 함께하고픈 사랑 노래로 해석해도 나름의 가치와 의미가 있습니다. 하지만 이 노래의 원형인 "주님, 내 곁에 있어 주세요"를 고려한다면, '그대'는 아마도 신을 가리키는 은유로 읽힙니다. 하나님은 홀로 지내는 사람을 안타까이 보시고 "돕는 사람"(창 2:18)을 지어 주셨습니다. 인간은 결코 혼자 살 수 없는 공존과 동역의 존재이며, 함께 격려하며 보듬고 살아가는 것이 태초의 창조 원리입니다. 성경은 바로 이 공동체와 사랑의 정신을 시종일관 강조합니다. 하지만 우리 세대는 이 '함께'라는 가치를 점점 망각하고 있지요. 그러다 보니 인간은 소외되고 고립된 채로 경쟁에 내몰리고, 홀로 힘겹게 삶을 헤쳐 가고 있습니다.

성서에 나타나는 신의 이름들에는 그분의 '함께하심'이란 의미가 담겨 있습니다. 예수의 다른 이름인 임마누엘은 "주님이 우리와 함께하신다"라는 뜻이며, 성령은 우리 안에 거하면서 늘 함께하는 '보혜사Counsellor'입니다. 또 여호와라는 의미는 하나님이 인간에게 다가온 '존재자'임을 일러 줍니다. 하나님은 지금까지 우리 삶에 동행하셨고(에벤에셀), 앞으로도 함께 걸으며 인도하시는 분(여호와 이레)입니다. 성경의 인물들은 자신과 동행한 하나님과의 깊은 사귐 가운데 믿음의 여정을 뚜벅뚜벅 걸어갑니다.

고난 속에 피어오른 희망

그럼에도 우리는 삶에서 하나님의 침묵과 부재를 경험합니다. 이 노래가 발표된 1960년대는 삶의 부조리를 고뇌했던 실존주의 사상과 신의 죽음을 이야기하는 사신신학死神神學이 전면에 부상했던 암울한 시기였습니다. "전능하고 은혜로운 공의의 하나님이 계시다면, 왜 수많은 사람들이 무고한 희생을 당하고 불의가 세상을 지배한단 말인가?" 나 역시 삶의 여정에서 신의 부재를 경험하면서도 하나님을 말해야 하는 신학적 고민에 빠질 때가 많았습니다. 이 노래의 1절과 2절도 이런 절망과 혼돈을 잘 보여 줍니다.

> 밤이 다가오고 땅에는 어둠이 드리워서
> 오직 달빛만 의지할 수밖에 없어도
> 우리가 바라보는 하늘이 무너져 내리고
> 산들은 산산이 무너져 바다로 곤두박질친다 해도

"스탠드 바이 미"는 결코 평안하고 부요한 가운데서 누리는 낭만적 감정을 노래하지 않습니다. 오히려 사방이 막히고 어둠만이 넘실대는 현실 한복판에서, "당신이 나와 함께 있다면" 두렵지 않다는, 그래서 울지 않을 수 있다는 소박한 희망을 노래합니다. 즉 고난을 극복하는 힘은 진정한 사랑에서 나오며, 그 진정한 사랑을 찾는 여정이 우리네 삶의 목적이라고 일러 줍니다.

어쩌면 그 소중한 사랑은 우리가 모든 것을 다 잃었을 때 더 절실하게 그 가치와 의미를 깨닫게 되는 것일지 모릅니다. 바로 이 위로와 열망이 미국 땅에 끌려와 노예로 살아야 했던 흑인들이 부여잡은 신앙의 본질이었습니다. 그들은 고난의 한가운데서 구원의 희망을 찾으려 부르짖었습니다. 그들은 절망 가득한 삶의 현장에서 그들과 함께 고난당하는 '십자가에 달린 그리스도'를 영적으로 만나고, 모든 상황을 뛰어넘는 신비로운 구원의 환희를 경험했습니다.

다음은 '가스펠의 아버지'라 불리는 토머스 도시Thomas Dorsey의 유명한 복음성가 "주님, 내 손을 잡아 주소서Precious Lord, Take My hand"의 한 구절입니다. 이 노래처럼 미국 흑인 그리스도인의 신앙은 고난과 희망의 역설적 미학이 가득한 삶의 노래 그 자체입니다.

귀하신 주여 내 손을 잡아 주소서
날 세우시고 이끄소서
나는 지치고 연약하며 외롭습니다
폭풍우와 흑암 속에서도
빛으로 날 인도하소서
주여 내 손 잡아 집으로 인도하소서³

> Precious Lord, take my hand
> Lead me on, let me stand
> I'm tired, I'm weak, I'm lone
> Through the storm, through the night
> Lead me on to the light
> Take my hand precious Lord, lead me home

두려움 없이

성경은 이 같은 고민을 무시하며 무조건 "아멘" 하라고 몰아붙이지 않습니다. 성경에는 하나님을 끊임없이 의심하고 회의하는 인물도 등장합니다. 시편 42편의 저자 역시 "어찌하여 하나님께서는 나를 잊으셨습니까? 어찌하여 이 몸이 원수에게 짓눌려 슬픈 나날을 보내야만 합니까?"라면서 보이지 않는 하나님을 "목마른 사슴"처럼 찾아 헤맵니다(시 42:1-3, 9). 다윗도 사울에게 쫓기며 산이 무너지고 바다가 흔들리는 듯한 고난을 당하고(시 46편), "죽음의 그늘 골짜기"(시 23:4)를 걷거나 "멸망의 구덩이…진흙탕"(시 40:2)에 빠지기도 합니다.

하지만 그들은 오히려 그런 순간에 신을 포기하는 대신 더 진지하고 신실하게 하나님을 찾았습니다. 의심과 회의에 휩쓸려 신앙의 위기를 맞지만, 인간의 생각과 욕심 너머에 존재하는 신의 현현을 체험하는 기회로 삼습니다. 욥기는 이해할 수 없는 고난의 폭풍 속에서 신의 임재를 "눈으로" 직접 목격하는 이야기입니다(욥 42:5). 하박국도 마찬가지입니다. 그는 정의가 악에게 굴복당하는 부조리한 삶의 현실 앞에서도 신의 임재로 오히려 "즐거워하며" 노래합니다.

> 무화과나무에 과일이 없고 포도나무에 열매가 없을지라도, 올리브 나무에서 딸 것이 없고 밭에서 거두어들일 것이 없을지라도, 우리에 양이 없고 외양간에 소가 없을지라도, 나는 주님 안에서 즐거워하련다. 나를 구원하신 하나님 안에서 기뻐하련다.
>
> 하박국 3:17-18

마르틴 루터는 로마 가톨릭교회가 송축한 영광의 하나님이 아니라, 사람들의 삶에서 함께 고난당하는 그리스도에게서 참된 기독교 정신을 발견했습니다. 이것이 루터의 '십자가의 신학 Theology of the Cross'입니다. 그는 본래 마음이 유약한 사람이었죠. 종교개혁의 소용돌이 가운데서 루터는 큰 두려움에 사로잡힙니다. 바로 그 순간 그는 시편 46편에서 큰 용기를 얻고 그 고백을 노래로 남깁니다. 그 노래가 지금도 널리 불리는 찬송가 "내 주는 강한 성이요 A Mighty Fortress is Our God"입니다. 이처럼 삶의 위기는 우리 믿음을 더 강하고 견고하게 단련합니다. 하나님의 함께하심을 경험한 수많은 신앙인들은 삶의 부조리와 고난에 담대하게 저항하고 또 이를 묵묵히 이겨 나갔습니다.

"스탠드 바이 미"의 반복되는 가사처럼, 우리 기도도 제 삶의 욕망보다는 신과의 만남과 동행을 열망해야 하지 않을까요? 그렇게 할 때, 어두운 터널

함께 가는 길, 두렵지 않네

같은 삶을 지날 때라도 내 곁을 지키는 하나님과 믿음의 동지로 인해 기뻐하며 노래할 수 있을 것입니다. 아무리 거친 길이라도 나와 함께 걷는 동반자가 있다면, 우리 입에서는 이런 고백이 자연스럽게 나오지 않을까요? "나는 그 무엇도 두렵지 않습니다."

하나님은 우리의 피난처이시며, 우리의 힘이시며,
어려운 고비마다 우리 곁에 계시는 구원자이시니,
땅이 흔들리고 산이 무너져 바다 속으로 빠져 들어도,
우리는 두려워하지 않는다.
물이 소리를 내면서 거품을 내뿜고 산들이 노하여서 뒤흔들려도,
우리는 두려워하지 않는다.

시편 46:1-3

내려놓아요

비틀즈
"Let It Be"

내가 힘든 시절을 지나고 있을 때
어머니 메리는 나에게 다가와
지혜로운 말씀을 해 주셨지
렛 잇 비
그리고 내 인생의 어두운 순간에
어머니는 내 앞에 환하게 서 계시며
지혜로운 말씀을 해 주셨지
렛 잇 비

    When I find myself in times of trouble
    Mother Mary comes to me
    Speaking words of wisdom,
    Let it be
    And in my hours of darkness
    She is standing bright in front of me
    Speaking words of wisdom,
    Let it be

[후렴] 렛 잇 비 (x4)
지혜의 말씀을 나에게 속삭여 주셨지
렛 잇 비

    (Chorus) Let it be **(x4)**
    Whisper words of wisdom,
    Let it be

상처받은 사람들이
세상을 살며 모두 알게 될 것은
해답은 바로 그 자리에 있다는 거야
렛 잇 비
우리가 헤어진다고 해도
꼭 다시 만날 기회는 있어
해답은 바로 그 자리에 있을 거야
렛 잇 비

    When the broken hearted people
    Living in the world agree
    There will be an answer,
    Let it be
    Though they may be parted
    There is still a chance that they will see
    There will be an answer,
    Let it be

[후렴] 렛 잇 비 (x4)
지혜의 말씀을 나에게 속삭여 주셨지
렛 잇 비

    (Chorus) Let it be (x4)
    Whisper words of wisdom,
    Let it be

구름 낀 어두운 밤에도
날 비추는 밝은 빛은 여전히 있을 거야
그 빛은 내일도 계속 날 비추겠지
렛 잇 비
음악 소리에 잠에서 깨어났을 때
어머니 메리는 내게 다가오시며
지혜의 말씀을 해 주셨지
렛 잇 비

    When the night is cloudy
    There is still a light that shines on me
    Shine until tomorrow,
    Let it be
    I wake up the sound of music
    Mother Mary comes to me
    Speaking words of wisdom,
    Let it be

[후렴] 렛 잇 비 (x4)
지혜의 말씀을 나에게 속삭여 주셨지
렛 잇 비

    (Chorus) Let it be (x4)
    Whisper words of wisdom,
    Let it be

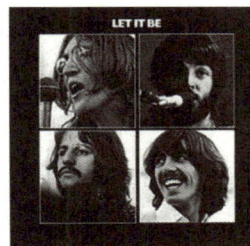

아티스트	비틀즈
곡명	Let It Be
앨범	Let It Be
발매 연도	1970

　영국의 전설적 밴드 비틀즈The Beatles의 활동 기간은 공식 데뷔한 1962년부터 해체를 선언한 1970년까지, 8년에 불과합니다. 비틀즈는 이 짧은 기간에 대중음악 역사에서 전무후무한 경이로운 성과를 이뤄 냅니다. 오랜 시간이 지났지만 비틀즈의 음악은 현재의 젊은 세대를 사로잡기에도 충분한 음악적 매력을 지니고 있으며, 여전히 수많은 젊은 음악인들에게 음악적 영감을 주고 있습니다. 이처럼 비틀즈 신드롬은 멈춘 적이 없으며 지금도 현재진행형입니다.

기회는 노력하는 이에게

　2014년 여름에 영국을 여행했습니다. 학술회 참석이 주목적이었지만 비틀즈의 흔적을 직접 볼 수 있겠구나 하는 기대가 더 컸습니다. 그들이 나고 자랐으며 음악을 시작한 리버풀은 대중음악을 사랑하는 이들에게는 성지와도 같으니까요. 리버풀에서 비틀즈의 자취를 찾아다닌 시간은 그들의 앨범 제목처럼 "마법 같은 신비한 여행Magical Mystery Tour"이었습니다. 그들이 태어나고 자란 생가와 그들의 노래에도 등장하는 리버풀의 여러 장소들(페니 레인 Penny Lane, 스트로베리 필드Strawberry Field, 엘리노어 릭비Eleanor Rigby의 묘), 그리고 비틀즈 신드롬의 요람인 캐번 클럽Cavern Club까지 차례로 돌아보았습니다. 발걸음을 옮길수록 그들의 성공이 그저 갑자기 찾아온 행운이나 단순한 기획 상품이 아니라, 꽤 오랜 무명 시절을 견디며 이뤄 낸 성취였음이 더 또렷해졌습니다.

비틀즈 멤버들은 모두 영국의 항구 도시 리버풀에서 가난한 노동자의 아들로 태어나, 미국 로큰롤, 특히 엘비스 프레슬리Elvis Presley에게 영향을 받으며 십대 시절을 보냈습니다. 그들은 자신들의 열악한 환경을 벗어나는 출구를 음악에서 발견하고, 밴드를 결성해 본격적인 활동을 시작합니다. 그들이 공연한 캐번 클럽은 객석이 60석 정도인 자그마한 무대였습니다. 음악을 갓 시작한 그들의 실력은 당연히 형편없었고 리버풀에서 더 많은 공연을 할 기회를 얻지 못했습니다. 급기야 자신들이 설 수 있는 무대를 찾아 독일 함부르크로 떠나는 모험을 감행합니다. 타국에서 하루 열 시간 이상 헐값으로 공연하는 중노동을 견디며 혹독한 무명 시절을 통과합니다.

이 시기에 그들은 당대 거의 모든 로큰롤 음악들을 커버하면서 동시에 자신들의 곡을 창작하고 실험합니다. 광야의 침묵기와도 같은 이 시기는 오늘날 젊은이들에게도 시사하는 바가 큽니다. 신이 허락한 기회와 나의 신실한 준비가 만나는 그때, 그 위대한 '카이로스'를 꿈꾸며 오늘의 일상인 '크로노스'에 최선을 다해야 한다는 것입니다. 결국 행운은 준비된 자에게 찾아올 테니까요.

영국 여행에서 리버풀의 곳곳만큼이나 내게 깊은 인상을 남긴 것은 뮤지컬 〈렛 잇 비Let It Be〉였습니다. 아바Abba나 퀸Queen의 음악으로 구성한 〈맘마미아Mamma Mia〉나 〈위 윌 록 유We Will Rock You〉 같은 '주크박스 뮤지컬'들이 큰 성공을 거두면서, 비틀즈의 수많은 히트곡도 한 편의 뮤지컬로 재탄생합니다. 하지만 뮤지컬 〈렛 잇 비〉는 그들의 노래를 또 다른 이야기에 녹여 넣는 재해석 작업을 하지 않습니다. 대신 비틀즈의 노래 마흔한 곡을 공연으로 구성해 직접 연주하고 노래하면서 그들의 특별했던 삶과 주요한 자취들을 재현합니다.

그 어떤 다른 이야기가 비틀즈 현상을 대신할 수 있겠습니까? 이 뮤지컬

내려놓아요

은 각 멤버를 완벽하게 재현한 배우들과 다양한 무대 효과를 통해 비틀즈를 직접 경험하지 못한 세대에게 50년 전 비틀즈 현상이 얼마나 강렬했는지를 실감나게 보여 주는 '비틀즈학 개론'인 셈입니다.

힘들 때 찾아온 궁극의 메시지

뮤지컬 제목이기도 한 "렛 잇 비"는 가장 널리 알려진 비틀즈 최고의 히트곡이자, 그들의 음악 여정이 가장 잘 드러난 노래입니다. 이 노래는 1970년 그룹 해체 직전에 발표한 마지막 앨범 〈렛 잇 비〉의 동명 타이틀곡입니다. 단순하지만 귀에 쏙 들어오는 멜로디에 인생의 심오한 성찰을 가사로 담아 힘들고 지친 이들에게 위로와 용기를 전하는 아름다운 노래입니다.

이 노래에는 폴 매카트니Paul McCartney가 경험한 특별한 사연이 담겨 있습니다. 이 노래가 나올 즈음 비틀즈는 그들을 이끌어 주던 매니저 브라이언 앱스타인Brian Epstein이 사망하고 불화와 갈등이 극에 달하면서 급격하게 무너지기 시작했습니다. 감정의 골이 너무 깊어져 버린 네 멤버는 서로 얼굴을 마주치지 않으려고 각자 다른 엔지니어와 따로 녹음을 진행하기도 했습니다. 그런데 아이러니컬하게도 이런 식의 '따로 따로' 작업에서 각 멤버의 역량이 최대치로 발현됩니다. 그 결과, 비틀즈 앨범 중 가장 다채롭고 풍성한, 소위 '화이트 앨범White Album'으로 알려진 두 장짜리 명반이 탄생합니다. 1968년 가을, 갈등이 최고조에 이르자 폴은 심한 불안감과 불면증에 시달리고 술과 마약에 빠져 하루하루를 고통스럽게 보냈습니다.

그러던 어느 날 폴은 꿈속에서 돌아가신 어머니를 만납니다. 그의 어머니는 지독한 가난 속에서도 자식들을 제대로 키우겠다는 일념으로 평생 일에 묻혀 살다가 폴이 열네 살 때 유방암으로 생을 마감한 분입니다. 어머니의 부재라는 개인적 아픔은 비틀즈 결성 이전부터 최고의 작곡 콤비인 존과 폴을 끈끈하게 묶어 주는 끈이기도 했습니다. 그렇게도 그리워하던 어머니가 힘들어하는 아들의 꿈에 나타나 "모든 것이 잘 해결될 거야. 그저 흘러가는 대로 내버려 두렴It will be all right, so just let it be"이라고 위로합니다. 너무나 생생했던 꿈에서 큰 위안을 얻은 폴은 깨어나자마자 피아노 앞으로 달려가 바로 이 곡을 씁니다.[1] "렛 잇 비"는 꿈속의 어머니 말씀을 기억하며 잔잔한 읊조림으로 시작합니다.

> 내가 힘든 시절을 지나고 있을 때
> 어머니 메리는 내게 다가와
> 지혜로운 말씀을 해 주셨지, 렛 잇 비
> 내 인생의 어두운 순간에
> 어머니는 내 앞에 환하게 서 계시며
> 지혜로운 말씀을 해 주셨지, 렛 잇 비

이 노래가 발표된 초기에는 가사의 "Mother Mary"를 '성모 마리아'로 해석하기도 했습니다. 실제로 폴 매카트니는 영세를 받은 가톨릭 교인이었습니다. 하지만 잘 알려져 있듯이 사실 폴의 어머니 이름이 메리였습니다. 어머니가 꿈에서 들려준 충고는 폴에게 너무나 소중하고 강렬해서 종교적 영감과 신비처럼 다가오다 보니, 이렇듯 이중의 의미와 분위기로 자신의 경험을 묘사한 것입니다.

이처럼 우리는 모두 인생에서 힘들고 어두운 터널을 지나게 됩니다. 이때 많은 이들은 상처가 쌓이고 관계가 단절되면서 최악의 상태로 스스로 함몰되는 경우가 많습니다. 하지만 모두가 피하고 싶은 바로 그 순간에, 역설적으로 인생의 가장 커다란 진리를 깨우칩니다. 평소 같으면 그냥 지나쳤을 사건

이나 말들이 그 순간만큼은 하늘의 음성으로 내 마음을 뒤흔듭니다. 또한 이런 고통의 순간에 우리는 평범하고 사소한 것들에 깃든 가치를 깨닫고 오히려 감사하게 됩니다. 인생은 결국 특별한 무언가가 아니라 소소한 일상에서 진정한 행복을 맛보는 여정이니까요.

제가 출석하는 교회에 늘 하나님 앞에 헌신하는 모습으로 많은 교인의 사랑과 존경을 받는 분이 계십니다. 그런데 갑작스럽게 암 진단을 받고 2년간 항암 치료를 받으면서 고된 투병 생활을 치르셨습니다. 어느 날 그분이 제게 책 한 권을 건네주셨습니다. 『나를 치료한 하늘의 메시지』라는 책이었습니다.

이 책은 투병 기간에 고통 가운데 찾아온 영적 교훈과 설교를 들으며 깨달은 생각들, SNS에서 교인들과 나눈 기록을 모은 그분의 '난중일기'였습니다. 처음에는 표지도 촌스럽고 정식 출판물도 아니라서 별다른 기대 없이 몇 쪽 들추었다가, 점점 빠져들어 마지막 장까지 단숨에 다 읽었습니다. 다소 진부할 수 있는 병상 간증이 특유의 유머와 어우러지면서 평범하고 지루한 일상에서 포착한 은총이 생생하게 다가왔습니다. 보잘것없는 일상을 신선한 웃음으로 승화한 그분 이야기에 시종일관 웃다가 마지막에 가서는 나도 모르게 울어 버렸습니다.

그 책이 전하는 궁극의 메시지도 '렛 잇 비'였습니다. 이는 결코 무책임한 방관이나 포기가 아닙니다. 아무것도 할 수 없는 최악의 상황이 되자 오히려 자신의 의지를 내려놓을 수 있었고, 비로소 그때 모든 것을 하늘의 뜻으로 수용하면서 평안과 기쁨이 되살아났다는 살아 있는 간증이었습니다. 성경도 우리가 욕심과 집착에서 오는 염려를 내려놓고 순리를 따르며 모든 결과를 믿음으로 수용할 때 모든 생각과 환경을 초월하는 그리스도의 평강을 누릴 수 있다고 권면합니다(빌 4:6-7).

내려놓아요

애쓰지 않고 놓아 보기

폴 매카트니는 무너져 가는 비틀즈 제국을 재건하려 무던히도 애씁니다. 그 노력을 잘 담아낸 노래가 바로, 처음 함께했던 순간으로 돌아가자고 요청하는 "겟 백Get Back"입니다. 이 노래를 부르며 수년 만에 처음으로 라이브 무대를 선보이는데, 이 순간이 그 유명한 애플 레코드사 옥상에서 이루어진 즉흥 공연입니다. 이런 노력에도 비틀즈는 어느 한 사람의 노력으로는 풀기 어려운 너무나 복잡한 이해관계에 얽혀 있었습니다. 결국 멤버들은 화합을 위한 인위적 노력을 내려놓고 자연스럽게 해체라는 순리를 따릅니다. 2절 가사는 이런 관계의 상처와 갈등에 대해 이야기해 주는 것 같습니다.

> 상처받은 사람들이 세상을 살며 모두 알게 될 것은
> 해답은 바로 그 자리에 있다는 거야, 렛 잇 비
> 우리가 헤어진다고 해도 꼭 다시 만날 기회는 있어
> 해답은 바로 그 자리에 있을 거야, 렛 잇 비

해체 이후 멤버들은 서로 독설을 내뱉으며 으르렁댔지만, 시간이 지날수록 오늘의 자신을 있게 한 것이 결국 동료들과의 만남이었음을 깨닫습니다. 존 레논이 갑작스럽게 사망했을 때 비틀즈 멤버들은 진심 어린 애도를 표하고 그와의 애정을 노래합니다. 폴 매카트니가 공연에서 자주 부르는 "히어 투데이Here Today", 조지 해리슨의 "올 도즈 이어스 어고우All Those Years Ago"는 존 레논을 향한 애정이 구절구절 깊이 배인 아름다운 노래입니다. 이후 그들은 다시 함께 노래하지는 않았지만 더 성숙한 우정을 계속 나누었습니다.

우리는 인간관계에서 인생의 행복과 상처를 모두 경험합니다. 누군가와 좋은 관계를 맺으면 큰 즐거움과 행복을 느끼지만, 그 관계가 꼬여 버리면 견디기 어려운 상처와 고통이 찾아옵니다. 한 번 꼬인 관계를 인위적으로 풀어 보려고 애쓰면 쓸수록 관계의 사슬은 더욱 악화되고 마침내 그 관계가 끊어지는 나락에 빠지기도 합니다. 더욱이 그 관계에서 깊은 사랑을 나누며 영원하리라 믿었던 사람은 더 심각한 상처와 고통에 휩싸입니다.

그럴 때일수록 신속하고 인위적인 관계 회복을 시도하기보다는 순리를 따르며 자신을 천천히 되돌아보는 지혜가 필요한지도 모릅니다. 때로 원치 않는 헤어짐이 찾아오더라도 인생의 긴 여정에서 언젠가 좋은 관계로 다시 만날 기회가 생길 수 있습니다. 가장 불행한 관계는 헤어질 때의 격한 감정을 다스리지 못하고 다시 보지 않을 듯이 서로 깊은 상처를 남기며 떠나는 것입니다. 좋은 만남이 있으면 좋은 헤어짐도 있는 법이죠. 이 노래는 그런 순리를 따르며 인생의 만남과 상처를 다루라고 조심스럽게 제안합니다.

구름 낀 어두운 밤에도
날 비추는 밝은 빛은 여전히 있을 거야
그 빛은 내일도 계속 날 비추겠지, 렛 잇 비

우리는 일어날지 모르는 잠재적 불행을 미리 상상하면서 염려에 빠지곤 합니다. 인간은 상상하면서 행복도 느끼지만 불행을 더 확대하기도 합니다. 알 수 없는 미래는 분명 우리를 불안하게 만들지만, 역설적으로 미래를 알 수 없다는 말만큼 희망을 주는 말도 없습니다. 그렇습니다. 앞날은 아무도 모릅니다. 그렇다고 그리스도인의 이런 믿음이 현실감각을 결여한 망상이나 공상은 아닙니다. 건강한 미래의식은 지나 온 발자취를 돌아보는 역사의식에서 나옵니다. 지난날의 소중한 체험과 기억이 미래의 나에게 올바른 선택의 길을 가르쳐 주기 때문입니다.

내려놓아요

그래서 유대인들은 어려운 순간이 닥칠 때마다 "아브라함의 하나님, 이삭의 하나님, 야곱의 하나님"이 역사 가운데 어떻게 자신들을 이끄셨는지를 기억하고, 또 반복해서 마음에 새겼습니다. 유대인의 회상하는 묵상 전통은 현실의 고통과 미래의 불안에 무릎 꿇지 않고 그것을 극복하는 힘을 제공해 왔습니다. 구약 성경이 강조하는 하나님을 "아는 지식"은 단순히 하나님의 속성이나 신학적 본질을 인식론적으로 '이해하는understand' 것이 아니라, 그분이 역사 가운데서 하신 일을 '기억하는remember' 것입니다. 또한 성경의 선지자들은 하나님을 알지 못한다는 것은 그분의 섭리를 '망각하는forget' 것이라고 일러 줍니다.

사랑의 추억이 많은 커플은 불화의 위기가 찾아올 때 사랑이 수놓인 기억을 되새기며 누구에게나 찾아오는 그때를 이겨 내는 경우가 많습니다. 그래서 정이 무섭다는 말도 하는 것이겠죠. 이처럼 신앙도 하나님과의 추억을 쌓아 가는 것일지 모릅니다. 그 순간을 계속 기억하고 되새기며 불신의 위기를 극복해 나가는 것입니다. 그래서 영혼의 일기를 매일 기록하는 일은 위대합니다. 그렇게 쌓인 신앙의 기억은 자칫 불안으로 위태로울 수 있는 인생길을 환히 비출 것입니다. 우리가 암흑 같은 인생에 갇혀 슬프고 힘들 때, 이 사랑의 빛에 의지해 순리를 따른다면 그 어두운 터널 안에서도 담담히 걸을 수 있습니다.

"렛 잇 비"는 인생에 힘든 순간이 닥칠 때 인위적으로 애쓰는 대신 순리대로 삶을 맡기는 지혜를 노래합니다. 순리를 따라 내려놓는 삶이 간단해 보이지만 욕심 많은 우리에게는 어쩌면 가장 실천하기 어려운 일인지 모릅니다. 하지만 내려놓는 법을 배울 때 우리는 성령의 리듬을 타는 기독교 영성의 진수를 맛볼 것입니다.

아무것도 염려하지 말고, 모든 일을 오직 기도와 간구로 하고,
여러분이 바라는 것을 감사하는 마음으로 하나님께 아뢰십시오.
그리하면 사람의 헤아림을 뛰어넘는 하나님의 평화가
여러분의 마음과 생각을 그리스도 예수 안에서 지켜 줄 것입니다.

빌립보서 4:6-7

내려놓아요

끝까지 가는 거야

U2
"I Still Haven't Found What I'm Looking for"

나는 높은 산을 오르고
저 들판을 달려 왔습니다
그건 오직 당신과 함께하기 위해서죠
나는 달리고 뒹굴며
이 도시의 울타리를 넘어 다녔습니다
그건 오직 당신과 함께 하기 위해서죠
하지만 난 간절히 바라는 것을 아직 찾지 못했습니다

    I have climbed highest mountain
    I have run through the fields
    Only to be with you (x2)
    I have run, I have crawled
    I have scaled these city walls, these city walls
    Only to be with you
    But I still haven't found what I'm looking for (x2)

나는 꿀 같은 입술에 키스하며
그녀의 손길에 치유됨을 느끼기도 했지요
불같이 타올랐습니다
내 마음에 타오르는 격정으로 말입니다
나는 천사의 말을 하기도 하고
악마와 손을 잡기도 합니다
그 밤은 몹시 따뜻했지만
나는 돌같이 차가웠습니다
하지만 난 간절히 바라는 것을 아직 찾지 못했습니다

    I have kissed honey lips
    Felt the healing in her fingertips
    It burned like fire
    This burning desire
    I have spoken with the tongue of angels
    I have held the hand of a devil
    It was warm in the night
    I was cold as a stone
    But I still haven't found what I'm looking for

나는 장차 임할 왕국을 믿습니다
그때에 모든 인종이 하나가 될 겁니다

그래요 나는 여전히 달려갑니다
당신은 모든 속박을 부수고
묶인 사슬을 풀어 주셨습니다
그리고 내 수치의 십자가를 짊어지셨지요
당신은 나의 이 믿음을 아시지요

    I believe in the kingdom come
    Then all the colors will bleed into one
    Well yes I'm still running
    You broke the bonds
    And you Loosed the chain
    Carried the cross of my shame, of my shame
    You know I believed it

하지만 난 간절히 바라는 것을 아직 찾지 못했습니다
    But I still haven't found what I'm looking for

 아티스트 : U2
곡명 : I Still Haven't Found What I'm Looking for
앨범 : The Joshua Tree
발매 연도 : 1987

아일랜드 출신 록그룹 U2는 대중성과 예술성 양쪽에서 모두 찬사를 받는 이 시대 최고의 록 밴드입니다. 그들의 인기와 영향력은 지난 30여 년간 지속되며 놀라운 성과를 이루어 냈습니다. 열세 장의 정규앨범을 통해 완성도 높은 음악을 선보였으며, 앨범 판매량은 총 1억 5천만 장 이상을 기록하고 있습니다. 미국 밖의 음악인에게 상대적으로 인색한 그래미상도 그들에게는 스물두 개의 트로피를 안겼는데, 밴드로서는 역대 최다 수상 기록입니다.

순례를 시작하다

끊임없는 음악 실험, 창의적 사운드, 여기에 첨단 기술과 예술성을 절묘하게 어우르고 눈부신 카리스마로 청중을 사로잡는 콘서트의 미학까지 U2의 성취는 실로 놀랍습니다. 그런데 U2의 명성은 음악 부문에만 머무르지 않습니다. 평단과 팬이 U2를 높이 평가하는 이유는 그들이 음악은 물론이고 현실의 여러 문제들을 날카롭게 비판하며 인권 옹호 활동을 수행하기 때문입니다. U2의 리더 보노Bono는 폭넓은 사회 활동으로 2003년과 2005년에 두 차례나 노벨 평화상 후보에 올랐으며, 여러 단체에서 공로상을 받은 바 있습니다.

주목할 사실은 U2의 거의 모든 노래 가사에는 심오한 기독교 가치관과 신학적 주제들이 담겨 있다는 것입니다.[1] U2의 멤버 중 세 명은 결성 초기에 더블린의 복음주의 신앙 공동체 '샬롬Shalom'을 만났습니다. 그들은 그곳에서 날마다 성경을 묵상하며 깊은 영적 체험을 합니다. 보노는 아버지에게 편지를 쓰면서 이 놀라운 경험에 대해 이렇게 말합니다.

> 우리는 매일 모여 기도하고 성경을 읽습니다. 그리고 우리 삶에서 일하시는 하나님을 신뢰하고 그에 대해 나누죠. 이 모든 것이 우리에게 새 힘과 기쁨을 줍니다. 술과 약물에 의존하는 삶과는 전혀 다른 차원입니다. 깊은 상실과 슬픔에 빠진 사람들이 주변에 가득한데도, "우리는 맘껏 삶을 즐기기 원해"라고 떠벌리는 음악 산업계의 위선을 보았습니다. 여기서 우리는 단지 좋은 음악을 만드는 것 이상의 소망을 품게 되었습니다.[2]

U2의 종교적 신념은 바로 이 시절의 경험에서 출발했습니다. 이후 샬롬 공동체와는 결별하지만 U2의 신앙과 활동의 뿌리는 이 당시 뿌려진 씨앗에서 나온 것입니다. U2 멤버들은 자신들의 신앙 정체성과 록 음악의 세속성 사이에서 깊은 고민을 거듭합니다. 그들은 1980년에 1집을 발표하고 첫 번째 미국 순회공연을 했는데, 그때 동행한 다른 록 밴드들의 퇴폐적이며 타락한 모습에 큰 충격을 받았습니다.

보노는 당시를 회상하며 이처럼 말했습니다. "나는 그들과 어울릴 수 없었습니다. 나는 투어 버스의 맨 뒤에 처박혀 계속 성경만 읽었습니다." 특히 신앙심이 가장 투철했던 에지Edge는 음악활동 포기까지 심각하게 고려했습니다. 보노는 이어지는 갈등 속에서 대중음악사에서 간과돼 온 중요한 사실 하나를 발견했습니다. 자신이 존경하는 많은 음악인들이 그들의 노래에 신앙적 가치를 담아내 왔다는 사실입니다.

> 나는 로큰롤이 영적 문제와 아무런 상관이 없다고 생각했습니다. 하지만 내게 많은 영감을 준 밥 딜런, 밴 모리슨Van Morrison, 페티 스미스Petti Smith, 알 그린Al Green,

끝까지 가는 거야

마빈 게이Marvin Gaye 같은 훌륭한 예술가들이 자신의 음악과 신앙을 조화시켜 왔음을 발견했습니다. 나는 마음이 편해졌고 음악의 길을 찾았습니다.[3]

이후 U2는 이 음악 철학을 결코 놓치지 않습니다. U2에게 영감을 준 음악인들이 모두 그리스도인은 아닙니다. U2는 존 레논이나 섹스 피스톨즈Sex Pistols 같은 반종교적 예술가들이 실상은 매우 진지한 종교적 질문을 제기했다는 사실에도 주목했습니다. U2는 오랜 음악활동 동안 신앙과 사회 사이의 긴장을 유지해 왔고, 영적 가치와 정치적 메시지를 아우르는 노래들을 발표하고 있습니다. 더 정확히 말하면 그들에게 영적 신념은 정치적 행동으로 이어져야 하며, 양자는 결코 분리될 수 없습니다.

실험과 창조

U2의 음악은 연주와 보컬, 곡의 구성에서 탁월한 기교를 자랑했던 1970년대 록음악에 비해 매우 단순하고 연주 실력도 뛰어나지 않았습니다. 그렇지만 U2의 음악에는 그때까지는 없었던 신선한 매력으로 가득했습니다. 그들은 단순한 모방이 아니라 자신만의 색깔을 찾으려고 노력했습니다. 특히 기타리스트 에지는 딜레이나 페이저 같은 다양한 이펙터를 활용해 음의 입체적 피드백을 만들어 내고, 영롱하게 물결치듯 펼쳐지는 독창적 사운드를 창조해 냈습니다. 지금은 모던록 밴드에게 교과서 같은 연주 기법이지만, 당시 U2의 시도는 새로운 창조 그 자체였습니다.

U2의 멤버들은 모두 당시 영국과 미국을 강타한 펑크Punk의 영향을 깊이 받았습니다. 흔히 펑크는 "록에 저항한 록"이라고 알려져 있지요. 라몬즈Ramones, 섹스 피스톨즈, 클래쉬Clash 같은 펑크 밴드들은 단순한 '쓰리 코드' 기타 사운드에 뒤틀린 샤우팅과 거칠고 공격적인 가사로 정부와 종교, 그리

고 록 스타로 대변되는 기성사회에 선전포고를 했습니다. 이 운동은 분노하는 청춘들을 자극하며 1970년대 말 영미권에 엄청난 반향을 일으킵니다. 그러나 U2의 음악적 지향은 펑크와는 달랐습니다. U2와 펑크의 가장 큰 차이는 음악 스타일보다 저항의 방향입니다. U2는 펑크의 '저항 정신'을 복원해 자신의 슬로건으로 내세웠지만 반체제적이고 무정부주의적인 옛 펑크와는 근본적으로 달랐습니다.

또한 U2는 1980년대 팝 메탈의 상업주의와 도덕적 퇴폐주의도 거부했습니다. U2는 "개인주의와 헤도니즘이 모든 것을 장악했던 시기에 거대담론으로서의 록의 부활, 그 치열했던 과거로의 선회를 요청하였습니다." 음악평론가 신현준이 1980년대의 U2가 "동맹자 없이 독자적인 음악을 추구하던 상황을 버티게 해 준 것은 바로 그들의 종교적 신념이었다"고 평가한 것은 결코 과장이 아닙니다.[4]

이런 U2의 음악과 사상은 이후 수많은 기독교 음악가과 예배 인도자에게 큰 영향을 미칩니다. 2004년에는 크리스 탐린Chris Tomlin, 매트 레드맨Matt Redman, 토비 맥Toby Mac, 딜리리어스?Delirious?, 자스 오브 클레이Jars of Clay 같은 기독교 음악가들이 "인 더 네임 오브 러브In the Name of Love"라는 타이틀로 U2 헌정 앨범을 발매하기도 했습니다.

1984년부터는 본격적으로 미국 활동을 시작하는데 브라이언 이노Brian Eno를 프로듀서로 영입하면서 음악적으로 큰 변화를 맞이합니다. 이노는 신디사이저로 선율 이면에 평온한 배경음을 깔면서 음악에 공간감을 불어넣는 획기적인 방식을 고안합니다. '앰비언트Ambient'라 불리는 이 연주 방식은 스트레이트한 로큰롤을 표방했던 U2의 사운드에 안정감과 화사한 세련미를 불어넣었습니다. 이 둘의 만남은 U2의 개성을 놓치지 않으면서도 U2의 메시지가 지닌 경건함을 극대화하는 효과를 낳았습니다. 그렇게 해서 1987년 탄생한 앨범이 바로 대중음악사에서 최고의 명반 중 하나로 꼽히는 〈조슈아 트리The Joshua Tree〉입니다.

건강한 의심

이 앨범에 "난 간절히 바라는 것을 아직 찾지 못했습니다I Still Haven't Found What I'm Looking for"라는 긴 제목의 노래가 들어 있습니다. U2가 밝힌 대로 가사 내용과 음악 형식 모두에서 가스펠을 표방합니다. 하지만 결코 상투적인 종교적 확신과 신앙고백을 담지는 않았습니다. 오히려 제목이 말해 주듯 "간절히 바라는 것을 아직 찾지 못했습니다"라며 회의와 의문을 표시합니다. 그래서 발표 당시 일부 그리스도인들은 U2가 이전에 가졌던 신앙을 잃었다고 실망하며 비판하기도 했습니다. 하지만 이 노래는 진리를 찾는 한 인간의 솔직하고 진지한 내면을 잘 묘사한 진정한 가스펠입니다.

이 노래는 신의 존재와 자신의 정체성에 끝없이 의문을 던지며 고뇌하는 나약한 믿음을 여과 없이 보여 줍니다. 하나님을 믿지만 동시에 의심하고, 의심하면서도 하나님을 떠나지 못하는 영적 구도자들의 솔직한 고백이 깊은 공감을 불러일으킵니다. 1절에서는 하나님께 다가가려는 구도자의 처절한 몸부림을 그립니다. 높은 산을 넘고 황량한 들판을 가로지르고 각박한 도시의 여러 담을 이리저리 뛰어넘으며 신을 찾습니다.

하지만 온갖 노력에도 그의 마음은 공허하고 신의 부재를 느끼며 시원한 해답을 찾지 못했다고 고백합니다. 그러다 보니 2절에서는 천사의 말을 하며 경건한 모습을 보이다가도, 이내 악마와 손잡고 거짓과 쾌락에 빠져듭니다. 하지만 세상 쾌락도 궁극적 만족을 주지는 못합니다. 그의 마음은 뜨겁게 타오르다가도 이내 차갑게 식어 버리는, 답답한 반복을 되풀이합니다.

무언가를 아무리 믿으려 해도 우리는 종종 의심과 회의에 빠집니다. 믿음은 의심에서 완전히 벗어난 상태를 의미할까요? 그리스도인이 된 이후에도 많은 이들이 때때로 의심에 사로잡힌다고 고백합니다. 심지어 인도 빈민들의 어머니요 성자로 불리는 테레사Teresa 수녀도 자신의 고해를 담당한 신부에게 편지로 이런 고백을 남깁니다. "주님을 보려 해도 보이지 않고 들으려 해도 들리지 않는다." 그 역시 신앙의 회의로 괴로워하며 답답해했습니다. 그의 믿음이 부족해서였을까요?

이런 고뇌와 갈등은 U2의 노래 중 가장 널리 알려진 "위드 오어 위다웃 유With or Without You"에서도 분명하게 드러납니다. "당신과 함께여도 당신이 없어도, 난 못 살 것 같아요"라는 가사는 남녀의 사랑과 갈등을 노래하는 듯 보입니다. 하지만 그 중심에는 신이 존재해도 존재하지 않아도 괴로워할 수밖에 없는 인간의 고뇌를 잘 보여 줍니다. 인간의 무신론적 욕망은 신의 존재가 부담스럽고 그래서 신 없는 자유를 꿈꿉니다. 하지만 동시에 신의 부재가 불러올 삶의 혼란과 무질서를 두려워합니다. 이처럼 U2의 노래는 인간 실존의 부조리와 신의 약속 사이에서 왔다 갔다 하는 팽팽한 긴장감을 풀어내고 있습니다.

의심은 믿음의 반대말이 아닙니다. 믿음을 진지하게 추구하는 사람은 자연스레 신 앞에 나가 질문할 수밖에 없습니다. 폴 틸리히Paul Tillich는 의심이 건전한 믿음으로 나아가는, 위험하지만 용기 있는 과정이라고 평가합니다. 의심은 '궁극적 관심'이며, 진지한 관심은 하나님의 '계시'를 불러오기 때문입니다.[5] 그래서 그리스도인의 믿음이란 이러한 의문을 신에게 묻고 답하면서 더욱 친밀한 관계를 형성해 가는 과정이며, 그 과정에서 부조리한 삶의 미스터리가 풀리는 신비한 지혜를 얻게 됩니다. 의심을 딛고 일어선 믿음이 아무 어려움 없이 키워 온 믿음보다 더 견고하고 고결하지 않을까요?

계속된 여정

이 노래의 가장 중요한 가사는 3절에 나오는 "나는 여전히 달려갑니다I'm still running"입니다. 따라서 "나는 아직 찾지 못했습니다"라는 고백은 이제 포기하겠다는 허무와 좌절이 아니라, 굴하지 않고 계속 진리를 찾겠다는 의지의 표현으로 다가옵니다. "모든 인종이 하나가 되는" 아름다운 세계, 마침내 다가올 사랑과 평화의 하나님 나라. U2가 믿고 기다리는 종말론적 비전은 세상의 '마지막'이 아니라, 하나님이 이 땅에 이루실 '시작'에 관한 것입니다.

그러고는 영적 고뇌 가운데서도 결코 의심할 수 없는 확신의 근거를 소개합니다. 그것은 바로 그리스도의 십자가 사건입니다. 구도자는 이 사건을 통해 세상에서 만나지 못했던 신비한 원리에 눈을 뜹니다. 수치와 고통을 스스로 짊어진 그리스도의 사랑을 알고, 또 이로 말미암아 장차 임할 하나님 나라에 대한 희망이 피어납니다.

하지만 현실은 녹록하지 않습니다. 어떻게 비루한 현실 속에서 아름다운 이상을 놓치지 않고 계속 바랄 수 있을까요? 그리스도인들은 십자가와 하나님 말씀에 담긴 언약을 신뢰합니다. 그 언약은 가능성possibility보다는 더 중요한 방향성direction을 제시합니다. 그래서 계속 달려가고 있다는 고백이 무척 중요해집니다.

독일 신학자 몰트만Jürgen Moltman이 말한 대로 기독교의 종말론은 '희망학'입니다. 종말은 마지막 때 일어날 사건들에 대한 예언이나 묵시에 그치지 않고, 예수 그리스도의 부활을 통해 이미 시작된 선취적 사건입니다. 파멸의 끝finis이 아니라 하나님 나라의 시작, 그 희망이자 마침내 이루어질 목적으로 봅니다. 또한 그 희망을 우리가 사는 지금 이 자리로 당겨올 때 현재를 변화시키는 동력이 됩니다.[6]

사도 바울도 빌립보서에서 이 노래의 가사처럼 미완성과 역설적 희망을

이야기합니다. 그는 아직 완전해지지도 원하는 바를 얻지도 못했지만, 자신에게 주어진 푯대를 향해 늘 달려가고 있다고 고백합니다. 그리스도의 부르심과 섭리를 하루하루 의지하면서 말이죠. 맞습니다. 우리는 늘 완전한 해답과 성취를 바라며 살지만 인생은 영원한 미완성의 여정일지 모릅니다.

우리가 사는 이 땅과 우리가 만나는 사람들이 늘 아름답지만은 않습니다. 하지만 그리스도 안에 계시된 하나님의 언약을 신뢰하며 오늘도 신앙의 순례를 이어 갑니다. 그렇게 계속 달려가다 보면 우리가 그토록 갈구했던 하나님 나라가 점점 가까이 다가오는 모습을 볼 수 있겠지요. 하나님의 약속은 그분의 미래를 우리의 현재로 불러들입니다.

나는 이것을 이미 얻은 것도 아니며, 이미 목표점에 다다른 것도 아닙니다.
그리스도[예수]께서 나를 사로잡으셨으므로,
나는 그것을 붙들려고 좇아가고 있습니다.
형제자매 여러분, 나는 아직 그것을 붙들었다고 생각하지 않습니다.
내가 하는 일은 오직 한 가지입니다.
뒤에 있는 것은 잊어버리고, 앞에 있는 것을 향하여 몸을 내밀면서,
그리스도 예수 안에서, 하나님께서 위로부터 부르신 그 부르심의 상을 받으려고,
목표점을 바라보고 달려가고 있습니다.

빌립보서 3:12-14

짙은 어둠은 빛을 가리킨다

콜드플레이
"Fix You"

최선을 다했지만 성공하지 못했을 때
원하는 걸 얻었지만
정작 필요한 게 아니었을 때
너무 피곤한데 잠들지 못할 때
거꾸로 처박혀 버린 거지

  When you try your best but you don't succeed
  When you get what you want
  But not what you need
  When you feel so tired but you can't sleep
  Stuck in reverse

너의 얼굴에 눈물이 흘러내리고
다른 무언가로 채울 수 없는 소중한 것을 잃었을 때
누군가를 사랑하지만 헛수고가 돼 버렸을 때
이보다 더 나빠질 수 있을까

  When the tear come streaming down your face
  When you lose something you can't replace
  When you love someone but it goes to waste
  Could it be worse?

[후렴] 빛이 너를 집으로 안내할 거야
너를 따뜻하게 해 줄 거야
그리고 내가 널 고쳐 줄게

  (Chorus) Lights will guide you home
  And ignite your bones
  And I will try to fix you

하늘 위에, 또는 저 아래 깊이
너무 사랑하기에 놓아 줄 수 없을 때
하지만 해 보지 않고서는 절대 알 수 없는 거야
네가 얼마나 가치 있는 사람인데

  High up above or down below
  When you too in love to let it go
  But if you never try you'll never know
  Just what you're worth

[후렴] 빛이 너를 집으로 안내할 거야
너를 따뜻하게 해 줄 거야
그리고 내가 널 고쳐 줄게

      (Chorus) Lights will guide you home
      And ignite your bones
      And I will try to fix you

[브릿지] 눈물은 뺨을 타고 흐르고
다른 무언가로 채울 수 없는 소중한 것을 잃었을 때
눈물은 뺨을 타고 흐르고 그리고 난
눈물은 뺨을 타고 흐르고
분명 난 실수를 통해 배우게 될 거야
눈물은 뺨을 타고 흐르고 그리고 난

      (Bridge) Tears stream down your face
      When you lose something you can't replace
      Tears stream down your face, And I…
      Tears stream down your face
      I promise you I will learn from my mistakes
      Tears stream down your face, And I…

[후렴] 빛이 너를 집으로 안내할 거야
너를 따뜻하게 해 줄 거야
그리고 내가 널 고쳐 줄게

      (Chorus) Lights will guide you home
      And ignite your bones
      And I will try to fix you

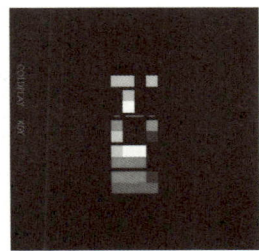

 아티스트 | 콜드플레이
곡명 | Fix You
앨범 | X&Y
발매 연도 | 2005

콜드플레이Coldplay는 오아시스Oasis와 라디오헤드Radiohead의 명성을 이으며, 2000년대 이후 가장 성공한 브리티쉬 록British Rock 밴드입니다. 1999년에 발표한 데뷔 앨범 〈패러슈츠Parachutes〉로 단번에 영국 앨범 차트 1위에 오르더니, 2002년 내놓은 〈러쉬 오브 블러드 투 더 헤드A Rush of Blood to the Head〉로 그 위상을 더욱 단단히 하면서 전 세계적 명성을 얻었습니다. 현재까지 발표한 정규 앨범 일곱 장으로 대중적 성공과 평단의 찬사를 동시에 거머쥔, 오늘날 가장 뜨거운 록 밴드 중 하나입니다.

단순하지만 영롱하고 따뜻하게

콜드플레이의 음악은 단순하지만 귀에 착 감기는 선율과 몽환적 사운드를 전면에 내세웁니다. 록 밴드의 기본 구성인 기타, 베이스, 드럼에 맑은 피아노 소리를 덧입혀, 단순한 코드로도 풍부한 공간감을 만들어 냅니다. 1990년대를 풍미한 라디오헤드의 '개인적 감상주의'의 맥을 잇는 스타일이지만, 라디오헤드의 우울함이나 염세적 미학 대신 편안함과 선명한 멜로디를 강조하는 따뜻한 감성이 돋보입니다.

더욱이 이들은 인간의 내면과 인생을 깊이 들여다보고 그 의미를 진지한 노랫말로 풀어냅니다. 바로 이 점이 이들의 음악을 더욱 빛나게 하는 매력이며, 수많은 사람들이 콜드플레이에 빠져드는 이유일 것입니다. 특히 밴드의 리더이자 보컬과 건반을 맡고 있는 크리스 마틴Chris Martin은 지적인 외모와 감성적 목소리로 많은 팬을 사로잡았습니다. (그는 영화배우 기네스 펠트로Gwyneth

Paltrow의 전 남편이기도 합니다.)

세계적으로 성공을 거둔 4집 〈비바 라 비다 오어 데스 앤드 올 히즈 프렌즈Viva La Vida or Death and All His Friends〉(2008)와 5집 〈마일로 자일로토Mylo Xyloto〉(2001)에 이르러서는 규모가 큰 주류 음악을 적극 수용해 음악적 변신을 꾀합니다. 하지만 동시에, 지나친 상업화를 경계하고 고유의 색깔을 지키려는 노력을 인정받아 평단의 지속적인 찬사도 이끌어 냈습니다. 선배 록 그룹 U2에게서 받은 영향력을 공공연히 표명하면서 콜드플레이는 사회활동에도 많은 힘을 쏟고 있습니다.

"픽스 유Fix You"는 그들의 세 번째 앨범 〈엑스 앤드 와이X&Y〉(2005)에 수록된 곡인데, 이 앨범은 다른 앨범들에 비해 전체적인 완성도 면에서는 아쉽지만 이 노래만큼은 콜드플레이 최고의 싱글로 기억되기에 충분합니다. 이 아름다운 발라드는 콜드플레이만의 멜랑콜리한 색깔을 잘 보여 주는데, 후반부에는 역동적인 절정으로 치달아 오르다가 잔잔하게 마무리되는 드라마틱한 구성이 돋보입니다. 그래서인지 콜드플레이는 이 노래를 주로 공연 마지막에 부르는데, 공연의 여운을 더 깊고 강렬하게 만드는 역할을 톡톡히 해냅니다.

특히 이 노래는 분위기와 가사에서 종교적 감흥까지 자아냅니다. 이 노래를 연주하는 공연 실황을 보면 흡사 거대한 종교 집회에 참석한 듯 모든 관객이 경건하고 감격에 찬 얼굴과 몸짓으로 하나가 됩니다. "널 치유할게"라는 제목이 암시하듯 지치고 힘들어 우는 이들을 따뜻하게 감싸 안고 위로하는 초월적 메시지를 전합니다.

이보다 더 나빠질 수 있을까

노래는 고독과 실패로 아파하는 현대인의 심상을 생생하게 나열하며 시

짙은 어둠은 빛을 가리킨다

작합니다. 최선을 다했으나 원하는 바를 이루지 못하고 실패한 사람, 간절히 원하던 것을 손에 넣었으나 정작 바라던 것이 아니라는 허무감에 몸서리치는 사람, 삶의 무게에 짓눌려 피곤해도 잠들지 못하고 무력감에 거꾸로 처박혀 꼼짝도 못하는 사람, 그 무엇과도 바꿀 수 없는 소중한 것을 잃고 절망감에 눈물 흘리는 사람, 이제는 놓아 주어야 한다는 사실을 알지만 너무나 사랑하기에 집착하며 움켜쥐는 사람들…. 그때마다 우리는 이렇게 읊조립니다. "이보다 더 나빠질 수 있을까?"

삶에서 비슷한 경험을 한 이들은 이 가사에 깊이 공감할 것입니다. "그래, 너도 나처럼 아프구나. 너도 내 마음과 같구나." 상담이나 치유의 진정한 목적은 힘들어 하는 이들의 문제를 해결해 주는 것이 아니라, 그 아픔을 알아주고 공감해 주는 것이라 하지 않던가요. 하지만 우리는 각자 너무 힘들게 사느라 남의 아픔 따위는 돌아볼 여유 없이 살고 있습니다. 그래서 내 아픔을 알아주는 이가 있다는 사실만으로도 위로가 됩니다. 그렇게 이 노래는 내가 하소연하기도 전에 미리 내 마음을 헤아리고 알아주는 뜻밖의 친구를 만난 듯한, 친밀한 위로를 선물합니다.

더 나아가 2절 후반부에서는 새로운 희망을 보여 주며 따뜻하게 우리를 격려합니다. "해 보지 않고서는 절대 알 수 없는 거야. 네가 얼마나 가치 있는 사람인데." 헨리 나우웬Henry Nouwen은 자신의 책에서 이렇게 고백합니다. "내가 말로는 겸손과 낮아짐을 이야기하지만, 실상 얼마나 칭찬과 격려에 굶주렸던가!"[1] 구차해 보일까 차마 말 못하고 숨겼던 내면의 욕구를 나우웬의 솔직한 고백이 잘 대변해 주는 것 같습니다. 그렇습니다. 우리는 모두 인정과 사랑에 목마른 사람들입니다. 그래서인지 조금 유치해 보이는 "당신은 사랑받기 위해 태어난 사람"이라는 노래에 그리스도인뿐만 아니라 일반인들까지 크게 호응했던 것 같습니다.

눈에 보이는 가치만큼만 인정하고, 상품성을 기준으로 그 가치들을 줄 세우는 사회에서, 내 모습을 있는 그대로 소중하다고 말해 주는 진심 어린 격려를 만나기는 쉽지 않습니다. 많은 사람들은 형편없는 스펙과 초라한 사회적 지위, 누구에게도 인정받지 못하는 부족함과 반복되는 실수 가운데서 끝없이 자존감 투쟁을 벌이며, 칭찬을 구걸하거나 비난에 숨죽이며 살고 있습니다.

프랑스의 사회학자 피에르 부르디외Pierre Bourdieu는 열등감이 개인의 심리적 문제가 아니라 사회 집단이 '구별짓기'를 통해 개인에게 가한 폭력의 결과라고 설명합니다.[2] 그래서 우리는 더 나은 집단에 속하기를 열망하며 그에 어울리는 가면을 쓰고 살아갑니다. 또한 사회적 편견이 만들어 낸 열등감의 피해자로 살면서도 나 역시 누군가를 손가락질하고 무시하는 이중성에 빠져 있는지 모릅니다. "당신은 있는 그대로 소중한 사람입니다." 진심 어린 이 한 마디가 고독한 현대인들이 가장 듣고 싶어 하는 말입니다.

치유와 회복의 반전

담담하게 읊조리는 전반부를 지나면 단순하고 역동적인 기타 리프와 함께 이 노래의 하이라이트가 펼쳐집니다. 기타리스트 조니 버클랜드Jonny Buckland의 단순하지만 격정적인 연주는 언어라는 기호 없이도 마음의 세포 하나하나에 생기를 불어넣고, 우리를 절망에서 희망으로, 무력감에서 새로운 도전으로 이끌어 내는 반전을 들려줍니다. (그래서 이 노래는 양질의 음원으로 감상할 때 그 진가가 더욱 확연하게 드러납니다.) 연주가 1분 30초 정도 이어질 때쯤 크리스 마틴의 절규하는 음성이 코러스와 함께 등장합니다. "눈물은 뺨을 타고 흐르고, 다른 무언가로 채울 수 없는 소중한 것을 잃었을 때…실수를 통해 배우게 될 거야."

가장 어두운 때가 지나야 찬란한 아침이 찾아오듯이 지독한 아픔은 삶에 새로운 생기와 의미를 불어넣습니다. 거의 모든 성경의 위인들도 이런 믿음의 반전을 경험하지 않았던가요. 실존주의 철학자 키르케고르Kierkegaard도 당대의 상투적이고 위선적인 교회 설교자들을 비판하며 '새로운 믿음'을 강조했습니다. 구름이 물러나면서 찬란한 햇빛이 쏟아지듯, 상투적 교리와 관념이 만들어 낸 하나님 상을 벗어 던질 때 참된 하나님을 '신 앞의 단독자'로 조우하는 '믿음의 도약leap of faith'이 일어납니다.

강렬한 연주와 노래가 잦아들면 한 옥타브 낮추어 후렴구를 다시 잔잔하게 읊조리며 노래는 끝이 납니다. 후렴구의 알 수 없는 초월적 음성은 정적 가운데서 더욱 뜨거운 여운을 남깁니다. "빛이 너를 집으로 안내할 거야. 그리고 너를 따뜻하게 해 줄 거야. 그리고 내가 너를 고쳐 줄게." 이 초월적 치유자가 누군지 이 노래는 밝히지 않습니다. 그리스도인들은 자연스럽게 하나님을 떠올리겠죠. 하지만 콜드플레이는 특정 대상이 아닌 이 노래 자체를 치유자로 상정하는 것 같습니다.

누구든 힘들고 지칠 때 이 노래를 들으면, 마음의 상처가 치유되고 새로운 세포가 생성되는 듯한 기운에 휩싸입니다. 이처럼 음악에는 지치고 상한 이들을 위로하고 치유하는 힘이 있습니다. 크리스 마틴은 청중에게 마이크를 넘겨 다 같이 '떼창'으로 후렴을 부르며 공연을 마무리합니다. 콜드플레이의 노래는 찬송은 아니지만 치유의 감성이 무엇인지를 유감없이 보여 줍니다.

새 노래

반전의 치유는 다윗의 시편에도 잘 나타납니다. 시편 40편 1-3절(개역개정)에서 다윗은 이렇게 노래합니다.

내가 여호와를 기다리고 기다렸더니

귀를 기울이사 나의 부르짖음을 들으셨도다.

나를 기가 막힐 웅덩이와 수렁에서 끌어올리시고

내 발을 반석 위에 두사 내 걸음을 견고하게 하셨도다.

새 노래 곧 우리 하나님께 올릴 찬송을 내 입에 두셨으니

많은 사람이 보고 두려워하여 여호와를 의지하리로다.

우리는 단순히 하나님이 고통스런 다윗의 기도에 응답하셨고, 그래서 다윗이 새 노래로 주님을 찬양했다고 생각할 수 있습니다. 하지만 이 노래에는 신앙에 대한 다윗의 깊은 회의와 쫓기는 삶이 주는 뼈저린 고통이 담겨 있습니다. "여호와를 기다리고 기다렸다"는 말은 그분이 꽤 오랫동안 침묵을 지키셨다는 뜻입니다. 아무리 기도해도 묵묵부답인 하나님의 침묵 말이죠. 또한 다윗은 "기가 막힐 웅덩이와 수렁"에 빠졌다고 고백합니다. 그 고통이 얼마나 "기가 막힐" 정도로 극심했으면 이렇게 기록했을까요.

시편을 묵상하면서 다윗의 솔직한 토로에 놀랄 때가 많습니다. 다윗은 하나님 앞에 자신의 심정을 정직하게 털어놓습니다. 그래서인지 종종 하나님께 분노합니다. "주님, 언제까지입니까? 영영 숨어 계시렵니까?"(시 89:46) 하나님의 부재! 그 답답한 심경은 그의 다른 시에서도 지속적으로 나타납니다(시 13, 22, 44편).

다윗은 이런 절망 가운데서 하나님을 만납니다. 절망은 하나님을 대면하기 위한 전조였던 셈입니다. 시편 40편 3절의 "새 노래"란 다윗이 작사 작곡한 신곡이란 의미가 아닙니다. 그는 "주님께서 나의 입에 새 노래를 담아 주셨다"고 말합니다. 그러니 새 노래를 만든 이는 다윗이 아니라 하나님입니다. 다윗을 둘러싼 환경은 어느 하나 바뀐 게 없고, 사울은 여전히 그를 잡으려

포위망을 좁혀 오고 있습니다. 그런데 달라진 것이 있다면 그것은 바로 다윗의 마음입니다. 그 마음을 바꾼 "새 노래", 그 자체가 하나님이 주신 응답이었습니다.

하나님은 우리의 모든 고통과 아픔을 당신의 상처 입은 몸으로 보듬고 우리 있는 모습 그대로를 존귀하다며 격려하십니다. 그 위로의 말씀은 우리의 발을 비추어 갈 길을 인도합니다. 이렇듯 참된 기독교 영성은 환경이 아니라 내 존재를 바꾸어 놓습니다. 또한 상처 입은 자아는 아직 아파하는 다른 이들의 상처를 품는 치유자로 서게 됩니다. 그때 부르는 노래는 상한 영혼들을 '치유하는' 하나님의 '새 노래'가 되고, 또한 내 길을 비추는 '빛'이 되지 않을까요?

> 주님의 말씀은 내 발의 등불이요, 내 길의 빛입니다.
> 시편 119:105

내가 어쩔 수 없는 어둠

시인과 촌장
"가시나무"

내 속엔 내가 너무도 많아
당신의 쉴 곳 없네
내 속엔 헛된 바램들로
당신의 편할 곳 없네
내 속엔 내가 어쩔 수 없는 어둠
당신의 쉴 자리를 뺏고
내 속엔 내가 이길 수 없는 슬픔
무성한 가시나무 숲 같네
바람만 불면 그 메마른 가지
서로 부대끼며 울어대고
쉴 곳을 찾아 지쳐 날아온
어린 새들도 가시에 찔려 날아가고
바람만 불면 외롭고 또 괴로워
슬픈 노래를 부르던 날이 많았는데
내 속엔 내가 너무도 많아
당신의 쉴 곳 없네

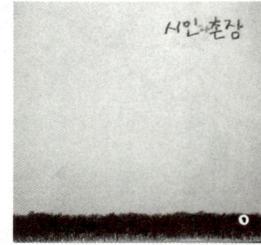

아티스트 ｜ 시인과 촌장
곡명 ｜ 가시나무
앨범 ｜ 숲
발매 연도 ｜ 1988

"내 속엔 내가 너무도 많아." 조금은 싸늘한 분위기의 여린 음성으로 노래가 시작됩니다. 시인과 촌장의 모든 노래를 지은 하덕규는 자신이 처한 현실과 이상의 괴리를 진지하고도 청아하게 표현해 주목을 받았습니다. 그는 "가시나무" 역시 '좌절과 자성의 결과물'이라고 스스로 밝힌 바 있습니다. 그래서 이 노래는 지금도 우리가 자신의 내면을 돌아보며 부르고 들어야 할 명곡입니다.

처연한 방황

노래만큼이나 하덕규의 성장기에는 상처가 많았습니다. 초등학교 시절 부모님의 이혼을 경험하고, 연이은 아버지의 사업 실패로 여러 차례 가출하며 방황합니다. 그는 미술을 전공했지만 어릴 때부터 음악에 빠져들었습니다. 중학교 때 독학으로 익힌 기타로 틈틈이 작곡을 해 오다, 서영은의 단편소설 제목에서 영감을 받은 "시인과 촌장"이라는 이름으로 1981년에 본격적으로 음악계에 데뷔했습니다.

잘 적응할 수 없었던 현실을 떠나 예술을 택했지만, 음악계 역시 또 다른 현실 세계였습니다. 그의 내면은 고뇌와 절망을 이어 갑니다. 그러던 그가 1984년에 기타리스트 함춘호를 만나 활동을 재개합니다. 함춘호의 빛나는 기타 연주는 하덕규의 감성에 생기를 불어넣고 창작 활동에 날개를 달아 줍니다. 그리고 당시 언더그라운드 음악인들의 모태였던 '동아기획'에 둥지를 틀었습니다.

김현식, 신촌블루스, 봄여름가을겨울, 들국화, 어떤날(조동익, 이병우), 한영애, 장필순, 박학기 등 당시 동아기획에 소속한 음악인들은 가창과 연주, 작곡과 편곡, 특히 가사에서 탁월한 예술성을 보였습니다. 이들의 노래는 한국 대중가요에 매력을 느끼지 못해 주로 '팝송'을 감상하던 젊은 세대에 강한 인상을 남기며 많은 사랑을 받았습니다. '동아기획 사단'이라 불린 이들은 "연예인보다는 예술가로 인정받고 싶어 했고", 텔레비전 출연이 아닌 라이브 무대와 앨범으로 자신의 음악 세계를 청중에게 알렸다는 평가를 받습니다.[1] 그래서 이들의 정신에는 1970년대 이후 형성된 청년 문화가 이어져 흐릅니다.

이들 중 상당수는 그리스도인이었으며 기독교적 가치를 노래에 담아냈습니다. 그 중심에 시인과 촌장의 하덕규와 함춘호가 있습니다. 동아기획의 이런 음악 정신은 상업화가 두드러진 요즘 음악계에서 인디 가수와 기독교 음악인들이 공통으로 지향하는 바이기도 합니다.[2]

시인과 촌장의 2집 〈푸른 돛〉은 2007년에 「경향신문」과 음악전문 웹진 「가슴네트워크」에서 발표한 한국대중음악 100대 명반 중 14위에 오른 1980년대 한국 모던 포크 modern folk 의 걸작입니다. ("가시나무"가 수록된 3집 〈숲〉도 31위에 이름을 올립니다.) 파스텔로 그린 소박한 앨범 표지, 자연의 여러 형상에 빗댄 은유 가득한 가사, 여기에 하덕규의 미성과 함춘호의 빈틈없는 연주가 어우러져 암울한 시대를 살던 당대의 청춘을 보듬는 동화 같은 앨범이 탄생합니다.

하지만 당시 하덕규는 그가 부른 "진달래" "사랑일기" "고양이에게" "풍경" 같은 서정적 노래와 달리, 술과 대마초에 찌든 채 염세적 삶에 빠져 있었다고 합니다. 그래서인지 2집 앨범 곳곳에서 아련한 슬픔과 고뇌를 은근하지만 절실하게 고백합니다.

이 앨범에서 비둘기는 희망의 상징으로 등장합니다. 비둘기를 노래하는 세 곡이 앨범의 초반과 중반과 대미를 장식합니다. "떠나가지 마 비둘기, 그 잿빛 날개는 너무 지쳐 있겠지만 다시 날 수 있잖아 비둘기, 처음 햇살 비추던 그날 아침처럼…"("떠나가지 마 비둘기"). 하덕규는 내면의 고뇌에서 벗어나려는 아련한 희망을 품고 애써 차분한 음성으로 흐릿한 이상의 끈을 붙듭니다. 하지만 그 답답함은 결국 마지막 노래 "비둘기 안녕"에서 절망으로 폭발합니다. 앞선 노래와는 달리 하덕규는 일그러진 절규로 "비둘기 안녕"을 반복하며 그 내면적 방황을 표현했습니다.

이 앨범에는 시인 자신뿐 아니라 그가 살았던 1980년대의 빛과 어두움, 희망과 절망이 고스란히 녹아 있습니다. 이 앨범을 듣는 이들은 너무나 아름다운 감동에 젖지만, 정작 하덕규 자신은 구원의 희망을 찾는 데 실패했던 것이지요. 하지만 "가시나무"가 수록된 3집 〈숲〉 앨범 뒷면에서 우리는 뜻밖의 신앙고백을 발견하게 됩니다.

비로소 닻을 내리는

마지막 녹음 직전 "가시나무"와 "나무"를 만들게 해 주신 하나님께 감사하며(내 다급한 기도에 대한 응답이었다) 이 판에 대한 칭찬을 그에게 돌린다. 예수 그리스도를 통한 그의 사랑에 깊이 감사드리며, 그 사랑의 통로로서의 노래가 되지 못했던 지난날들에 대해 반성하는 마음이다.
1988년 4월 11일

2집 앨범 이후 그에게 무슨 일이 있었던 걸까요? 하덕규의 고백에 따르면, 서정적 감수성에 '자유와 투쟁에 대한 신념'을 녹여 내 2집을 만들었는데, 1987년 민주 진영이 대통령 선거에서 패배하자 깊은 절망에 빠져들었다고 합니다. 그래서 3집은 정치권을 조소하고 비판하는 노래로 채우려 했습니다. 그러면서 그의 내면의 방황은 더욱 심해졌고 급기야 심한 우울증까지 겹치면서 아무것도 할 수 없는 지경까지 이릅니다.

그때 아주 우연히 교회로 발걸음이 향했고 그 자리에서 내면을 어루만지시는 하나님을 결정적으로 만나게 됩니다. 그리고는 자신과 사회의 절망이 외부의 무엇 때문이 아니라 이기심과 위선에 철저하게 물든 자신의 죄성 때문이었다는 것을 발견합니다. 이러한 성찰의 결과물이 "가시나무"와 3집 앨범 〈숲〉입니다. 2집에 수록된 "매"의 가사를 보면 두 앨범의 연속성과 불연속성이 더욱 분명해집니다.

저기 작은 둥우리를 트는 푸른 새들도
너의 매서운 창공에 숨죽여 울고
우울한 네 영혼 언제나 사나운 바람의 하늘로 휘날린다
너의 평화는 언제나 눈에 보이는 곳에 없고
모든 것들이 조용히 숨을 쉴 때도
쫓고 쫓아야만 하는 네 슬픈 운명
언제나 날카로운 부리를 세우며 울고
날아라 매~ 너의 하늘로, 매~

"매"는 대중에게 널리 알려진 노래는 아니지만 시인과 촌장의 노래 가운데 개인적으로 가장 좋아하는 노래입니다. 함춘호의 슬라이드 기타가 고독한 매의 울부짖음과 마지막 비상을 멋지게 표현한 숨은 걸작입니다. 찬란한 날개와 멋진 비상의 이면에 감추인, 하늘 위 사나운 사냥꾼의 극단적 고독과 치열한 운명을 하덕규는 주목합니다. "내 속에 내가 너무도 많아" 새들도

그 가시에 겁먹고 달아나는 가시나무의 운명은 2집의 '매'와 무척 닮았습니다. 하지만 '가시나무'와 달리 '매'는 그래도 푸른 하늘을 외롭지만 힘차게 날아오르는 희망을 품고 있습니다.

바로 여기서 2집과 3집의 의식 차이가 드러납니다. 겉으로는 동화 같은 가사와 세상을 바라보는 따뜻한 시선이 3집에도 계속 이어지지만("새털구름" "새봄나라에서 살던 시원한 바람" "푸른 애벌레의 꿈"), 앨범 전체를 지배하는 감성은 어둡게 채색된 자기 고백입니다. "가시나무"는 자신의 무능을 처절하게 깨달은 화자가 찾아 헤매던 희망의 끈마저 놓아 버리고 신 앞에 벌거벗은 '죄인'의 모습으로 서는 순간을 그려 냅니다.

대다수 CCM이 하나님 안에서 찾은 구원과 소망을 긍정의 감성으로 풀어내지만, 하덕규의 신앙은 자신과 세상을 포기하고 내려놓는 데서 출발합니다. 신의 구원과 해답을 노래하기에 앞서 처절한 자아 성찰과 문제의식을 가감 없이 전하고 어쩔 수 없는 절망으로 끝을 맺습니다. 어쩌면 이런 질문이 단순한 해답보다는 우리 가슴에 더 깊이 공감의 잔상을 남기는지 모릅니다. 이처럼 시인과 촌장 3집은 하덕규가 CCM 가수로 돌아서는 과도기인 셈입니다.

나의 끝에서 그를 만나다

3집 앨범에서 함춘호와 결별하며 생긴 빈자리는 동아기획의 걸출한 세션들이 채웁니다. 어떤날의 조동익과 이병우가 프로듀서와 기타리스트로 참여하고, 들국화의 허성욱과 손진태가 건반과 드럼을 맡아 그야말로 환상의 팀이 앨범의 완성도를 최대치로 끌어올렸습니다. 앞서 말씀드린 대로 이 앨범은 듣는 이의 마음을 숙연하고 서늘하게 만드는 처연함이 돋보입니다. 내면의 성찰을 한 음 한 음, 단어 하나하나에 세밀하지만 단순하게 새겨 넣어 담백한 감동을 이끌어 냅니다. 더욱 여려지고 절제된 하덕규의 목소리는 여백의 미를 극대화하듯 서늘하게 읊조립니다.

> 내 속엔 내가 너무도 많아 당신의 쉴 곳 없네
> 내 속엔 헛된 바램들로 당신의 편할 곳 없네
> 내 속엔 내가 어쩔 수 없는 어둠 당신의 쉴 자리를 뺏고
> 내 속엔 내가 이길 수 없는 슬픔 무성한 가시나무 숲 같네

하덕규는 이 노래에 자신의 지난날을 솔직하게 고백합니다. 하지만 어찌 그만의 문제일까요. 이 노래의 진정한 화자는 어쩌면 우리 모두이며, 그래서 "가시나무"는 우리 내면의 적나라한 자화상인 것 같습니다. 내 안에 뿌리박힌 철저한 에고이즘egoism 때문에 타인을 포용하지 못하고 스스로 만든 고독한 세계로 침잠합니다. 헛된 망상과 이기적 탐욕으로 안식과 평화를 잃어버리고 비참한 욕망 덩어리로 전락한 것이죠.

> 바람만 불면 그 메마른 가지
> 서로 부대끼며 울어 대고
> 쉴 곳을 찾아 지쳐 날아온 어린 새들도
> 가시에 찔려 날아가고
> 바람만 불면 외롭고 또 괴로워
> 슬픈 노래를 부르던 날이 많았는데

시인은 가시나무의 공허함과 외로움이 "내 속엔 내가 이길 수 없는" 죄의 뿌리 때문임을 발견합니다. 그 때문에 우리는 가까운 이들과도 어그러진 관

계를 맺고 불화하며, 물리칠 수 없는 외로움에 울부짖습니다. 그 때문에 타인의 비위를 맞추려 위선의 가면을 쓰기도 합니다. 벌거벗은 자신을 부끄러워하며 하나님의 음성을 거부한 채 그늘에 몸을 숨긴, 이 땅의 모든 아담의 허기진 진실을 이 노래는 진솔하게 드러냅니다.

옴짝달싹 못하게 된 우리는 "내 속엔 내가 너무도 많아 당신의 쉴 곳 없네"라며 일체의 관계를 거부하는 자리로 스스로를 몰아가는지 모릅니다. 사도 바울도 로마서 7장 18-24절에서 이와 유사한 내면의 고뇌를 절절하게 고백합니다.

> 나는 내 속에 곧 내 육신 속에 선한 것이 깃들여 있지 않다는 것을 압니다. 나는 선을 행하려는 의지는 있으나, 그것을 실행하지는 않으니 말입니다. 나는 내가 원하는 선한 일은 하지 않고, 도리어 원하지 않는 악한 일을 합니다. 내가 해서는 안 되는 것을 하면, 그것을 하는 것은 내가 아니라, 내 속에 자리를 잡고 있는 죄입니다. 여기에서 나는 법칙 하나를 발견하였습니다. 곧 나는 선을 행하려고 하는데, 그러한 나에게 악이 붙어 있다는 것입니다. 나는 속사람으로는 하나님의 법을 즐거워하나, 내 지체에는 다른 법이 있어서 내 마음의 법과 맞서서 싸우며, 내 지체에 있는 죄의 법에 나를 포로로 만드는 것을 봅니다. 아, 나는 비참한 사람입니다. 누가 이 죽음의 몸에서 나를 건져 주겠습니까?

"가시나무"는 스스로를 구원할 수 없다는 내면의 고뇌를 자각하게 하고, 이 사망의 몸에서 우리 자신을 건져낼 누군가를 갈망하는 자리로 우리를 이끕니다. 아프지만 솔직하게 자신을 돌아보며 걸어 온 길을 반성하고, 더 나아가 지난날들을 어루만지고 치유하는 새로운 구원의 손길에 자신을 내어 맡기는 성찰의 문에 다다른 것이지요.

바로 이 지점에서 우리는 스스로 만들어 낸 욕망과 허상의 신을 벗어 버리고, 그리스도에게 마음의 문을 엽니다. 굳이 신까지 언급하지 않아도, 자신과의 진실한 대면은 스스로를 치유하고 지난날과 화해할 수 있는 기회를 제공합니다. 그래서 "가시나무"에서는 염세적 절망이 아닌 경건한 성찰로 이끄는 따뜻한 힘이 느껴집니다.

"가시나무"와 3집 앨범 〈숲〉은 그리스도인뿐만 아니라 일반 청중의 가슴도 먹먹하게 하는 내밀한 이야기를 들려줍니다. 그것이 바로 이 노래가 시대를 넘어 기억되고 계속해서 다시 불리는 힘의 근원이겠죠. 진솔한 내면과 서정적 은유가 두드러졌던 하덕규의 흔적은 이후 좋은 씨앗, 꿈이 있는 자유 같은 CCM 듀오들의 노래로 이어집니다. 또한 그의 음악적 유산과 정신은 1990년대 후반 등장해 상업성보다는 예술가의 정체성을 담으려 했던 유희열, 루시드 폴, 이지성, 스위트 피 같은 이들에게 많은 영향을 미쳤습니다. (특히 유희열이 시인과 촌장에게서 받은 영향은 무척 큰데, 그는 시인과 촌장 2집 앨범명인 "푸른 돛"을 자신이 결성한 밴드의 이름으로 사용했습니다.)

여전히 무성한 가시나무 숲

하덕규는 "가시나무"를 분기점으로 하나님을 만나 발견한 긍정과 희망을 노래하는 CCM 시기로 나아갑니다. 물론 시인과 촌장의 많은 팬들은 함께 청춘을 끌어안고 고뇌하던 그가 혼자만 해답을 찾아 멀리 날아가 버렸다며 실망감을 드러내기도 했습니다. (하덕규는 이에 대해 많은 후회와 책임을 느낀다고 고백하기도 했습니다.) 방향을 새롭게 정한 그는 첫 번째 솔로 앨범 〈쉼〉에서 하나님 안에서 발견한 참된 안식과 자유를 노래합니다. "자유, 자유, 자유, 자유, 자유, 자유, 그를 만난 뒤 나는 알았네. 내가 목마르게 찾던 게 뭔지."

이 가사는 사도 바울이 로마서 7장의 절망에서 갑작스럽게 8장 1-2절의

내가 어쩔 수 없는 어둠

환희로 나아가는 반전을 떠올리게 합니다. "그러므로 그리스도 예수 안에 있는 사람들은 정죄를 받지 않습니다. 그것은, 그리스도 예수 안에서 생명을 누리게 하는 성령의 법이 당신을 죄와 죽음의 법에서 해방하여 주었기 때문입니다." 그에게 "가시나무"는 로마서 7장 24절에 기록된, 복음 직전의 과도기였던 것 같습니다. "아, 나는 비참한 사람입니다. 누가 이 죽음의 몸에서 나를 건져 주겠습니까?"

지금도 여전히 우리 사회는 가시나무 숲으로 가득합니다. 2014년 4월 16일, 물속에 잠긴 우리의 소중한 아버지, 어머니, 형제자매, 아들딸들의 목숨은 "무성한 가시나무 숲" 같은 우리의 공허하고 이기적인 내면을 적나라하게 들추어냈습니다. 그들이 마지막까지 보낸 신호와 문자들은 우리 사회가 지금 어디로 가고 있는지 질문합니다. 그들은 어쩌면 위선적인 '소피스트'들이 판치는 이 사회에서 소크라테스의 운명을 짊어졌는지도 모릅니다. 우리는 그들에게 죽음의 독배를 안겼습니다.[3] 정신없이 앞만 보고 달려가던 우리는 그들의 죽음 앞에 서서야 이기적 내면과 싸늘한 시선을 진솔하게 돌아보며 반성하고 있습니다. 아프지만 진실하게, 그렇게 성찰은 시작됩니다.

> 아, 나는 비참한 사람입니다.
> 누가 이 죽음의 몸에서 나를 건져 주겠습니까?
> 로마서 7:24

별에서 온 그대

심수봉
"백만 송이 장미"

먼 옛날 어느 별에서 내가 세상에 나올 때
사랑을 주고 오라는 작은 음성 하나 들었지
사랑을 할 때만 피는 꽃 백만 송이 피워 오라는
진실한 사랑을 할 때만 피어나는 사랑의 장미

미워하는 미워하는 미워하는 마음 없이
아낌없이 아낌없이 사랑을 주기만 할 때
수백만 송이 백만 송이 백만 송이 꽃은 피고
그립고 아름다운 내 별나라로 갈수 있다네

진실한 사랑은 뭔가 괴로운 눈물 흘렸네
헤어져 간 사람 많았던 너무나 슬픈 세상이었기에
수많은 세월 흐른 뒤 자기의 생명까지 모두 다 준
빛처럼 홀연히 나타난 그런 사랑 나는 알았네

미워하는 미워하는 미워하는 마음 없이
아낌없이 아낌없이 사랑을 주기만 할 때
수백만 송이 백만 송이 백만 송이 꽃은 피고
그립고 아름다운 내 별나라로 갈 수 있다네

이젠 모두가 떠날지라도 그러나 사랑은 계속될 거야
저 별에서 날 찾아온 그토록 기다리던 인내
그대와 나 함께라면 더욱더 많은 꽃을 피우고
하나가 된 우리는 영원한 저 별로 돌아가리라

미워하는 미워하는 미워하는 마음 없이
아낌없이 아낌없이 사랑을 주기만 할 때
수백만 송이 백만 송이 백만 송이 꽃은 피고
그립고 아름다운 내 별나라로 갈 수 있다네

아티스트 | 심수봉
곡명 | 백만 송이 장미
앨범 | 싱글 발표
발매 연도 | 1997

하루에도 몇 번은 그 속에 빠져 마치 내 얘긴 듯 심각했지만
왠지 내 인생 그 언제부턴가 난 그녀 노래와 인연이 있다는 걸 깨달았지

이문세가 부른 "내 사랑 심수봉"의 한 구절입니다. 이 고백처럼 심수봉의 노래에는 한국인이라면 누구나 빠져들 수밖에 없는 신비한 매력이 있습니다. 누구도 흉내 내기 힘든 그녀만의 오묘한 비음과 '꺾기' 신공, 가슴에 꽂히는 노랫말은 공감을 넘어 아련한 슬픔을 전합니다. 더욱 놀라운 사실은 그녀가 트로트 가수로서는 아주 드물게 자신의 거의 모든 노래를 작사 작곡한 탁월한 싱어송라이터라는 사실입니다.

공감은 아래에서부터

어릴 때 세련된 팝과 록 음악에 심취했던 내게 트로트는 그다지 구미가 당기지 않는, 어른들의 '구린 넋두리' 정도였습니다. 그런데 나이가 들면서 그 트로트가 마음에 닿기 시작했습니다. 아마도 인생의 깊이를 넉넉히 담은 가사의 미학 때문이겠지요. 마찬가지로 요즘 젊은이들은 오래된 찬송가를 선호하지 않지만, 최근에 나온 찬양보다 오래 익은 찬송가가 전하는 감흥이 깊고 풍성할 때가 많습니다.

초등학교 4학년 때쯤이었을까요. 텔레비전에서 대학가요제를 시청하고 있었는데, 당시 유행과는 거리가 먼 블라우스와 긴 치마를 입은 촌스럽고 요상한 참가자가 피아노 앞에 앉아 트로트풍의 노래를 불렀습니다. 그녀가 바

별에서 온 그대

로 심수봉이었습니다. 그해 심수봉은 본상을 수상하지는 못했지만, 수상곡들보다 오히려 심수봉의 "그때 그 사람"이 사람들 입에 오르내리며 가요 순위를 점령했습니다. '심수봉 신드롬'이라 불릴 정도로 그녀의 인기는 대단했고 단번에 사람들의 귀와 마음을 사로잡았습니다.

이후 정치 격동기에 휘말린 심수봉은 오랫동안 대중 앞에 모습을 드러내지 못했습니다. 그녀의 노래들은 스포트라이트를 받는 가요 순위 프로그램이나 시상식에서는 볼 수 없었지만 온 국민이 아는 이상한 히트곡입니다. "남자는 배 여자는 항구" "사랑밖에 난 몰라"를 모르는 대한민국 사람이 있을까요? 이 현상을 음악평론가 임진모는 다음과 같이 평가합니다. "단지 노래가 좋아서 솔직하게 자신의 감성을 따르는 보이지 않는 대중이 바로 물밑의 국민가수 심수봉을 만들어 낸 것이다."[1]

마찬가지로 수많은 평범한 그리스도인들의 진정한 신학은 교회의 공식 신조나 교리문답이 아니라 그들이 즐겨 부르는 회중 찬송에 담겨 있지 않을까요? 대중이 끌어안은 그 노래들에는 보편적 그리스도인들의 진솔한 삶이 담겨 있어서, "이것이 나의 간증story이요, 이것이 나의 찬송song"이라는 공통의 자기 고백을 이끌어 내는 것 같습니다.

별에서 온 그대

1997년에 발표된 "백만 송이 장미"는 외국 곡에 심수봉이 가사를 붙인 번안곡입니다. 원곡은 강대국에 시달리는 민족의 고난을 노래한 라트비아의 민요입니다. 러시아 가수 알라 푸가체바 Alla Pugacheva가 이 민요를 "백만 송이 장미"라는 제목으로 발표하면서 러시아 대중에게 널리 알려졌습니다. 이 노래 가사는 어느 가난한 화가가 백만 송이 장미로 미모의 여배우에게 자신의 사랑을 특별하게 고백하는 낭만적 이야기입니다.[2]

하지만 심수봉은 원곡의 멜로디와 음악적 분위기는 유지하되, 인생의 의미와 기독교 신앙을 가득 담은 자신만의 고백을 새로운 가사로 녹여 내 더 큰 감동을 전합니다. 그냥 흘려듣기 쉽지만 가사 한 구절 한 구절을 잘 음미하다 보면 이 노래는 아름다운 은유로 표현된 완벽한 가스펠입니다. 심수봉은 지상파 방송에서 방영한 2012년 콘서트에서 이 노래를 다음처럼 설명합니다. "전 사랑은, 진정한 사랑의 가치는 딱 한 곳에서 나온다고 생각합니다. 이 노래는요, 사실 그 사랑의 대표자이신 예수 그리스도의 사랑을 노래한 것입니다. 백만 송이 장미를 하늘에 올려 드립니다."

> 먼 옛날 어느 별에서 내가 세상에 나올 때
> 사랑을 주고 오라는 작은 음성 하나 들었지
> 사랑을 할 때만 피는 꽃 백만 송이 피워 오라는
> 진실한 사랑을 할 때만 피어나는 사랑의 장미

1절은 우리 모두가 먼 옛날 어느 별에서 사랑을 피워 오라는 작은 음성을 듣고 태어났다고 말합니다. 우리가 우연히 태어나 정해진 시간을 살다가 결국 사라지는 존재가 아니라, 특별한 섭리 가운데 이 땅에 보내진 고귀한 생명이라고 노래합니다. 흔히 훌륭한 업적을 남기거나 뛰어난 능력을 소유한 사람을 두고 '하늘이 낸 사람'이라고 부르지요. 하지만 엄밀히 말해 우리 모두는 내 뜻대로 태어나지 않았기에 모두가 하늘이 낸 사람입니다.

이를 그리스도인들은 '소명'이라고 부릅니다. 우리는 특별한 목적을 띠고 태어난 필연적 존재이며, 따라서 우리 인생은 하늘이 내린 '천명'을 이루려 정성을 다하는 삶입니다. 심수봉은 이 같은 보편적 기독교 신앙을 '별'에서 온 특별한 존재와 '장미'를 피우는 삶이란 은유로 멋들어지게 표현했습니다.

별에서 온 그대

이 사랑을 어쩌나

그런데 2절에서는 진정한 사랑을 찾아보기 어려운 현실을 그립니다. 죄 많고 타락한 세상에서 서로 배신하고 상처를 주고받으며 절망의 눈물을 삼킵니다. 진정한 사랑을 찾으려 여기저기 방황하지만 세상이 약속하는 사랑은 신기루에 불과하다는 사실을 깨닫습니다.

진실한 사랑은 뭔가 괴로운 눈물 흘렸네
헤어져 간 사람 많았던 너무나 슬픈 세상이었기에

모든 것을 비교 가능한 수치로만 표시하는 현대 문명은 절대 가치를 비교 가치로 전락시키고 상대화합니다. 인간마저 경제 논리로 상품화하고 처절한 경쟁 시장으로 내몹니다. 오늘날 많은 이들이 꿈을 잃어 가는 원인은 바로 이런 비인간화에 있습니다. 화려해 보이는 도시 문명과 자본주의 시장에서 꿈이나 비전이라는 이름으로 포장된 허영을 좇으며 치열하게 경쟁하다가, 막상 경쟁에서 밀리면 절망과 허무의 어두운 뒷골목으로 내쳐집니다. 그 속에서 우리는 진정한 사랑은 없다고 절망하며 일상의 허무에 휩쓸려 점점 사그라집니다.

하지만 2절 중반에서 큰 반전이 일어납니다. 허무에 휩싸여 절망한 바로 그때, 내가 왔던 별에서 숭고한 사랑이 찾아옵니다. 그 사랑은 자기 목숨까지 내어 주는, 세상이 결코 이해할 수 없는 희생의 사랑이며, 또한 내가 알지 못하는 시절부터 변함없이 내가 돌아오기를 기다리며 오래 인내한 사랑이라고 말해 줍니다.

수많은 세월 흐른 뒤 자기의 생명까지 모두 다 준

빛처럼 홀연히 나타난 그런 사랑 나는 알았네
이젠 모두가 떠날지라도 그러나 사랑은 계속될 거야
저 별에서 날 찾아온 그토록 기다리던 인내

심수봉이 만난 이 숭고한 사랑은 무엇일까요? 그녀가 콘서트 현장에서 고백했듯이 그 사랑은 바로 예수 그리스도입니다. 심수봉은 정치적 격동과 정권의 탄압 가운데서 예수를 만났고, 그녀가 그토록 찾아 헤매던 진정한 사랑을 마침내 찾았습니다. 성경은 예수가 세상에 온 이유를, 심판하기 위해서가 아니라 우리의 고통을 긍휼히 여기고 자기 몸을 내어 던져 구하기 위해서라고 말합니다(요 3:16). 흔히 사랑은 주는 것이라고 하지만, 사실 사랑은 받는 데서 출발합니다. 누군가의 사랑을 받을 때 내 안에 숨어 있는 고귀한 성품이 드러납니다. "백만 송이 장미"가 노래하듯 우리가 사랑을 만나면 이전에 몰랐던 전혀 새로운 삶의 목적과 방향이 펼쳐집니다.

그대와 나 함께라면 더욱더 많은 꽃을 피우고
하나가 된 우리는 영원한 저 별로 돌아가리라
미워하는 미워하는 미워하는 마음 없이
아낌없이 아낌없이 사랑을 주기만 할 때
수백만 송이 백만 송이 백만 송이 꽃은 피고
그립고 아름다운 내 별나라로 갈 수 있다네

"주님을 만나기 전까지 내 영혼에 안식은 없었습니다"라고 고백했던 성 아우구스티누스처럼, 심수봉은 자신을 찾아온 진실한 사랑에서 새로운 희망과 창조의 빛을 경험합니다. 그리고 그 사랑과 동행하며 아름다운 사랑의

별에서 온 그대

꽃을 더 많이 피우고, 마침내 내가 왔던 영원한 본향으로 돌아가리라는 믿음과 소망을 피력합니다. 하늘의 사랑이 우리 존재 가운데 스며들 때, 비로소 우리는 무슨 일을 하든 누구를 만나든 이기적 욕망과 미움을 떨치고, 아낌없이 나누는 삶의 소중함을 깨달을 것입니다. 이 노래는 그 사랑의 결실을 이 땅에 피어난 아름다운 장미로 형상화하고 있습니다.

하늘 뜻이 내 삶에

기독교 신앙은 우리 인생의 목표가 하나님의 영광을 드러내는 것이라고 강조합니다. 비신자들은 자칫 이 말을 신의 영광(이나 종교적 목적)을 위해 한 개인의 삶이 수단이 된다는 말로 이해할 수 있습니다. 하지만 시각을 바꾸어 신의 영광이 내 삶에 드러나는 것이야말로 이 땅에서 경험하는 그 무엇보다 황홀한 가치가 아닐까요? 여기서 말하는 하나님의 영광이 단지 절대자의 명예와 권세만은 아닙니다. 인간의 생명에 꽃을 피우고 모든 피조물에 존귀한 가치를 되살리는 신비입니다. 특정한 시공간을 배경으로 태어난 내게 생명과 함께 하나님의 영광이 들어와 고귀한 흔적을 남기고, 그 영광이 내가 속한 시공간에서 운동하며 퍼져 가는 일에 나도 참여하는 것입니다.[3]

이 노래는 그리스도인의 삶의 가치와 복음의 신비를 그 어떤 찬송가보다도 더욱 아름답고 완전하게 전달합니다. 내가 사는 이곳은 절대 영원하지 않고, 잠시 머물며 천명을 실천하는 장입니다. 이때 직업은 단순한 노동 행위나 생계 수단이 아니라 '천직'이며, 배우자는 하늘이 맺어 준 '천생연분'이 됩니다. 또한 모든 인간은 하늘이 내려 준 보편적이고 마땅한 권리, '천부인권'의 가치를 지니며 이를 바탕으로 서로 존중할 수 있습니다.

서정주 시인이 "한 송이의 국화꽃을 피우기 위해 봄부터 소쩍새는 그렇게 울었나 보다"라고 말했듯이 우리 삶은 우주적 원리와 섭리로 서로 연결되어

있습니다. 그러니 이 땅에 집착하고 사람의 인정을 구걸하며 자기 욕망을 실현하기 위해 아등바등하는 대신, 내가 오늘 서 있는 이 자리에서 아름다운 사랑의 꽃을 피우며 살아 보는 것은 어떨까요? 그것이 더 본질적이고 영원한 소명이며, 내게 주어진 하늘의 뜻을 살아내는 길이니까 말이죠.

하나님께서 세상을 이처럼 사랑하셔서 외아들을 주셨으니,
이는 그를 믿는 사람마다 멸망하지 않고 영생을 얻게 하려는 것이다.
요한복음 3:16

내가 누군지 알기 위해

신해철
"민물장어의 꿈"

좁고 좁은 저 문으로 들어가는 길은
나를 깎고 잘라서 스스로 작아지는 것뿐
이젠 버릴 것조차 거의 남은 게 없는데

문득 거울을 보니 자존심 하나가 남았네
두고 온 고향 보고픈 얼굴 따뜻한 저녁과 웃음소리
고갤 흔들어 지워 버리며 소리를 듣네
나를 부르는 쉬지 말고 가라 하는

저 강물이 모여드는 곳 성난 파도 아래 깊이
한 번만이라도 이를 수 있다면
나 언젠가 심장이 터질 때까지
흐느껴 울고 웃다가 긴 여행을 끝내리 미련 없이

익숙해 가는 거친 잠자리도 또 다른 안식을 빚어
그마저 두려울 뿐인데 부끄러운 게으름 자잘한 욕심들아
얼마나 나일 먹어야 마음의 안식을 얻을까

하루 또 하루 무거워지는 고독의 무게를 참는 것은
그보다 힘든 그보다 슬픈 의미도 없이
잊혀지긴 싫은 두려움 때문이지만

저 강들이 모여드는 곳
성난 파도 아래 깊이 한 번만이라도 이를 수 있다면
나 언젠가 심장이 터질 때까지
흐느껴 울고 웃으며 긴 여행을 끝내리 미련 없이
아무도 내게 말해 주지 않는 정말로 내가 누군지 알기 위해

아티스트 | 신해철
곡명 | 민물장어의 꿈
앨범 | Homemade Cookies & 99 Crom Live
발매 연도 | 1999

　　신해철은 처음 죽음의 의미를 깨닫게 해 준 일곱 살 때 사건을 떠올리며 "날아라 병아리"라는 노래를 만들었습니다. 이 노래의 얄리처럼 그는 며칠 간 심하게 앓다가 우리 곁을 훌쩍 떠나 버렸습니다. 생각해 보니 그는 스무 살 무렵 데뷔할 때부터 유한한 인간 존재와 그 소멸을 진지하게 사유해 왔습니다. 무한궤도 1집 타이틀곡인 "우리 앞에 생이 끝나 갈 때"에서 그는 이렇게 노래합니다.

　　세월이 지나가고 우리 앞에 생이 끝나 갈 때
　　누군가 그대에게 작은 목소리로 물어보면
　　대답할 수 있나 지나간 세월에 후횐 없노라고

　　이처럼 신해철은 음악 활동 초기부터 존재의 유한함에 대한 자각과 이를 넘어서려는 실존적 가치를 묵직하게 담아내며 대중의 공감을 이끌어 냈습니다. 그는 철학적 수사를 대중음악의 틀 안에 녹여 낸, 그때도 지금도 찾아보기 어려운 특별한 음악인입니다.

끝까지 멈추지 않았던

　　신해철은 상업적으로 안주하는 대신 끝없이 실험하고 도전한 예술가였습니다. 서태지 신드롬에 살짝 가리기도 했지만, 그는 댄스, 발라드, 하드록, 프로그레시브록, 테크노-일렉트로닉, 재즈에 이르기까지 1990년대 이후 한국 대중음악이 도전한 거의 모든 음악적 실험에 자신의 자취를 남깁니다. 그가 아주 창의적인 장르 생산자는 아닐지라도(그래서 의외로 과소평가되어 왔지만), 그가 보여 준 끊임없는 실험정신과 음악적 변신은 대한민국 음악사에 그를 가장 독창적 음악인으로 기록하기에 부족함이 없게 합니다. 그는 1990년대 우리나라에 '미디'와 '사운드' 개념을 최초로 정착시켰으며, 수많은 표절 의혹으로 멍든 우리 대중음악계에서 그로부터 자유로운 몇 안 되는 음악인이었습니다.

또한 사회 문제나 개인 삶에서나 언론과 대중의 시선을 넘어 늘 자기 목소리를 뚜렷하게 내는 용감한 인물이었습니다. 그래서 종종 언론은 그의 발언을 '독설'로 포장해 기사화했지만 돌아보면 그 말은 늘 '상식'에 충실한 내용이었습니다. 느지막이 결혼을 한 신해철은 모든 가부장의 가치에 저항이라도 하겠다는 듯 그동안의 카리스마를 다 버리고 따뜻하고 심지어 귀여운 남편과 아빠의 모습을 보여 줍니다. 그보다 인생을 더 역동적으로 살아낸 이가 또 있을까요?

대담가 지승호와 함께 작업한 『신해철의 쾌변독설』은 그의 삶과 음악 사상을 가장 잘 보여 주는 책입니다. 그의 진보적 사상뿐만 아니라 의외로 아주 뚜렷한 도덕적 기준들도 눈에 띕니다. 밑줄을 그으며 읽다 보면 거의 모든 지면이 얼룩덜룩해질 정도로 놀랄 만한 발언이 계속 이어집니다. 이 책에서 그는 종교에 대해서도 많은 이야기를 나눕니다.[1] 또한 "우리가 만든 세상을 보라" "The Age of No God" "Money" 같은 노래를 들여다보면 무신론적 가치 속에 인간의 죄성과 탐욕이 만든 우상을 비판하고, 그 묵시적 현상과 현실을 날카롭게 고발합니다.

젊은 시절에 신부가 될까도 심각하게 고민했던 그의 자아는 천상의 영성 대신 세속을 순례하는 딴따라의 길을 선택했는지도 모릅니다. 그런 그가 영혼의 둥지를 트기에는 이 땅의 교회가 너무나 천박한 장터처럼 보였겠죠. 그는 하덕규와 달리, 공허한 교회 안의 '무성한 가시나무'에 찔려 날아가 버렸던 것 같습니다. 그는 "예수 일병 구하기"라는 노래에서 세속화한 이 땅의 교회에 통렬한 비판을 가하기도 합니다.

> 하늘을 향해 높이 솟은 번쩍이는 저 바벨의 탑이여
> 대량으로 생산되는 개나 소나 아무나 목자여
> 황금의 소를 따라가는 눈 먼 양이여
> 하늘의 옥좌를 버리고 인간이 된 private Jesus
> 그가 바란 건 성전도 황금도 율법도 아니라네
> All we need is love…

정말로 내가 누군지 알기 위해

"민물장어의 꿈"은 영국 유학을 마치고 돌아온 신해철이 1999년에 발표한 노래입니다. 그는 자신이 가장 사랑하는 노래지만 널리 알려지지는 않아 늘 아쉬웠다고 밝힌 적 있습니다. 그러면서 자신의 장례식에 울려 퍼질 노래이며 자신이 죽고 나면 뜰 노래라고 말했는데, 그 예언대로 뒤늦게 많은 사람들에게 알려지면서 가슴에 깊은 울림을 남깁니다.

> 좁고 좁은 저 문으로 들어가는 길은
> 나를 깎고 잘라서 스스로 작아지는 것뿐
> 이젠 버릴 것조차 거의 남은 게 없는데
> 문득 거울을 보니 자존심 하나가 남았네

마태복음 7장에서 "좁은 문으로 들어가라"던 예수의 말처럼 우리 인생은 눈에 보이는 유한한 것 대신에, 추상적이지만 영원한 목적을 바라보는 거룩한 여정인 것 같습니다. 더 많이 차지하고 몸집을 불려야만 인정받는 세상에서, 자신을 깎고 또 깎아 내 마지막 남은 '자존심'마저 내려놓는 일은 결코 쉽지 않겠죠. 하지만 그 순간 우리는 자기를 비우고 더 높은 차원의 진리에 도달하는 길에 닿을 수 있습니다. 바로 그 길이 예수가 자기를 비우고 이 땅에 육신으로 온 이유이며, 벌거벗은 채 나무 위에 달려 조롱당하며 마지막 자존심마저 내려놓은 구속의 방식이었습니다. 그의 십자가는 인간의 죄를 대속할 뿐 아니라, 우리의 모든 고통을 짊어진 길이었습니다.

익숙해 가는 거친 잠자리도 또 다른 안식을 빚어
그마저 두려울 뿐인데 부끄러운 게으름 자잘한 욕심들아
얼마나 나일 먹어야 마음의 안식을 얻을까

하지만 나이를 먹고 세상에 이리저리 부딪히다 보면 이상적 삶은 점점 멀어지고, 어릴 적 상상과는 너무도 달라진 자신을 발견하고는 슬픈 상념에 빠지게 됩니다. 계속 더해지는 삶의 무게에 힘겨워하고, 넓은 세상에서 혼자 버려진 듯한 외로움을 느끼죠. 더군다나 이런 자신의 모습을 이제는 아무렇지 않은 듯 여기면서 욕심과 나태에 찌들어 갈 때 우리는 인생무상의 허무에 빠져듭니다. 모두들 이렇게 나이를 먹고 속물이 되어 가면서 사라져 가는 거겠죠.

저 강들이 모여드는 곳
성난 파도 아래 깊이 한 번만이라도 이를 수 있다면

나 언젠가 심장이 터질 때까지
흐느껴 울고 웃으며 긴 여행을 끝내리 미련 없이
아무도 내게 말해 주지 않는 정말로 내가 누군지 알기 위해

알베르 카뮈의 『시지프의 신화』 속 주인공처럼 우리는 끝없이 반복되는 공허한 인생에서 삶의 부조리와 허무를 느낍니다. 어렵고 때로는 고루하게 다가오는 실존적 고뇌는 바로 거기서부터 시작됩니다. 하지만 이 노래는 자신의 존재 의미와 삶의 의지를 결코 포기하지 않고, 자신이 원하는 궁극의 자리에 서리라는 굳은 의지로 끝을 맺습니다. "정말로 내가 누군지 알기 위해" 멈추지 않는 거룩한 도전이야말로 그리스도인들이 늘 강조하는 참된 영성이며 실존입니다. 그래서 기독교의 신학을 참된 인간학이라고 하는 거겠죠. 신해철이 자신의 노래에 담아낸 가장 중요한 철학적 진술은 바로 인간의 실존적 고뇌와 인간 의지에 대한 성찰입니다.

그런 그가 마침내 발견한 작은 해답은 '일상'의 소중함입니다. 그가 부른 "일상으로의 초대"는 일상의 가치와 그로부터 일어나는 작은 혁명을 이야기합니다. "산책을 하고 차를 마시고 책을 보고 생각에 잠기는" 반복적 일상이 누군가와의 관계를 통해 구원받고 특별해지는 순간을 그리고 있죠.

내게로 와 줘 내 생활 속으로 너와 같이 함께라면
모든 게 새로울 거야 매일 똑같은 일상이지만
너와 같이 함께라면 모든 게 달라질 거야

굿바이 마이 프렌드

그가 영원히 우리 곁을 떠난 지금, 그가 남긴 많은 앨범 가운데 1991년에

발표한 2집 앨범 〈Myself〉를 꺼내 들어 봅니다. 혼자 힘으로 작사, 작곡, 노래, 편곡, 연주, 녹음은 물론 앨범 디자인까지 해낸 것도 놀랍지만, 스물두 살 청년이 바라본 세상과 그 세상에서 어떻게 살겠다는 다짐이 이 노래 아홉 곡에 고스란히 녹아 있습니다. 지금 와서 돌아보니 그는 스무 살 언저리에 썼던 가사의 고백대로 음악을 했고 그렇게 인생을 살아 왔음을 느낄 수 있습니다.

그가 2014년 발표한 마지막 앨범이, 스물두 살 자신에게 보내는 답장인 듯 〈Reboot Myself〉라니 새삼 놀랍습니다. 늘 되새기며 복원하고 싶었던 그의 출발은 〈Myself〉의 마지막 트랙 "길 위에서"에 잘 드러나 있습니다. 그때도 그랬고 지금도 한 구절 한 구절이 내 마음을 적시는 숨은 명곡입니다. 우리 시대 청춘들과도 꼭 함께 듣고 싶을 만큼 소중한 노래입니다. 특히 마지막 가사에서 "언제나 내 곁에 있는 그대여 날 지켜봐 주오"라며 의미 있는 삶을 그가 다짐했듯이, 나 역시 매일 동행하는 그분에게 "날 지켜봐 주세요"라는 작은 약속과 함께 최선의 삶을 스스로 다짐해 봅니다.

차가와지는 겨울바람 사이로 난 거리에 서 있었네
크고 작은 길들이 만나는 곳 나의 길도 있으리라 여겼지
생각에 잠겨 한참을 걸어가다 나의 눈에 비친 세상은
학교에서 배웠던 것처럼 아름답지만은 않았었지
무엇을 해야 하나 어디로 가야 하는 걸까
알 수는 없었지만 그것이 나의 첫 깨어남이었지
끝없이 뻗은 길의 저편을 보면 나를 감싸는 두려움
혼자 걷기에는 너무나 멀어 언제나 누군가를 찾고 있지
세상의 모든 것을 성공과 실패로 나누고

삶의 끝 순간까지 숨 가쁘게 사는 그런 삶은 싫어
난 후회하지 않아 아쉬움은 남겠지만
아주 먼 훗날까지도 난 변하지 않아
나의 길을 가려 하던 처음 그 순간처럼
자랑할 것은 없지만 부끄럽고 싶진 않은 나의 길
언제나 내 곁에 언제나 내 곁에 있는
그대여 날 지켜봐 주오

    제 딸이 5학년이 되던 해, 신해철 20주년 콘서트에 함께 갔습니다. 아이돌 음악만 듣는 아이에게 신해철 같은 음악인도 있다는 것을 알려 주고 싶었습니다. 하지만 어쩌면 그보다는 그를 통해 나를 보여 주고 싶었는지 모릅니다.
    그는 늘 자신의 음악으로 내게 말을 걸었고, 나는 그의 음악을 통해 내 생각을 더 발전시킬 수 있었습니다. 그는 내가 좋아했지만 실현할 수 없었던 음악을 펼쳐 주었고, 기득권층을 향해 분노했으나 두려움으로 침묵했던 나 대신 시원하게 펀치를 날려 주었습니다. 그는 나의 외향 이면에 숨겨놓은 위선의 껍데기도 대신 벗어젖히고 자유롭게 질주했던 내 인생의 분신으로 살아 주었던 것 같습니다.
    그가 마지막으로 남기고 간 원맨 아카펠라, "A.D.D.A"만 보더라도 나이를 먹었어도 그의 장난기는 여전합니다. 하지만 그보다는 천 번 이상을 덧입혀 녹음하는 그의 집요함과 성실함에 더 큰 경이로움을 느낍니다. 재미와 최선, 그것이 그의 인생을 집약하는 두 철학인 듯합니다. 그는 그렇게 '재미있게' 또 '열심히' 46년간 자신의 삶을 '충분히' 살았고 '아쉽게' 돌아갔습니다. 그는 이제 사라졌지만 아주 오랫동안 우리에게 계속 말을 걸고 대화를 나눌 진짜 레전드가 되었습니다. 이제 그렇게 신해철을 보내려 합니다. 굿바이 마이 프렌드!

좁은 문으로 들어가거라.
멸망으로 이끄는 문은 넓고 그 길이 널찍하여서
그리로 들어가는 사람이 많다.
생명으로 이끄는 문은 너무나도 좁고 그 길이 비좁아서
그것을 찾는 사람이 적다.

마태복음 7:13-14

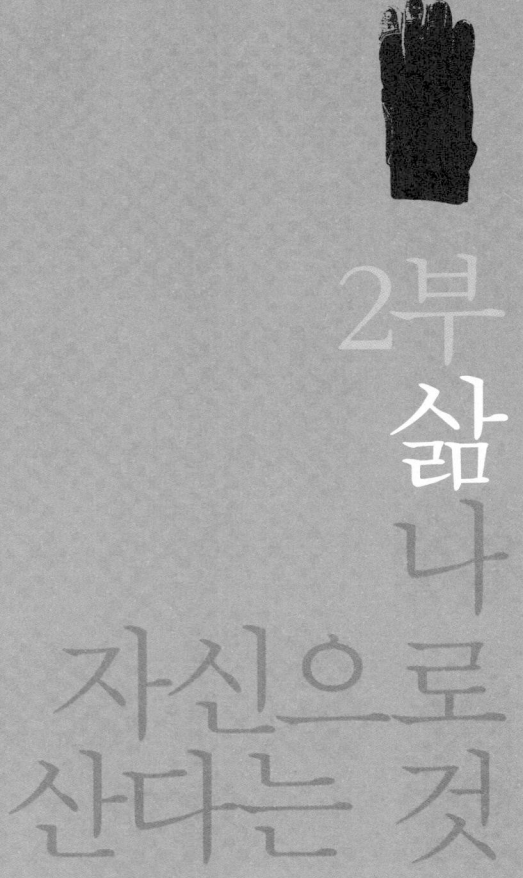

2부 삶
나 자신으로 산다는 것

길 위에서 자유롭게

밥 딜런
"Like a Rolling Stone"

지난날 너는 옷을 잘 차려입고
잘나갈 때 거지들에게 잔돈을 던져 주었지, 안 그래?
사람들은 말했지, "조심해, 아가씨, 떨어질지 몰라"
너는 그들이 그저 농담한다고 생각했을 거야
너는 어슬렁거리는 그들 모두를 비웃곤 했어
그런데 지금은 소리도 못 내고, 부끄러워하고 있구나
다음 끼니를 찾아 헤매 다녀야 한다니 말야

    Once upon a time you dressed so fine
    You threw the bums a dime in your prime, didn't you?
    People call, say, "Beware doll, you're bound to fall"
    You thought they were all kidding you
    You used to laugh about everybody that was hanging out
    Now you don't talk so loud. Now you don't seem so proud
    About having to be scrounging for your next meal

기분이 어때? 기분이 어떠냐고?
거처할 집도 없이,
철저히 무시당하며 길바닥에 굴러다니는 돌멩이처럼

    How does it feel? How does it feel?
    To be without a home,
    Like a complete unknown, like a rolling stone

미스 론리, 그래 당신은 명문 학교를 다녔어
넌 그런 세상에서 우쭐하곤 했지
아무도 네게 길 위에서 사는 법을 가르쳐 주진 않았겠지
지금은 그런 것에 익숙해져야 한다는 것을 알 거야
너는 알 수 없는 부랑자와는 결코 타협하지 않는다 했지
그러나 넌 그가 네 알리바이를 제공하지 않을 걸 알아
이젠 네가 그의 눈 속의 공허함을 바라보며
협상을 해 달라고 애걸할 때 말야

    You've gone to the finest school all right, Miss Lonely
    But you know you only used to get juiced in it
    And nobody has ever taught you how to live on the street
    And now you find out you're gonna have to get used to it
    You said you'd never compromise with the mystery tramp,
    But know you realize, He's not selling any alibis
    As you stare into the vacuum of his eyes
    And say do you want to make a deal?

기분이 어때? 기분이 어떠냐고?
너 혼자 동떨어져, 거처할 집도 없이
철저히 무시당하며 길바닥에 굴러다니는 돌멩이처럼

   How does it feel? How does it feel?
   To be on your own, with no direction home,
   Like a complete unknown, like a rolling stone

너는 돌아보지도 않았어
광대와 저글러의 찡그린 모습을 말야
그들이 너를 위해 묘기를 보여 주었을 때도
너는 그것이 나쁘지 않다는 것을 이해 못했어
넌 그저 재미로 다른 사람들을 걷어차지 않았어야지
넌 술수가 좋은 친구와 멋진 철마를 타고 다니곤 했어
그 녀석은 어깨에 샴 고양이를 매고 다녔고 말야
그가 어떤 자인지 아는 것은 어렵지 않지
그는 네가 생각하는 자리에 있지 않아
그는 결국 너의 모든 것을 앗아가 버렸지

  You never turned around
  To see the frowns on the jugglers and the clowns
  When they all come down and did tricks for you?
  You never understood that it ain't no good
  You shouldn't let other people get your kicks for you
  You used to ride on the chrome horse with your diplomat
  Who carried on his shoulder a Siamese cat
  Ain't it hard when you discover that
  He really wasn't where it's at
  After he took from you everything he could steal

기분이 어때? 기분이 어떠냐고?
너 혼자 동떨어져, 거처할 집도 없이
철저히 무시당하며 길바닥에 굴러다니는 돌멩이처럼

   How does it feel? How does it feel?
   To be on your own, with no direction home,
   Like a complete unknown, like a rolling stone

탑 위의 공주 그리고 모든 예쁜 척하는 녀석들
그들은 술 마시며 자기들이 다 이루었다고 생각하지
온갖 귀한 선물들을 교환하며 말야

Princess on the steeple and all the pretty people
　　　They're drinkin', thinkin' that they got it made
　　　Exchanging all precious gifts

단 빨리 다이아몬드 반지를 집어 들도록 해
얼른 전당포에서 현금으로 바꿔야지
너는 즐거워했지 누더기를 걸친 나폴레옹과 그가 쓰는 언어를
이제 그에게 가, 그가 부르면 넌 거절 못할 거야
아무것도 없을 때, 잃을 것도 없지
넌 이제 눈에 띄지 않아, 그러니 감출 비밀도 없어

　　　But you'd better take your diamond ring,
　　　you'd better pawn it babe You used to be so amused
　　　At Napoleon in rags and the language that he used
　　　Go to him now, he calls you, you can't refuse
　　　When you got nothing, you got nothing to lose
　　　You're invisible now, you got no secrets to conceal

기분이 어때? 기분이 어떠냐고?
너 혼자 동떨어져, 거처할 집도 없이
철저히 무시당하며 길바닥에 굴러다니는 돌멩이처럼

　　　How does it feel? How does it feel?
　　　To be on your own, with no direction home,
　　　Like a complete unknown, like a rolling stone

아티스트　|　밥 딜런
곡명　　　|　Like a Rolling Stone
앨범　　　|　Highway 61 Revisited
발매 연도　|　1965

팝음악 역사에서 가장 눈에 띄는 단어를 하나 꼽자면 아마도 '롤링스톤Rolling Stone'일 것입니다. "구르는 돌에는 이끼가 끼지 않는다A rolling stone gathers no moss"라는 유명한 영국 속담에 등장하는 이 단어는 가장 권위 있는 대중음악 잡지의 제호이자, 50년 넘도록 여전히 무대를 누비는 전설적 록그룹의 이름입니다. 또한 포크록의 대부 격인 밥 딜런이 부른 노래 제목에도 등장합니다. "구르는 돌Rolling Stone"은 청춘들의 삶과 정신을 잘 대변해 주는 정말 멋진 표현인 것 같습니다.

「롤링스톤」지도 이 노래를 역사상 가장 위대한 노래로 선정했지만, 저 역시 이 노래를 내 인생의 노래로 꼽고는 합니다. 수천 번 가까이 들었지만 질리기는커녕 늘 새로운 영감과 에너지를 줍니다. 포크록 최초의 히트곡으로 평가받는 이 노래는 역동적인 로큰롤 사운드와 전설적 연주자 알 쿠퍼Al Kooper[1]의 하몬드 오르간이 멋지게 어우러집니다. 그 위에서 거칠게 읊조리는 딜런의 노래를 듣다 보면, 내 안에 새로운 전투력이 급상승하곤 합니다. 옥상달빛이 그랬던가요? "어차피 인생은 굴러먹다 가는 뜬구름 같은, 질펙대는 땅바닥 지렁이 같은 걸." 하지만 어느 누구에게도 종속되지 않고 무엇에도 집착하지 않는 이 "구르는 돌멩이" 정신이야말로 청년 정신의 핵심입니다.

포크, 록의 옷을 입다

밥 딜런의 노래가 더 깊이 다가오는 이유는 가사의 미학 때문입니다. 미국에서는 엄청난 영향력이 있는 밥 딜런이지만, 한국에서는 그만한 인기를 누리지 못했습니다. 언어라는 장벽 때문에 그의 음악 세계를 충분히 누리기 어려운 까닭입니다. 밥 딜런은 이전에 없었던 사유의 깊이를 노랫말로 구현해 음악인들에게 연주와 노래 못지않게 가사가 얼마나 중요한지를 일깨워 주었습니다.

그의 노랫말은 콧대 높은 문학계에서도 인정받으며 1996년 노벨 문학상 후보에까지 오릅니다. 지금도 미국의 많은 대학에서는 밥 딜런 음악의 문학적 가치를 토론하는 강좌를 열고 있습니다. 밥 딜런의 노랫말은 문학이자 철학입니다. 감상자의 가슴을 찌르는 듯 통렬하면서도 초현실적이고 동시에 심오한 사유의 경지를 보여 줍니다. 사실 그의 노래는 정확한 해독이 어려울 만큼 의미가 다중적이고 복잡합니다. 또한 철저히 가려진 사생활과 모호한 인터뷰가 가사에 대한 의문을 더욱 증폭시킵니다.

그가 남긴 자취는 한 사람의 인생이라고는 믿기 어려울 정도로 다양합니다. 영화 〈아임 낫 데어I'm Not There〉는 그의 삶과 음악, 사상의 다양한 배경과 단면을 여섯 인물과 에피소드로 독특하게 풀어냅니다. 연출을 맡은 토드 헤인즈Todd Haynes 감독은 영국의 글램 록Glam Rock 스타인 데이비드 보위David Bowie의 삶과 음악을 가상 인물 브라이언 슬레이드로 형상화한 〈벨벳 골드마인Velvet Goldmine〉을 연출하기도 했습니다. 그는 〈아임 낫 데어〉에서 음악인 밥 딜런의 삶을 다양한 캐릭터와 이미지로 보여 줍니다. 또한 영화 속 영화에서 그의 문화적 배경과 영감의 원천인 인물들을 다중적으로 묘사합니다. 이처럼 밥 딜런은 미국 대중문화 역사에서 가장 중요하고 신비로운 문화 아이콘이라 할 수 있습니다.

그는 출발부터 예사롭지 않았습니다. 미니애폴리스 출신 유대인 청년 로버트 짐머만Robert Zimmerman은 1960년대 초반 뉴욕에 입성해 포크계의 신성으로 급부상했습니다. 그는 자신이 좋아하는 시인 딜런 토마스Dylan Thomas를 본뜬 예명과 제임스 딘James Dean을 모방한 패션과 표정으로 기성사회를 비판하는 노래를 불러 주목을 받았습니다. 특히 1962년 발표한 "블로잉 인 더 윈드Blowin' in the Wind"는 크게 히트하며 당대의 반전 시민 운동의 상징과도 같은 노래가 되었습니다. 이 노래는 한 구절, 한 구절 되씹어 볼 만합니다. 당시 수많은 평화주의자들의 가슴을 뛰게 만들었던 명문장은 지금 들어도 여전히 묵직한 교훈을 던져 줍니다.

전쟁의 포화가 얼마나 많이 휩쓸어야

영원한 평화가 찾아올까

How many times must the cannonballs fly,
Before they are forever banned

사람들이 얼마나 자주 고개를 돌리고

아무것도 모르는 바보인 척해야 하는 걸까

How many times can a man turn his head,
And pretend that he just doesn't see

우리가 얼마나 오랜 세월을 겪어야

타인의 울음소리를 들을 수 있을까

How many years must one man have,
Before he can hear people cry

친구여, 그건 바람만이 알고 있어

바람만이 그 답을 알고 있겠지

The answer, my friend, is blowing in the wind
The answer is blowing in the wind

길 위에서 자유롭게

1965년 들어 포크 영웅 밥 딜런은 파격적 변신을 감행합니다. 그는 〈뉴포트 포크 페스티벌〉에서 통기타 대신 전자 기타를 들고 무대에 섰다가 팬들에게 심한 야유를 받았습니다. 하지만 그 순간은 이후 팝 역사에서 '포크록'의 창시자가 등장하는 장면으로 기록됩니다. 포크의 심오한 노랫말과 에너지 넘치는 록 사운드를 결합한 포크록은 미국뿐 아니라 전 세계 청년 세대 음악으로 부상해 1960년대와 1970년대에 큰 족적을 남겼습니다. 이 음악 혁명의 중심에 밥 딜런의 명곡, "라이크 어 롤링 스톤Like a Rolling Stone"이 있습니다. 이 노래는 1965년에 그의 3집 앨범 〈하이웨이 61 리비지티드Highway 61 Revisited〉에 수록되어 빌보드 차트 2위에 오르며 대중에게 큰 사랑을 받았습니다.

일그러진 청춘의 자화상

사실 이 노래의 가사는 정확한 의미를 파악하기 어렵습니다. 얼핏 들으면 한때 큰소리치면서 잘나갔지만 지금은 모든 것을 잃고 끼니와 잠자리를 걱정해야 하는 한 여인을 비웃는 내용 같습니다. 어떤 이는 이 비참한 여인이 밥 딜런이 한때 사귀었던 배우 에디 세즈윅Edie Sedgwick이라고 합니다. 에디는 밥 딜런을 떠나 팝 아티스트이자 뉴욕 사교계의 왕자였던 앤디 워홀Andy Worhol에게로 가 버리죠. 실제로 그녀는 가사 속 주인공처럼 부유한 명문가 출신이었고, 이 여인을 농락하고 망쳐 버리는 등장인물 "어깨에 샴 고양이를 매고 다니며 술수에 능한 녀석"이 바로 앤디 워홀이라는 소문이 나돌기도 했습니다.[2]

밥 딜런이 이 노래의 의미나 배경을 언급한 적이 없기 때문에 몰락한 세즈윅을 조롱하는 노래라고 단정할 수는 없습니다. 오히려 이 노래는 당대 청년들의 좌절된 꿈과 비참한 현실, 그리고 새로운 삶에 대한 도전으로 해석할 만한 여지가 더 많습니다. 1절의 가사는 이렇습니다.

지난날 너는 옷을 잘 차려입고
잘나갈 때 거지들에게 잔돈을 던져 주었지, 안 그래?
사람들은 말했지, "조심해, 아가씨, 떨어질지 몰라"
너는 그들이 그저 농담한다고 생각했을 거야
너는 어슬렁거리는 그들 모두를 비웃곤 했어
그런데 지금은 소리도 못 내고, 부끄러워하고 있구나
다음 끼니를 찾아 헤매 다녀야 한다니 말야

밥 딜런은 장밋빛 꿈을 꾸던 한 여인을 비아냥대며 노래를 시작합니다. 물질적 풍요만을 최고의 가치로 삼고 가난한 사람들의 성실한(하지만 비천한) 삶을 비웃는 현대인의 망상을 꼬집고 있는 것 같습니다. 자본주의 사회에서 사람들은 돈과 학벌과 권력을 통해 사회적 명망과 향락을 누리는 삶을 꿈꿉니다.

현대인의 일상은 온통 쇼핑과 오락거리들로 넘쳐 나고 삶의 희로애락이 거기에 맞춰 춤을 춥니다. 영화나 드라마 속 젊고 부유한 이들의 일상은 평범한 이들의 소박한 꿈을 우습게 만들고, 우리 정신에 '과잉실재hyper-reality' 의 스펙터클을 불어넣어 거대한 판타지를 형성하죠. 화폐의 노예가 되면 모든 것의 주인이 될 수 있다는 '좀비 바이러스'가 현대인의 의식과 마음에 무한대로 복제되고 있습니다. 그 허영의 삶의 모습은 2절과 3절에서도 이어집니다.

미스 론리, 그래 당신은 명문 학교를 다녔어
넌 그런 세상에서 우쭐하곤 했지

길 위에서 자유롭게

넌 술수가 좋은 친구와 멋진 철마를 타고 다니곤 했어

그 녀석은 어깨에 샴 고양이를 매고 다녔고 말야

탑 위의 공주, 그리고 모든 예쁜 척하는 녀석들

그들은 술 마시며 자기들이 다 이루었다고 생각하지

하지만 그 끝은 어떻습니까? 장밋빛 꿈이 무너진 이 여인은 돕는 친구 하나 없이 거리에 버려진 채 끼니 걱정을 하고 있습니다. 돈과 힘이 있을 때 흥청망청 함께 놀아 주던 친구들은 모두 사라지고 곁에는 아무도 없습니다. 노래가 말하는 대로, 잘나갈 때는 "아무도 네게 길 위에서 사는 법을 가르쳐 주진 않았죠." 그렇다고 거리의 부랑자들이 그녀 곁에 머물까요. 잘나갈 때 값싼 동정이나 던지고 무관심으로 고개 돌리던 그녀를 거리의 사람들이 환대할 리 만무하겠죠. 노래에서 그녀는 억울함을 호소하지만 아무도 그녀 편에 서지 않습니다. 밥 딜런은 후렴에서 이렇게 묻습니다.

기분이 어때? 기분이 어떠냐고?

너 혼자 동떨어져

거처할 집도 없이

철저히 무시당하며

길바닥에 굴러다니는 돌멩이처럼

How does it feel? How does it feel?
To be on your own,
With no direction home,
Like a complete unknown,
Like a rolling stone

밥 딜런의 이 노래에는, 성공을 꿈꿨지만 경쟁에 뒤쳐진 젊은이들의 좌절된 욕망, 끼니조차 걱정해야 하는 일용직 노동자의 비참한 삶, 경쟁 사회에서 동료 의식을 배우지 못하고 혼자가 되어 버린 외로움이 절실하게 녹아 있습니다. 어떤 학교와 학원에서도, 자기계발 서적이나 강연도 우리에게 "길 위에서 사는 법"을 가르쳐 주지 않습니다. 끊임없는 경쟁과 성공이라는 판타지만을 주입할 뿐이죠.

3절에서 그는 이렇게 노래합니다. "너는 즐거워했지. 누더기를 걸친 나폴레옹과 그가 쓰는 언어를. 이제 그에게 가, 그가 부르면 넌 거절 못할 거야." 차디찬 현실에서 극심한 고통을 겪지만 풍요롭고 달콤한 생활을 제시하면 곧바로 다시 판타지로 함몰되는 현대인의 생리를 잘 보여 줍니다. 이 서글픈 모습은 1960년대 미국만이 아니라, 오늘날 신자유주의가 만들어 낸 정서적 기재와 욕망의 재배치에 휘둘린 채 거리의 흔한 돌멩이처럼 살아가는 우리 시대 젊은이들의 자화상이기도 합니다.

잃을 게 없을 때 찾아오는 것

하지만 밥 딜런은 노래 후반에서 "구르는 돌멩이"의 전혀 다른 삶을 말합니다. 미래에 대한 보장 없이 모든 것을 잃는 것은 엄청난 공포와 고통이지만, 동시에 잃을 것도 없고 의식할 사람도 없는 순전한 자유이기도 합니다.

아무것도 없을 때, 잃을 것도 없지
넌 이제 눈에 띄지 않아, 그러니 감출 비밀도 없어

그렇습니다. 지금까지 내가 좇던 꿈이 허황된 망상임을 자각하는 순간, 우리는 지금까지 맛보지 못한 자유를 알게 됩니다. 그때부터 우리가 바라보는 세상과 우리 자신은 전혀 다른 모습입니다. 앞 절에서도 계속 반복되었던 후렴을 다시 들어 보겠습니다. 가사를 이렇게 다른 식으로 해석할 수도 있습니다. 전혀 다른 의미로 다가오지 않나요? 우리는 더 이상 무시당하며 길바닥에 굴러다니는 하찮고 비참한 돌멩이가 아닙니다.

기분이 어때? 기분이 어떠냐고? (처음 느끼는 아주 새로운 기분이지?)
너 혼자 동떨어져 (너 자신만의 삶을 살며)
거처할 집도 없이 (어디에도 묶이지 않은 채)
철저히 무시당하며 (누구의 시선에도 방해받지 않고)
길바닥에 굴러다는 돌멩이처럼 (부딪혀도 깨지지 않고 늘 살아 움직이는)

How does it feel? How does it feel?
To be on your own,
With no direction home,
Like a complete unknown,
Like a rolling stone

중의적으로 해석할 수 있는 반전 같은 후렴을 듣다 보면 나도 모르게 주먹을 쥐고 "라이크 어 롤링 스톤"을 힘차게 따라 부르면서 자유를 꿈꾸게 됩니다.

그러면 어떻게 살아야 할까요? 우선 누군가 우리 머리에 심어 놓은 중산층이라는 삶의 기준을 내려놓아야 합니다. 그 기준을 삶의 목표로 삼는 이상 몰개성적으로 계속 헐떡이며 좇을 수밖에 없습니다. 우리가 배워야 할 더 중요한 삶의 비결은 "길 위에서 (당당하게) 사는 법"과 "더불어 사는 법"입니다. 고미숙은 『돈의 달인 호모 코뮤니타스』에서 물질적 소유욕에서 자유로운 '길 위의 삶'을 다음처럼 권합니다.

죽어라 정규직을 열망할 필요가 없다. 그보단 젊었을 적에 '거리에서' 인생을 제대

로 배우겠다는 작심을 하는 게 더 낫다.…간신히 정년까지 버틴다고 해도 이후엔 결국 백수 아닌가? 더구나 지금 같은 '노령화' 추세라면 정년 후에도 아주 많은 시간을 길 위에서 보내야 한다. 그럴 바엔 아예 청년기부터 길 위에서 사는 법을 배우는 것이 더 남는 장사 아닐까? 이런 배짱만 있다면 청춘은 진정 아름다울 터. 청년들이여, 부디 젊어 고생 사서 하시라![3]

가치혁명, 소유에서 자유로

늘 유랑하며 여러 사람들과 어울려 살았던 예수가 꿈꾼 세상은 바로 이런 자유로 충만한 삶이었습니다. 마태복음 6장에서 예수는 무엇을 먹을까 무엇을 마실까 무엇을 입을까 염려하며 물질적인 것들에 종속되어 살지 말라고 가르칩니다. 이는 '이방인'들이나 걱정하는 것이라면서 우리 자신이 물질보다 더 귀한 존재가 아니냐고 되묻습니다. 우리가 걱정하며 구하는 것들은 하나님 나라의 가치와 우리의 존재 의미를 추구하면 덤으로 주어진다고 말합니다(마 6:26-33). 또한 예수는 제자를 파송하면서도 전대에 금이나 은, 동전을 넣어 가지고 다니지 말라고 당부합니다. 오히려 가는 곳마다 평화를 빌고 당당하게 더부살이하는 법을 일러 줍니다(마 10:9-12).

1970년대 말 밥 딜런은 유대교에서 갑자기 기독교로 귀의해 주변을 놀라게 했습니다. 더 나아가 이때 발표한 앨범 〈슬로우 트레인 커밍Slow Train Coming〉과 〈세이브드Saved〉는 회심의 고백과 신을 찬미하는 노래들로 채워져 있습니다. 일부 언론과 평단은 그의 신비주의 전력을 근거로 그의 신앙에 의심의 눈초리를 보냈습니다. 인기가 시들해지자 벌이는 일종의 쇼가 아니냐는 것이죠. 하지만 두 앨범에 수록된 노래들을 진지하게 들어 보면 그의 회심의 진정성을 발견할 수 있습니다.

당시 밥 딜런은 '흑인 문화'에 심취해 있었습니다. 심지어 그가 사귄 여성들도 흑인 음악가들이었습니다. 그는 그들의 가스펠 음악에 흠뻑 젖어들었고 그들의 신앙에까지 빠져들었던 것이죠.[4] 신약 성경을 탐독하던 밥 딜런은 공허한 일상을 위로하는 예수의 메시지에 마음 문을 열었습니다. 그가 발견한 믿음의 가치는 두 앨범에 풍성하게 녹아 있습니다. 복음서에 기록된 예수의 말씀을 모든 노래에 은유적으로 인용하면서 세상을 향한 평화의 메시지로 확장해 부릅니다. 팬들과 평단의 반응도 뜨거워서, 〈슬로우 트레인 커밍〉은 그에게 첫 번째 그래미상을 안겨 주었습니다. 이 앨범에 수록된 노래, "웬히 리턴즈When He Returns"의 한 구절을 소개합니다.

얼마나 오래 위선자들의 거짓을 들어야 하나?
얼마나 오래 이 광야의 두려움에 빠져 있어야 하나?
그분이 다시 오시기까지 이 땅에 진정한 평화는 없겠지
이 피 흘린 땅 위에 너의 왕관을 내려놓아라
가면을 벗어라 그분은 너의 행실을 알고 있다
그분은 다시 오실 때, 자신의 나라를 이루실 계획을 가지고 계신다

How long can I listen to the lies of prejudice?
How long can I stay drunk on fear out in the wilderness?
Will I ever learn that there'll be no peace until He returns?
Surrender your crown on this blood-stained ground,
Take off your mask. He sees your deeds,
He's got plans of His own to set up His throne, when He returns

그리스도인들은 이 땅의 가치가 영원할 수 없다는 사실을 인정하고 살아가는 사람들입니다. 동시에 이 땅에 사는 동안 하나님이 내게 주시는 것들을 감사하며 누리는 사람들입니다. 다만 우리 안의 가치가 '소유'에서 '자유'로 무게중심을 옮긴다면, 광야 같은 이 땅에서 이끼가 끼지 않는 '구르는 돌

처럼' 더 굳세게 살 수 있겠죠. 한때 "부자 되세요"라는 인사말이 유행한 적이 있습니다. 이제는 우리가 서로 "자유롭게 사세요"라고 인사해 보면 어떨까요? 어느 누구에게도, 그 무엇에도 예속되지 않는, 자유로운 나 자신으로 사는 인생을 꿈꾸어 보세요. 구르는 돌멩이처럼!

그러므로 무엇을 먹을까, 무엇을 마실까, 무엇을 입을까, 하고 걱정하지 말아라.
이 모든 것은 모두 이방 사람들이 구하는 것이요
너희의 하늘 아버지께서는, 이 모든 것이 너희에게 필요하다는 것을 아신다.
너희는 먼저 하나님의 나라와 하나님의 의를 구하여라.
그리하면 이 모든 것을 너희에게 더하여 주실 것이다.
마태복음 6:31-33

나를 사랑하는 법

휘트니 휴스턴
"Greatest Love of All"

난 아이들이 우리의 미래라는 걸 믿어요
그들을 잘 가르쳐서
앞장서 나갈 수 있게 해야죠
그들에게 모든 아름다움을 보여 주어요
바로 그 아이들 내면에 있는 아름다움이지요
그들에게 자존감을 심어 주어요
자기 길을 더 잘 이룰 수 있게 말예요
아이들이 웃을 수 있게 해 주어요
과거의 우리 모습처럼 말예요

   I believe the children are our future
   Teach them well
   And let them lead the way
   Show them all the beauty
   They possess inside
   Give them a sense of pride
   To make it easier
   Let the children laughter
   Remind us how we used to be

사람들은 누구나 다 영웅을 찾기 마련이죠
누구나 우러러볼 사람이 필요한가 봐요
하지만 나는 아직 찾지 못했어요
나의 필요를 채워 줄 누군가를 말이죠
참 외로운 세상이죠
그래서 스스로를 의지해 사는 법을 배웠죠

   Everybody searching for a hero
   People need someone to look up to
   I never found anyone
   Who fulfill my needs
   A lonely place to be
   So I learned to depend on me

[후렴] 난 오래전에 결심했죠
절대 다른 사람에게 기대 살진 않겠다고요
내가 성공할지, 실패할지는 모르겠지만
나는 적어도 내가 믿는 대로 살아갈 거예요
내게서 모든 것을 다 가져간다고 해도
내 존엄성만은 절대 빼앗아 갈 수 없죠

(Chorus) I decided long ago,
Never to walk in anyone's shadows
If I fail, if I succeed
At least I'll live as I believe
No matter what they take from me
They can't take away my dignity

바로 세상에서 가장 위대한 사랑이
내게서 일어나고 있기 때문이에요
난 세상에서 가장 위대한 사랑을 찾았어요
그것은 바로 내 안에 있었죠
가장 위대한 사랑은 쉽게 이룰 수 있답니다
자기 자신을 사랑하는 법을 배우는 것
그것이 세상에서 가장 위대한 사랑입니다

Because the greatest love of all
Is happening to me
I found the greatest love of all Inside of me
The greatest love of all is easy to achieve
Learning to love yourself
It is the greatest love of all

그리고 마치 우연처럼
당신이 꿈꾸어 왔던 그 일이
당신을 외로운 길로 이끈다면
사랑 안에 있는 당신의 능력을 발견하세요

And if by chance, that special place
That you've been dreaming of
Leads you to a lonely place
Find your strength in love

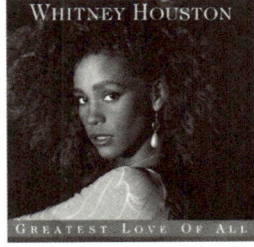

아티스트 | 휘트니 휴스턴
곡명 | Greatest Love of All
앨범 | Whitney Houston
발매 연도 | 1985

휘트니 휴스턴은 1985년 데뷔하자마자 팝 음악계에 엄청난 파장을 일으켰습니다. 데뷔곡 "세이빙 올 마이 러브 포 유Saving All My Love for You"부터 일곱 곡이 내리 빌보드 차트 정상에 올랐으니, 당시 '휘트니 신드롬'은 오늘날의 아델Adele 열풍을 능가하는 수준이었습니다. 음악적으로 정점에 오른 1992년에는 자신이 주연한 영화 〈보디가드Body Guard〉에서 부른 "아이 윌 올웨이스 러브 유I Will Always Love You"로 14주간 1위를 차지했고, 이 앨범은 1,500만 장이 팔려 역사상 가장 많이 판매된 영화 OST 앨범으로 기록됩니다.

여성 보컬의 완성판

1980년대에는 MTV 시대가 열리면서 대중음악 지형에 일대 전환이 찾아옵니다. 그 여파로 화려한 외모와 퍼포먼스, 뉴 웨이브 사운드와 팝 메탈로 대변되는 대중음악의 상업화가 두드러졌죠. 그러다 보니 어른들이 편안히 들을 만한 스탠더드한 음악은 설 자리가 점점 좁아졌습니다. 그때 휘트니 휴스턴의 데뷔 앨범이 등장해 틈새 수요를 장악하며 엄청난 성공을 거두었습니다. 그런데 더 중요한 것은 그녀의 음악이 과거를 재현하는 데 머물지 않고, 힙합과 함께 1990년대 음악 시장을 양분했던 알앤비 발라드와 여성 디바들의 전성시대를 열었다는 점입니다.

휘트니 휴스턴은 실로 여성 소울 보컬리스트 계보의 완성판입니다. '소울의 여왕Queen of Soul'으로 불린 아레사 프랭클린Aretha Franklin의 폭발적 성량과 파워, 이모인 디온 워윅Dionne Warwick의 편안함과 안정감, 여기에 다이애나 로스Diana Ross의 미모와 대중성까지, 휘트니에게는 이 모든 장점이 절묘하게 어우러져 있습니다. 스물한 살의 나이에 휘트니 휴스턴은 저명한 프로듀서 클라이브 데이비스Clive Davis[1]의 주도로 데뷔 앨범을 발매했습니다.

정교하게 준비된 이 앨범을 향한 대중과 평단의 반응은 뜨거웠습니다. 무려 네 곡이 빌보드 순위 정상에 올랐고, 2,300만 장이라는 경이적인 판매고를 기록합니다. 이런 대성공은 상업적 기획을 넘어 모든 이들의 마음을 사로잡는 그녀의 탁월한 가창력이 아니면 불가능했을 것입니다. 엄청난 성량과 고음역대의 카리스마, 여기에 피치와 강약을 자연스럽게 조절하는 역량까지, 그녀의 보컬은 이후 모든 여성 가수들의 완벽한 교과서이자 절대적 워너비가 되기에 충분했습니다. 스타일과 리듬으로 승부하는 현대 음악에서도 진정성 있고 빼어난 가창력은 늘 청중을 사로잡습니다.

소울 음악의 뿌리는 흑인 교회 가스펠을 기반으로 한 울림 있고 탁월한 보컬입니다. 그래서 수많은 소울-알앤비 스타들은 자연스럽게 가스펠을 부르며 음악 역량을 키워 왔습니다. 휘트니 휴스턴도 예외는 아니어서 가스펠 싱어였던 어머니 씨시 휴스턴Cissy Houston을 따라 어릴 적부터 교회에서 가스펠을 부르며 천재적 역량을 키워 나갑니다.

그녀의 가스펠은 영화 〈보디가드〉에서 극 중 여주인공이 스타라는 짐을 내려놓고 진솔하게 부르는 "예수 사랑하심은Jesus Loves Me"에서 만날 수 있습니다. 내한 공연에서도 공연이 절정에 이르렀을 때 자신이 사랑하는 가스펠, "아이 러브 유 로드I Love You Lord"를 멋지게 불렀습니다. 이처럼 휘트니 휴스턴은 수많은 공연에서 자신이 팝스타인 동시에 가스펠 가수임을 자랑스럽게 드러냈습니다.

거칠 것 없었던 그녀이지만 1992년에 바비 브라운Bobby Brown과 결혼하면서 서서히 침체기를 맞습니다. 그녀는 결혼 생활 동안 남편의 잦은 폭행과 약물 중독에 시달렸습니다. 약물에 직접 다리를 놓은 인물도 바로 바비 브라운이었습니다. 음악 활동은 점점 뜸해졌고 그녀의 목소리도 힘을 잃어 갔습니다. 2012년, 휘트니 휴스턴은 그녀의 재기를 기다리던 팬들의 염원을 뒤로하고 약물 복용으로 인한 사고로 갑작스럽게 세상을 떠났습니다. 그녀의 삶은 비극으로 끝을 맺었지만 그녀의 음악은 압도적 존재감으로 오랫동안 대중 곁에 머물 것입니다.

진짜 사랑을 잃어버린 현대인들

"그레이티스트 러브 오브 올Greatest Love of All"은 그녀의 데뷔 앨범에 수록되어 있습니다. 원래 이 노래는 1977년에 조지 벤슨George Benson이 처음 불렀고, 무하마드 알리의 생애를 다룬 영화 〈더 그레이티스트The Greatest〉에 삽입되었습니다. 이 곡의 작사가인 린다 크리드Linda Creed는 말기 암을 극복하는 과정에서 느낀 감정에 기초해 가사를 썼습니다. 비록 그녀는 서른여섯에 세상을 떠났지만, 어린 자녀들을 향한 사랑과 삶에 대한 의지와 희망을 이 노래에 아름답게 담아냈습니다.

이후 휘트니 휴스턴은 이 노래를 리메이크해 발매 3주 만에 빌보드 순위 1위를 차지합니다. 1절은 어린 아이들에 대한 축복과 그들을 어떻게 이끌어야 할지에 대해 이야기합니다. 영화 〈스쿨 오브 락School of Rock〉에서 교사로 위장한 주인공 잭 블랙Jack Black은 다른 교사들이 교육관을 묻자 이 가사를 능청스럽게 인용합니다. 노래 가사를 기억하는 관객들은 이 장면에서 폭소를 터뜨렸습니다. 하지만 참된 교육의 진수를 전하는 가사 내용은 사뭇 진지합니다.

난 아이들이 우리 미래라는 걸 믿어요
그들을 잘 가르쳐서 앞장서 나갈 수 있게 해야죠
그들에게 모든 아름다움을 보여 주어요
바로 아이들 내면에 있는 아름다움이지요
자기 길을 더 잘 이룰 수 있도록 자존감을 심어 주어요
아이들이 웃을 수 있게 해 주어요. 과거의 우리 모습처럼…

언제부터인가 어른들의 욕망이 만들어 낸 어그러진 교육이 아이들의 웃음을 앗아 갔습니다. 경제적으로 어려웠던 시절에 어른들은 배고프고 어려운 환경에서 꿋꿋이 자라 주는 아이들이 고맙고도 기특해 그 존재만으로 아이들을 사랑했습니다. 그런데 먹고살 단해지고 중산층 가치가 강화되자 아이들을 성적으로 비교하며 조건적으로 평가하기에 이릅니다. "내가 너한테 못해 준 게 뭐야? 커서 뭐가 되려고 그러니!" 어른들은 아이의 미래를 위한다는 명분으로 그들의 인생을 대신 설계하고 철저한 경쟁 구도 속으로 몰아넣습니다.

우리 모두가 잘 알듯 참된 교육은 단순한 지식 전수나 성공을 위한 수단이 아닙니다. 아이들 안에 있는 고유한 아름다움과 가치를 일깨워 그만의 꿈을 키워 나가도록 돕는 것이죠. 이때 교육은 자신을 존중하고 삶의 가치를 발견하는 지혜를 알려 줍니다. 자존감은 타인과 자신을 비교해 우월감에 젖는 것이 아니라, 하나님이 내 인생에 부어 준 절대적 가치와 목적을 찾아가는 소박한 자아 발견입니다.

그런데 소비에 중독된 자본주의 사회에 살면서 이런 자존감은 철저히 상품화된 시장의 논리에 함몰되어 버렸습니다. 미디어가 쏟아 내는 허영의 폭음 속에서 인간의 존귀함을 선포한 창조자의 미세한 음성(창 1:31)을 분별할

나를 사랑하는 법

수 있을까요? 2절은 자신을 신뢰하지 못하는 인간이 영웅에 기대 존재의 의미를 찾으려는 허망한 갈망으로 시작합니다.

> 사람들은 누구나 다 영웅을 찾기 마련이죠
> 누구나 우러러볼 사람이 필요한가 봐요
> 하지만 나의 필요를 채워 줄 누군가를 아직 찾지 못했어요
> 참 외로운 세상이죠
> 그래서 난 스스로를 의지해 사는 법을 배웠죠

사회에서 인정받지 못하고 자신을 사랑하지 못하면, 생존 경쟁에서 성공을 쟁취한 사람들을 우러러보며 그들이 누리는 영광의 자리를 선망하게 됩니다. 누군가의 도움을 기대하며 구걸하다가 진정한 자유를 점점 상실하고, 타인의 그늘과 조정에 의존해 살면서 자아를 잃어 가기도 합니다. 하지만 좋은 조건과 '스펙'을 갖지 못한 사람들에게 그 누군가의 도움은 없다는 사실을 곧 알게 됩니다. 그냥 필요한 때 이용당하고 상품처럼 소비될 뿐이죠. 선택받지 못한 서러움과 그에 뒤따르는 외로움, 현대인들은 그 가운데서 자신을 잃고 절망에 빠져듭니다. 곁에 있는 사람과 함께 사는 법도 잊어버리고 저 먼 곳만 바라보며 홀로 소외 속으로 함몰돼 갑니다.

결코 빼앗을 수 없는 나의 존엄

그렇다면 출구는 없을까요? 이어지는 후렴에서 이 노래는 삶의 위대한 가치와 희망을 이야기합니다. 그 희망은 자신을 사랑하는 '가장 위대한 사랑'에서 시작해 나 자신으로 살아가는 삶으로 나아가는 것입니다.

난 오래전에 결심했죠
절대 다른 사람에게 기대 살진 않겠다고요
내가 성공할지, 실패할지는 모르겠지만
나는 적어도 내가 믿는 대로 살아갈 거예요
내게서 모든 것을 다 가져간다고 해도
내 존엄성만은 절대 빼앗아 갈 수 없죠

아무것도 남은 것 없고 모든 것을 다 잃었다 생각하는 절망의 순간에도 가장 소중한 것은 남아 있습니다. 이 세상이 재물과 건강과 심지어 목숨까지 빼앗아 가도 결코 가져갈 수 없는 단 하나는 창조주가 우리 안에 심어 놓은 '존엄성dignity'입니다. 그 소중함을 깨닫는다면 세속의 성공이나 실패에 연연하거나 눌리지 않고, 내가 믿는 소신과 가치를 지키며 살 수 있겠죠. 이 노래는 그 출발이 바로 나 자신을 사랑하는 것이라고 거듭 강조합니다.

바로 세상에서 가장 위대한 사랑이
내게서 일어나고 있기 때문이에요
난 세상에서 가장 위대한 사랑을 찾았어요
그것은 바로 내 안에 있었죠
가장 위대한 사랑은 쉽게 이룰 수 있답니다
자기 자신을 사랑하는 법을 배우는 것
그것이 세상에서 가장 위대한 사랑입니다

이 사랑은 나르시시즘이나 이기주의와는 다릅니다. 그리스도인은 인간을 창조하고 구원한 그리스도의 십자가에서 이 위대한 사랑을 찾습니다. 이 사랑이 위대한 또 다른 이유는 다른 모든 사랑이 나 자신을 사랑하는 이 사랑에서 시작되기 때문입니다. 자신을 사랑하지 않고서 어떻게 하나님과 이웃을 내 몸처럼 사랑할 수 있을까요? 기독교 신앙은 가장 위대한 이 사랑의 근원을 하나님 안에서 찾아내고 또 믿는 것입니다.

예수는 마태복음 16장 26절에서 "사람이 온 세상을 얻고도 제 목숨을 잃으면 무슨 이득이 있겠느냐? 또 사람이 제 목숨을 되찾는 대가로 무엇을 내놓겠느냐?"고 묻습니다. 세상에서 가장 소중한 보물은 바로 우리 자신입니다. 어떻게 자기 자신을 사랑할 수 있을까요? 내 자신과 주어진 인생의 시간을 소중하고 귀하게 여겨야 합니다. 함부로 자신을 판단하거나 스스로 무시하지 말아야 합니다. 타인이 나를 어떻게 판단하는지는 상관없습니다. 나의 목숨과 인생이 내게는 세상의 어떤 보화와 가치보다 더 중요합니다.

그렇다고 자신의 욕망을 가장 먼저 고려하고 채우라는 것은 아닙니다. 나의 행복하고 올바른 삶이 가장 중요하므로 거기에 최선의 투자를 하면서 자신의 뜻을 실현해 나가야 합니다. 부모는 자녀들이 그들의 욕망대로 살도록 허용하지 않습니다. 건강한 육신과 건전한 생각, 올바른 가치와 윤리를 전하려고 애를 씁니다. 자녀가 너무나 소중한 때문이죠. 그렇다면 그 태도와 가르침을 나 자신에게 먼저 적용해야 하지 않을까요?

성경은 하나님이 인간에게 늘 관심을 기울이고 있다고 알려 줍니다. 하나님은 그분의 나라를 위해 인간의 삶을 함부로 다루거나 희생시키는 분이 아닙니다. 우리는 결코 하나님 나라를 위한 소모품이나 재료가 아닙니다. 우리는 하나님 나라의 노동자가 아니라 그분의 자녀입니다. 따라서 하나님이 우리에게 바라시는 가장 큰 가치는 태초부터 말씀하신 "생육하고 번성하는" 삶(창 1:28)을 진리 가운데 누리는 것입니다.

그리고 마치 우연처럼 당신이 꿈꾸어 왔던 그 일이
당신을 외로운 길로 이끈다면
사랑 안에 있는 당신의 능력을 발견하세요

이 노래의 마지막 가사처럼 우리의 소중한 꿈이 때로는 우리를 외로운 상황에 빠지게 만들지라도 다시 일어날 수 있습니다. 우리는 이미, 우리 안에 심긴 가장 위대한 그 사랑으로 스스로를 사랑하는 법을 알고 있기 때문입니다.

사람이 온 세상을 얻고도 제 목숨을 잃으면 무슨 이득이 있겠느냐?
또 사람이 제 목숨을 되찾는 대가로 무엇을 내놓겠느냐?
마태복음 16:26

영웅은 바로 내 안에

머라이어 캐리
"Hero"

당신의 마음 안에는 영웅이 있어요
자기 자신에 대해 두려워하지 말아요
당신 영혼에 다가가면 그곳에 해답이 있죠
그러면 당신이 아는 모든 슬픔은 사라질 것입니다

  There's a hero if you look inside your heart
  You don't have to be afraid of what you are
  There's an answer if you reach into your soul
  And the sorrow that you know will melt away

[후렴]
그때 내 안의 한 영웅이 다가와
살아갈 힘을 주지요
그러면 당신은 두려움을 던져 버리고
이제 살아갈 수 있다는 걸 알게 될 겁니다
그러니 희망이 사라졌다고 느껴지면
자신 내면을 들여다보며 강해지세요
그러면 당신은 결국 진실을 알게 될 겁니다
영웅은 바로 내 안에 있다는 것을 말이죠

  (Chorus)
  And then a hero comes along
  With the strength to carry on
  And you cast your fears aside,
  And you know you can survive
  So when you feel like hope is gone
  Look inside you and be strong
  And you'll finally see the truth
  That a hero lies in you

그것은 머나먼 길입니다
세상을 혼자서 맞서야 한다면 말이죠
아무도 당신에게 손을 내밀어 주지 않아요
당신은 사랑을 발견하게 될 거예요
당신 내면을 살펴본다면 말이죠
당신이 느꼈던 공허함은 사라질 것입니다

  It's a long road
  When you face the world alone
  No one reaches out a hand for you to hold

You can find love,
If you search within yourself
And the emptiness you felt will disappear

[후렴]

    (Chorus)

[브릿지]

오! 주님 아시죠
꿈을 좇는 것은 쉽지 않아요
하지만 아무도 꿈을 짓밟게 해서는 안 돼요
꿋꿋이 버텨 내세요 내일은 반드시 옵니다
때가 되면 길을 찾게 되겠죠

    (Bridge)
    Oh Lord knows
    Dreams are hard to follow
    But don't let anyone tear them away
    Hold on, there will be tomorrow
    In time you'll find the way

[후렴]

    (Chorus)

아티스트 | 머라이어 캐리
곡명 | Hero
앨범 | 싱글 발표
발매 연도 | 1992

머라이어 캐리Mariah Carey는 휘트니 휴스턴과 함께 1990년대를 자기 시대로 만든 최고의 여성 보컬리스트입니다. 공격적이고 암울한 그런지와 힙합이 팝 음악계에 급부상한 가운데 당대의 디바들은 편안하고 전통적인 스탠더드 팝으로 장년층뿐 아니라 젊은 세대에서도 큰 인기를 누렸습니다. 물론 이들의 탁월한 가창력이 있었기에 가능한 일이었죠.

머라이어 캐리는 1990년 데뷔한 이후 무려 열여덟 곡을 빌보드 차트 정상에 올립니다. 이는 비틀즈가 기록한 스무 곡에 육박하는 놀라운 성과입니다. 그녀는 다섯 옥타브를 넘나드는 넓은 음역과 자유롭게 음을 쪼개 부르는 알앤비 창법의 신공으로 청중의 귀와 마음을 사로잡습니다.

그녀의 성공은 1990년대 음악계의 가장 중요한 반전이라 할 수 있는 여성 가수의 약진에도 크게 기여합니다. 그녀의 등장과 성공을 기점으로 팝 음악계에서 여성 가수들이 남성 가수를 넘어서기 시작했다고 해도 과언이 아닙니다.

팝계의 신데렐라

무명 시절 웨이트리스, 미용실 직원, 의류 판매원 등을 거친 머라이어 캐리는 푸에르토리코 출신 가수 브렌다 스타Brenda K. Starr의 백업 보컬로 팝 음악계에 입문합니다. 1988년, 머라이어 캐리의 재능을 알아본 브렌다는 그녀의 데모 테이프를 들고 대중음악 관계자들의 파티에 데려갑니다. 그 테이프에는 "세계 최고의 가수가 될 머라이어 캐리"라고 적혀 있었습니다. 그 테이프는 당시 CBS 레코드(현 소니 뮤직Sony Music) 사장이었던 토미 모톨라Tommy Mottola에게 전해졌습니다.

모톨라는 돌아가는 길에 데모 테이프를 듣고는 그녀의 가창력에 빠져들어 바로 그녀를 영입합니다. 머라이어 캐리는 '제2의 휘트니'라는 수식어로 소개되었으며 목소리 색깔과 장르도 유사했습니다. 처음부터 그녀는 휘트니의 경쟁 상품으로 발굴된 셈입니다. 이후 그녀는 자신보다 스무 살이 많은 토미 모톨라와 결혼해 '재벌 사모님'이 되었고, 음반사의 막대한 지원을 등에 업고 톱스타 반열에 오릅니다.

그러다 보니 많은 비평가들이 머라이어 캐리의 음악을 시장 논리에 따라 기획 생산된 공허한 '사랑 노래'라고 혹평했습니다. 인간미 넘치는 휘트니 휴스턴에는 미치지 못한다는 평가가 지배적이었죠. 이런 비판이 냉정하게 들리지만, 그녀는 수익을 최우선으로 하는 음악 산업의 상징과도 같았습니다. 바로 이 지점이 머라이어 캐리의 아킬레스건이며 그녀가 끊임없이 벗어나려 했던 굴레입니다. 하지만 머라이어 캐리는 휘트니 휴스턴과 달리 여러 곡을 직접 작사 작곡하는 싱어송라이터의 자질을 보여 주며 자신의 차별성을 강조했습니다.[1]

1997년에 모톨라와 이혼한 그녀는 2000년에 버진 레코드Virgin Record와 계약을 맺고 다양한 음악 장르를 수용하며 이미지 변신을 시도합니다. 더불어 영화 제작에도 참여하고 직접 출연까지 하면서 새로운 도약을 모색했습니다. 하지만 음악과 영화 모두에서 참담한 실패를 맛봅니다. 영원할 것 같았던 '넘버원 디바'의 명성도 1990년대 말에 이르자 셀린 디온Celin Dion에게 넘어가고 말았습니다.

그렇게 저무는 듯싶었던 그녀의 시대는 2005년 발표한 "위 비롱 투게더We Belong Together"가 14주 연속 빌보드 순위 1위를 차지하면서 화려하게 부활

합니다. 이후에도 꾸준히 활동을 이어 가며 비틀즈의 기록을 넘어설 유일한 가수로 거론되고 있습니다. 평단의 지독한 비판에도 불구하고 그녀의 음악은 전 세계 대중의 아낌없는 호응에 힘입어 성공가도를 달려 왔습니다. 이는 그녀의 뛰어난 가창력과 통속적이지만 대중의 마음을 위로하는 긍정적인 노랫말에 힘입은 바 큽니다.

그녀의 편안하고 안정된 음악적 색깔은 가족의 가치를 강조하고 도덕적 전통을 중시하는 복음주의 그리스도인들에게 더할 나위 없는 선물로 다가갑니다. 당대의 거칠고 우울한 음악에서 자녀들을 보호할 수 있는 오아시스였습니다. 그녀의 부드러운 소울 발라드와 건강한 사랑 메시지는 기독교 음악에서도 전형적인 콘텐츠라서 거부감 없이 받아들여졌습니다. 또한 그녀가 발표한 크리스마스 앨범과 삽입곡인 "올 아이 원트 포 크리스마스 이즈 유All I Want for Christmas Is You"는 12월이면 어김없이 음악 순위에 재등장하는 또 다른 히트 레퍼토리로 자리 잡습니다.

위대한 능력이 아닌 위대한 믿음

"히어로Hero"는 1993년 12월 25일에 싱글로 발매되어 4주 동안 빌보드 차트 정상에 오른 머라이어 캐리의 대표곡 중 하나입니다. 이 노래는 그녀가 작사 작곡한 노래로 암울한 현실에서도 꿈을 잃지 않았던 자신의 삶과 믿음을 반영한 아름다운 발라드입니다. 미국판 "거위의 꿈"이라고나 할까요? 인터넷에서 쉽게 찾을 수 있는 카네기홀 라이브 실황을 꼭 한 번 들어 보길 추천합니다. 노래의 아름다운 선율, 그녀의 엄청난 보컬과 열정적 퍼포먼스에 절로 감탄하게 될 것입니다.

1절은 어려운 현실에 처한 이들에게 전형적인 희망과 격려의 메시지를 전하며 시작합니다.

당신의 마음 안에는 영웅이 있어요
자기 자신에 대해 두려워하지 말아요
당신 영혼에 다가가면 그곳에 해답이 있죠
그러면 당신이 아는 모든 슬픔들은 사라질 것입니다

현실이 각박할수록 우리는 초월적 도움을 더욱 바랍니다. 기적 같은 행운을 간절히 바라게 되지요. 그런 우리에게 머라이어 캐리는 저 멀리에서 찾아오는 영웅이 아니라, 내 안의 잠재력과 자존감을 회복해 자신만의 가치와 능력을 발견하라고 일러 줍니다. 미국 할리우드 영화의 단골 소재인 '슈퍼히어로'는 어쩌면 영웅을 기다리는 마음이 아니라 영웅이 되고 싶어 하는 원초적 욕망을 반영한 것인지도 모르겠네요.

"바로 당신이 진정한 영웅입니다." 이 말은 모든 사람이 공감하고 듣고 싶어 하는 말입니다. 그럼에도 우리는 영웅에 대한 선입견이 있습니다. 영웅은 다른 사람보다 월등한 능력을 지녀야 한다는 생각입니다. 그러다 보니 사람들은 힘세고 뛰어난 영웅에 열광하고 그들을 숭배하면서 자신의 '영웅 욕구'를 대신 채우고 문화적으로 소비합니다.

우리 시대의 예수 이미지 역시 수많은 기적을 행하고 인류를 구원한 할리우드식 '슈퍼히어로'나 '슈퍼스타'에 가깝습니다. 그분의 능력과 업적을 칭송하고 숭배하는 인상이 짙습니다. 그러나 성경은 우리에게 예수 숭배를 넘어 예수의 제자가 되어 그의 길을 따르라고 가르칩니다. 그것이 하나님이 세상을 구원하시는 방식입니다. 초월적이며 직접적인 신의 능력에 기대는 것이 아닙니다. 하나님은 당신의 뜻과 영에 감동한 평범한 사람들을 일으켜 세웁니다. 그리고 그들을 각자의 소명에 따라 세상에 보내십니다. 즉, 성경은 영웅의 조건이 위대한 '능력'이 아니라 위대한 '믿음'에 있다고 일깨워 줍니다.

영웅은 바로 내 안에

멀고도 좁은 길

2절은 그런 영웅의 삶에 따르는 큰 인내를 예고합니다.

그것은 머나먼 길입니다
세상을 혼자서 맞서야 한다면 말이죠
아무도 당신에게 손을 내밀어 주지 않아요
당신 내면을 살펴본다면 위대한 사랑을 발견하게 될 거예요
그러면 당신이 느꼈던 공허함은 사라질 것입니다

예수의 제자로 산다는 것이 단순한 자신감에 근거한 평탄한 길을 보증하지 않습니다. 오히려 인간적 생각과 세상 풍조에서 독립해야 합니다. 그 여정은 여기저기 비위를 맞추며 도움을 구걸하기보다는 '신 앞에 단독자'로 서서 부르심을 확인하는 길입니다. 그 과정에서 보다 위대한 삶의 목적이 선명하게 드러납니다. 그 고독한 질문 속에 인생의 공허함은 점차 사라지고 삶의 질서와 소명을 깨닫게 되지요.

예수가 약속했듯 하늘이 내 인생에 내린 원초적 뜻과 의를 먼저 구하고 깨달으면, 먹고 마시고 입을 것을 바라는 세속적 욕구는 더 이상 궁극적인 염려가 될 수 없습니다(마 6:25-33). 이러한 삶의 원리야말로 '이방인'과 그리스도인을 구별하는 척도입니다. 그러나 이런 삶은 좁은 길이며 반석 위에 기초를 쌓는 일이기에 오랜 시간과 인내를 요구합니다(마 7:13-27).

성경의 위대한 영웅들도 모두 오랫동안 인생의 답답한 순간들을 인내하고 견뎌야 했습니다. 짧은 시간 쉽게 얻는 성취가 아니라 오랜 시간 다듬어지고 만들어지는 광야의 삶, 이것만이 하나님이 사람을 세우는 방법입니다. 이 노래의 브릿지 부분은 그 인내의 원리와 가치를 알려 줍니다.

오! 주님 아시죠
꿈을 좇는 것은 쉽지 않아요
하지만 아무도 꿈을 짓밟게 해서는 안 돼요
꿋꿋이 버텨 내세요 내일은 반드시 옵니다
때가 되면 길을 찾게 되겠죠

오늘날 수많은 노래와 자기계발 강연들이 꿈에 대한 이야기들을 쏟아 냅니다. 그럼에도 사람들은 점점 더 꿈을 잃어 갑니다. 왜일까요? 그들이 끊임없이 판매하는 막연한 희망은 현실에서 곧 절망으로 바뀌기 때문입니다. 절망한 이들을 상대로 다시 희망을 팔고 또다시 절망하고 하는 이 악순환이 우리가 사는 시대의 민낯입니다. 사실 그 희망은 참된 꿈이 아니라, 미디어가 주입하는 허영과 망상의 다른 이름일지 모릅니다.

그래서인지 또 다른 한편에서는 "꿈 깨!"라는 현실적 조언을 던지며 망상에서 벗어나 현실 감각을 가지라고 충고합니다. 이래저래 요즘 우리는 그야말로 뜬구름 잡는 꿈과 짓밟힌 꿈 사이에서 우왕좌왕하며 살고 있습니다. 꿈꾸며 사는 것이 이렇게 힘든 줄 아는지 젊은이들은 더 이상 꿈을 믿지도 않습니다.

소원의 혁명

인생의 목표를 돈이나 재물, 높은 자리나 명성에 둔다면 막상 그것들을 차지해도 허무와 권태에 빠질 수밖에 없습니다. 물론 그것들은 인생에서 유용한 요소이지만, 우리 인생의 궁극적 목적과 가치를 우리보다 작은 것들에서 찾을 수는 없기 때문입니다. 인간은 유한한 존재이지만 영원을 꿈꾸고 의미를 찾는 고귀한 존재이기도 합니다.

그래서 성경은 비전이 '이미지image'가 아니라 '방향direction'이라고 가르칩니다. 어떤 자리에 오르고 어떤 것들을 소유할지가 아니라 어떤 목적을 추구하고 어떤 방향을 선택할지를 강조합니다. 이처럼 인생과 사회의 타락 밑바닥에는 소망의 타락이 깔려 있습니다. 그래서 기독교는 소망과 함께 믿음을 강조합니다. 다시 말해 믿음을 통해 거듭난다는 것은 우리가 품는 소원에 혁명적 변화가 일어난다는 뜻입니다.

소원의 변화를 위해 그리스도인들은 "모든 것이 제때에 알맞게 일어나도록 만드시는"(전 3:11) 하나님의 언약을 신뢰합니다. 인간은 이상과 현실 사이에서 늘 갈등하지만 사실 양자는 서로 보완해야 합니다. 현실 가운데서 이상을 품는 일은 가능성 아니라 방향성을 제시하는 것입니다. 그리고 이상 없는 현실적 삶은 인간에게 진정한 만족과 의미를 줄 수 없습니다. 미디안의 침략에 두려워 떨며 한밤중에 몰래 밀 이삭을 타작하던 농부 기드온에게 하나님의 사자가 찾아옵니다. 절망과 회의에 빠진 기드온을 격려하며 새로운 삶으로 그를 불러냅니다. "큰 용사여 여호와께서 너와 함께 계시도다"(삿 6:12, 개역개정). 또한 하나님은 가나안을 눈앞에 두고 새로운 지도자 여호수아를 세우면서 이처럼 약속하십니다. "내가 너에게 굳세고 용감하라고 명하지 않았느냐! 너는 두려워하거나 낙담하지 말아라. 네가 어디로 가든지, 너의 주, 나 하나님이 함께 있겠다"(수 1:9).

> 그때 내 안의 한 영웅이 다가와 살아갈 힘을 주지요
> 그러면 당신은 두려움을 던져 버리고
> 이제 살아갈 수 있다는 걸 알게 될 겁니다
> 그러니 희망이 사라졌다고 느껴지면
> 자신 내면을 들여다보며 강해지세요

영웅은 바로 내 안에

당신은 결국 진실을 알게 될 겁니다
영웅은 바로 내 안에 있다는 것을 말이죠

모두들 치열한 생존 경쟁에 몰려 삶의 목적과 희망을 잃어 가고 있습니다. 과연 누가 인간의 통제력을 넘어선 이 사회의 고독과 절망에서 우리를 구원할 수 있을까요? 모두가 고개를 젓는 이 순간에도 대안적 삶으로 새로운 가능성을 실험하는 이들이 있습니다. 그들은 현실에 좌절하거나 타협하지 않고 묵묵히 새로운 변화를 꿈꾸며 실천합니다. 하나님은 지금도 그런 창조적 삶으로 우리를 부르십니다.

내가 너에게 굳세고 용감하라고 명하지 않았느냐!
너는 두려워하거나 낙담하지 말아라.
네가 어디로 가든지, 너의 주, 나 하나님이 함께 있겠다.
여호수아 1:9

내면의 아름다움을 보라

에이브릴 라빈
"Sk8er Boi"

한 소년과 소녀가 있었지
특별할 것 없는 평범한 아이들이야
소년은 펑크 로커고, 소녀는 발레를 했지
더 이상 무슨 말이 필요해?
소년은 소녀와 사귀고 싶어 했어
소녀 역시 말하지 못했지만
내심으로는 그 남자애를 좋아했어
그런데 그 여자애 친구들은 콧대가 높았지
걔네들은 그 남자애의 배기 패션도 문제 삼았어

    He was a boy, she was a girl.
    Can I make it anymore obvious?
    He was a punk. She did ballet.
    What more can I say?
    He wanted her.
    She'd never tell,
    Secretly she wanted him as well.
    But all of her friends stuck up their nose.
    They had a problem with his baggy clothes.

소년은 스케이트보드 광이야
소녀는 거절하며 말했어. 나중에 보자
그는 그녀에겐 충분치 않았어
소녀는 얼굴이 아주 예뻤지
하지만 머리는 허영심에 텅 비어 있었어
현실을 직시하고 주제를 알았으면 좋으련만

    He was a skater boy.
    She said see ya later, boy.
    He wasn't good enough for her.
    She had a pretty face,
    But her head was up in space.
    She needed to come back down to earth.

그 후로 5년의 세월이 흘렀지
그녀는 이제 아이에게 젖을 물리며 집에 앉아 있어
그녀는 늘 혼자였지
어느 날 TV를 켰어
그런데 그녀가 발견한 게 누군지 알아?

그 스케이트보드 소년이 MTV 스타가 된 거야
친구들에게 전화를 걸었지
다들 이미 알고 있더군
그의 공연을 보러 벌써 표를 다 준비했다는 거야
그녀도 따라갔고, 관객들 사이에 서 있었지
자기가 매몰차게 차 버렸던 남자를 바라보면서 말야

> Five years from now,
> She sits at home, feeding the baby.
> She's all alone.
> She turns on TV.
> Guess who she sees.
> Skater boy rockin' up MTV.
> She calls up her friends.
> They already know
> And they've all got tickets to see his show.
> She tags along and stands in the crowd,
> Looks up at the man that she turned down.

그는 스케이트보드 광이었어
그녀는 거절하며 말했어. 나중에 보자
그는 그녀에겐 충분치 않았어
이제 그는 신나게 기타 치며 슈퍼스타가 되어 있네
너의 그 예쁜 얼굴이 이젠 그의 가치를 알아보려나?

> He was a skater boy.
> She said see ya later boy.
> He wasn't good enough for her.
> Now he's a super star slamin' on his guitar.
> Does your pretty face see what he's worth?

이봐, 아가씨. 넌 기회를 잃은 거야
그 행운의 소년은 지금 내 남자친구가 되어 있단다
우린 좋은 친구 사이 이상으로 사귀고 있지
이렇게 해서 이 이야기는 끝을 맺어
네가 미처 알아보지 못한 게 아쉽군
장차 그런 멋진 남자가 될 소년이었단 걸 말야
사람은 첫눈에 호감이 가는 겉모습만 보던 안 돼
난 그 사람 내면의 참된 가치를 보았거든

Sorry girl but you missed out.
Well, tough luck that boy's mine now.
We are more than just good friends.
This is how the story ends.
Too bad that you couldn't see.
See that man that boy could be.
There is more that meets the eye.
I see the soul that is inside.

그는 평범한 소년이었고, 나도 평범한 소녀였지
더 이상 특별한 것은 없어
우린 사랑에 빠졌어. 넌 그 소식을 들었니?
우리가 어떻게 서로의 세상에 매료되었는지 말야

He's just a boy, and I'm just a girl.
Can I make it anymore obvious?
We are in love. Haven't you heard
How we rock each others world?

난 스케이트보드 소년과 함께 있어
난 그에게 말하지. 나중에 보자
공연 끝나면 무대 뒤로 갈게
난 스튜디오로 갈 거야
우리가 같이 쓴 노래를 부르고 있을게
네가 알았던 그 멍청한 소녀에 대한 노래 말야

I'm with the skater boy.
I said see ya later boy.
I'll be back stage after the show.
I'll be at a studio,
Singing the song we wrote
About a girl you used to know.

아티스트 | 에이브릴 라빈
곡명 | Sk8er Boi
앨범 | Let Go
발매 연도 | 2002

주노: 그때가 언제였죠?

마크: 1993년, 록큰롤 최고의 해였지.

주노: 아…말도 안 돼. 최고는 1977년이죠, 최초의 펑크 앨범이 나온 때 말예요.

마크: 웃기지 마.

주노: 아저씨는 그때 거기 없었죠. 그 마술 같은 느낌을 절대 모를 거예요.

마크: 넌 그때 태어나지도 않았잖아.

2009년 아카데미 각본상을 수상한 영화 〈주노Juno〉의 한 장면입니다. 영화 속 열여섯 살 소녀 주노는 펑크를 동경합니다. 한순간 불장난으로 임신을 하고는 곧 태어날 아이를 키워 줄 양부모를 찾다가 한 부부를 만나죠. 그 중 남편인 마크는 음반 제작자여서 주노와 쉽게 공감대를 형성합니다. 마크는 자신이 경험한 밴드 이야기와 1990년대 초반의 그런지 신드롬에 대해 말해 줍니다. 그러자 주노는 당돌하게도 최초의 펑크 앨범이 발매된 1977년이 최고라며 맞섭니다. 펑크 소녀, 주노의 당찬 매력을 잘 보여 주는 인상적인 장면입니다. 이 영화의 주인공 주노와 그녀의 지질해 보이는 남자친구를 보면서, 저는 에이브릴 라빈Avril Lavigne의 "스케이터 보이Sk8er Boi"를 자연스럽게 떠올렸습니다.

록 하는 언니들

벌써 십 수 년이 훌쩍 지났네요. 2002년 혜성처럼 등장해 팝계의 신데렐

내면의 아름다움을 보라

라로 신드롬을 일으킨 작은 키의 소녀 로커, 에이브릴 라빈이 이제 서른을 넘어 결혼까지 했으니, 정말 시간은 질주하는 하드록과도 같습니다. 강력한 카리스마와 마초 정서가 가득한 로큰롤은 여성들이 접근하기 어려운 영역으로 여겨졌습니다. 재니스 조플린Janis Joplin, 조안 제트Joan Jett, 앤Ann과 낸시 윌슨Nancy Wilson 자매가 이끌었던 밴드 하트Heart 같은 소수의 여성 로커가 있었지만, 여전히 로큰롤은 여성이 넘기 힘든 거대한 장벽이었습니다.

1980년대 마돈나의 등장을 기점으로 대중음악계에서도 여성들의 영향력이 남성들 못지않게 커집니다. 그러다가 1990년대에 불어닥친 그런지 열풍은 누구나 록밴드의 주인공이 될 수 있다는 펑크 정신을 화려하게 부활시키고, 얼터너티브 록Alternative Rock 또는 모던 록Modern Rock이라 불리는 새로운 흐름이 부상합니다. 'DIYDo it yourself' 정신! 누구나 자기 개성을 발휘해 무대의 주인공이 될 수 있다는 펑크 정신은 당대의 '루저' 담론과 젊은이들의 열광적 지지를 업고 주류 대중음악계의 판도를 뒤집었습니다.

이때 나타난 새로운 움직임이 바로 '록 하는 언니들'의 출현입니다. 1990년대에 들어서자, 앨라니스 모리셋Alanis Morissette, 사라 맥라클란Sarah McLachlan, 셰릴 크로우Sheryl Crow, 토리 에이모스Tory Amos, 주얼Jewel 같은 많은 젊은 여성들이 남성의 전유물로 여겨졌던 록음악에 강력한 도전장을 던집니다. 심지어 여성 가수들만의 록페스티벌 〈릴리스 페어Lilith Fair〉¹를 개최해 대중음악계의 신선한 페미니즘 운동으로 주목 받았습니다. 당시 여성 로커들은 요란한 사운드가 아니라 섬세한 포크 감성을 정교한 리듬에 실어 신선한 매력을 발산한다는 면에서 남성들의 록과는 달랐습니다.

1990년대를 넘어서면서 여성 가수의 인기가 남성 가수들을 추월하기 시작했고, 2000년대 초반 등장한 십대 여성 로커들이 이런 추세에 정점을 찍습니다. 피아노록을 표방한 바네사 칼튼Vanessa Carlton, 산타나Santana와의 협

연으로 유명세를 탄 미셸 브랜치Michelle Branch, 보이시한 악동녀 핑크Pink 등이 이 흐름을 주도했는데, 대중적 인기로 보면 에이브릴 라빈이 단연 첫 손가락에 꼽혔습니다. 당시 최고의 아이돌은 브리트니 스피어스Britney Spears와 크리스티나 아길레라Christina Aguilera였지만, 십대 여성 로커들은 남이 만든 노래를 부르는 또래 아이돌과 달리 스스로 작곡하고 연주하고 노래하는 싱어송라이터라는 차별성을 내세웠습니다.

에이브릴 라빈은 캐나다 온타리오 주 작은 마을에서 태어나, 엄마와 교회를 다니며 노래를 부르기 시작했습니다. 어머니는 에이브릴이 두 살 때 교회에서 부른 "예수 사랑하심은"을 듣고는 딸의 음악적 재능을 확신했다고 합니다. 에이브릴은 다섯 살 때부터 교회 성가대에서 노래를 부르기 시작했고, 기타를 독학하며 가수의 꿈을 이어 나갑니다. 많은 팝 가수들처럼 에이브릴 라빈 역시 첫 무대가 교회였으니, 미국 팝 음악 역사에 종교적 토양이 얼마나 광범위하게 자리하고 있는지를 다시금 확인할 수 있습니다.

그녀는 교회에서 음악을 시작했지만 십대가 되면서 그런지 음악에 빠져들었고 반항적 로커를 꿈꾸게 됩니다. 그래서인지 그녀는 콘서트에서 그린데이Green Day나 블링크182Blink182 같은 1990년대 펑크 밴드들의 노래를 자주 불렀습니다. 이 예비 스타는 어느 지방 행사에 출연했을 때, 휴가 차 들린 아리스타Arista 레코드의 프로듀서 엘에이 리드L. A. Reid[2]의 눈에 띠면서 열일곱 살에 주류 팝 음악 시장에 데뷔하는 행운을 거더줍니다.

2002년에 발표한 첫 앨범 〈렛 고Let Go〉는 나오자마자 엄청난 인기를 끌었습니다. 미국에서 앨범 순위 2위에 오르고 600만 장의 판매고를 올리며 그 해 가장 많이 팔린 앨범 중 하나가 됩니다. 이 앨범은 영국에서도 1위에 오르며, 정상에 오른 최연소 여성 가수라는 기록도 세웁니다. 그녀의 데뷔곡 "컴플리케이티드Complicated"가 빌보드 순위 2위를 차지한 후, 연이어 세 곡이

내면의 아름다움을 보라

톱 10에 오르며 애이브릴 라빈은 단숨에 슈퍼스타로 부상했습니다.

애이브릴 라빈은 2003년 이후 다섯 번이나 한국을 찾아 공연할 만큼 국내에도 많은 고정 팬을 확보하고 있습니다. 데뷔 당시 그녀의 매력은 금발 머리를 한 가녀리고 예쁘장한 소녀가 티셔츠와 배기팬츠에 기타를 매고 거침없이 무대를 뛰어다니는 모습이었습니다. 이런 펑크의 야성에 소녀 감성 가득한 팝 멜로디가 얹히면서 절묘한 양면성으로 대중을 끌어당겼습니다. 이런 점 때문에 에이브릴은 남녀 모두가 좋아하고 비서구권, 그중에서도 특히 일본과 한국에서 큰 사랑을 받고 있습니다.

소녀, 소년을 알아보다

"스케이터 보이"는 데뷔 앨범에 수록되어 크게 사랑받았으며, 지금까지도 콘서트에서 가장 사랑받는 그녀의 대표곡입니다. 에이브릴 라빈이 직접 가사를 쓴 이 노래는 미국 고등학교에서 흔히 접할 수 있는 소년 소녀들의 유쾌 발랄한 연애담을 담은 스토리 송입니다. 자신이 보잘것없고 지극히 평범하다고 생각하는 십대의 마음과 희망을 대변해 주는 기분 좋은 가사에, 빠르고 신나는 리듬과 록킹한 전개가 돋보입니다. 영어 발음을 이용해 재미있게 철자를 바꾼 제목에서는 신세대의 톡톡 튀는 재기가 엿보입니다.

노래는 한 소년과 소녀의 만남으로 시작합니다. 남자 아이는 소란스럽기만 한 펑크 음악을 좋아하고 스케이트보드나 타고 다니는 평범한 소년입니다. 그 아이는 학교의 예쁜 소녀를 남몰래 좋아하는데, 그 소녀는 우아하게 발레를 하는 예쁜 아이입니다. 소녀도 왠지 소년에게 마음이 끌리지만 허영심이 많았던 모양입니다. 게다가 소녀의 콧대 높은 친구들도 우스꽝스러운 배기팬츠나 입고 다니는 지질한 소년을 비웃습니다. 소녀는 매몰차게 소년의 마음을 거절하고 퇴짜를 놓습니다. 불쌍한 스케이터 보이! 좋아하는 소녀에

게 딱지 맞고 슬프게 돌아서 본 평범한 소년이라면 누구나 공감할 만한 우리 청춘의 찌그러진 자화상입니다. 남자들의 첫사랑은 늘 그렇게 딱지 맞고 채이며 슬프게 끝나는가 봅니다.

2절에서는 시간이 흘러 어느덧 소년과 소녀는 어른이 됩니다. 허영심 많은 발레 소녀는 더 멋진 삶을 꿈꿨지만 그저 평범한 아이 엄마가 되죠. 아마도 그 마을에서 멋지게 보였던 남자와 눈이 맞아 결혼한 것 같습니다. 그런데 어느 날 텔레비전을 켰더니, 이게 누굽니까! 그 지질했던 스케이터 보이가 록 스타가 되어 MTV에서 연주를 하고 있는 것이 아닙니까! 소년은 고향에 돌아와 콘서트를 엽니다. 소녀는 화려한 무대 속 소년을 올려다보며 그를 거절했던 지난날을 후회하게 됩니다.

브릿지 부분에서 이 노래의 화자는 자기 정체를 드러내며 소녀를 비웃습니다. "이봐. 아가씨. 넌 기회를 잃은 거야. 그 행운의 소년은 지금 내 남자친구가 되어 있지." 아마도 화자는 당시 같은 학교에 다녔지만 예쁘지도 않고 아무도 주목하지 않았던 소녀였던 것 같습니다. 화자는 발레 소녀에게 충고합니다. "사람은 첫눈에 호감이 가는 겉모습만 보면 안 돼", 넌 그 아이의 외모만 보고 차 버렸지만 "나는 그 사람 내면의 참된 가치를 보았거든I see the soul that is inside." 보이지 않는 내면의 가치, 상대의 영혼을 볼 수 있는 안목! 바로 이것이 우리가 자신과 상대를 바라볼 때 지녀야 할 가장 중요한 관점이라고 말해 줍니다.

마지막 절에서 화자는 자신과 소년이 어떻게 사랑에 빠졌는지 들려줍니다. 그들은 서로 가치관과 비전을 공유하며 서로의 '세계'에 매료되었습니다. "우리가 어떻게 서로의 세상에 매료되었는지How we rock each other's world." 사랑이란 단지 상대의 외양에 호감을 느끼는 것이 아니라 내면의 가치와 비전이 펼쳐지는 세상을 공감하고 공유하는 것 아닐까요? 짝을 찾는 젊은 남녀들이 가장 중요하게 명심해야 할 지혜는, 내 인생을 펼칠 나만의 세계를 찾는 것, 그리고 그 세계를 함께할 동반자를 만나는 것일 테니까요. 마지막 부분에서 소녀는 소년에게 그들이 함께 만든 음악을 같이 연주하자고 제안합니다. 그 노래가 바로 지금 부르고 있는 노래 "스케이터 보이"입니다.

중심의 아름다움

이 노래를 들으면서 성경의 한 장면이 자연스레 떠올랐습니다. 사무엘이 이새의 아들 가운데 한 명을 택해 새로운 왕으로 기름을 붓는 이야기입니다. 이미 한 차례 실패를 경험한 사무엘은 이새의 아들들을 기대에 차 살펴봅니다. 이새의 첫 아들 엘리압의 뛰어난 외모를 보고는 "바로 이 사람이야"라고 생각합니다. 하지만 그 순간 하나님은 사무엘에게 "나는 사람이 판단하는 것처럼 그렇게 판단하지는 않는다. 사람은 겉모습만을 따라 판단하지만, 나 주는 중심을 본다"(삼상 16:7)고 말씀하십니다. 모든 아들이 지나갔지만 하나님은 결국 아무도 선택하지 않습니다.

이때 사무엘은 이새에게 "아들들이 다 온 겁니까?"라고 묻습니다. 이새는 "막내가 남아 있기는 합니다만, 지금 양 떼를 치러 나가고 없습니다"라고 답합니다. 여기서 막내는 히브리어로 '하카톤'인데 단순히 제일 어린 아들을 가리키는 말이 아니라, '꼬맹이'나 '조무래기' 정도의 뉘앙스를 가진 말입니다. 그 막내는 자신과 타인의 눈에 그저 '하카톤'에 불과했습니다. 그러나 하나님은 그 소년의 중심의 가치를 보시고, 미래의 잠재력을 알았습니다. 사무엘이 기름을 부을 때 비로소 그 소년의 이름이 소개됩니다. 그가 바로 위대한 왕 다윗입니다. 이 얼마나 극적인 등장입니까? 그전까지는 성경에 그의 이름이 나오지 않습니다. 그저 작은 꼬맹이였을 뿐입니다. 그런데 이 순간 하나님은 그의 이름을 새롭게 불러 주십니다.[3]

아브라함, 기드온, 다윗, 베드로, 마리아…이들 모두는 사람이 보기에 탁월한 조건을 소유한 사람은 아니었습니다. 오히려 다른 사람에 비해 부족해 보이는 사람도 많았습니다. 하지만 그들에게는 하나님이 선택할 만한 '중심의 아름다움'이 있었습니다. 그리고 성경의 이 영웅들은 누군가의 기름 부음으로 새로운 비전에 눈을 뜹니다. 스케이터 보이의 가치를 알아보고 그를 격려하며 사랑을 나누고 함께 노래를 만들고 부른 소녀가 없었다면 소년의 잠재력은 그저 묻혀 버렸을지 모릅니다. 사무엘의 기름부음과 축복을 통해 꼬맹이 소년은 새로운 비전을 가슴에 품고 집을 나서는 이스라엘의 영웅 다윗이 됩니다. 이 소중한 만남이야말로 중심의 아름다움과 함께 기대해야 할 인생의 전환점입니다.

에이브릴 라빈은 평범한 소년들에게 새로운 인생의 가치와 희망을 전하며 신세대 아이콘으로 등극합니다. 리오타르Jean Francois Lyotard는 그의 저서 『포스트모던의 조건The Postmodern Condition』의 마지막 쪽에 이렇게 적었습니다. "모든 이름 없는 것들에게 이름을 주자!" 많은 이들을 무명의 '기타 등등'으로 묶어 버리는 '총체성'과 주류 이야기만으로 기술된 '그랜드 내러티브'에 대항해 모든 소수자와 소외된 이들의 이름을 기억해 불러 주고, 단순히 호칭을 넘어 그들의 이야기와 그 속에 담긴 가치를 재발견하자고 제안합니다." 이 포스트모던 정신은 먼저 나의 이름에서 시작되어야 합니다. 누군가의 지인으로, 어디에 속한 자로 자기 정체성과 자존감을 확보하지 않고, 나의 이름을 부르는 하나님의 기름 부음을 통해 스스로의 존재 가치와 의미를 찾고 가꾸는 데서 진정한 삶이 시작될 것입니다.

너는 그의 준수한 겉모습과 큰 키만을 보아서는 안 된다.
그는 내가 세운 사람이 아니다.

나는 사람이 판단하는 것처럼 그렇게 판단하지는 않는다.

사람은 겉모습만을 따라 판단하지만 나 주는 중심을 본다.

사무엘상 16:7

내면의 아름다움을 보라

다시 행진

들국화
"행진"

"그것만이 내 세상"

그것만이 내 세상

세상을 너무나 모른다고
나보고 그대는 얘기하지
조금은 걱정된 눈빛으로
조금은 미안한 웃음으로
그래 아마 난 세상을 모르나 봐
혼자 이렇게 먼 길을 떠났나 봐

하지만 후횐 없지 울며 웃던 모든 꿈
그것만이 내 세상
하지만 후횐 없어 찾아 헤맨 모든 꿈
그것만이 내 세상
그것만이 내 세상

세상을 너무나 모른다고
나 또한 너에게 얘기하지
조금은 걱정된 눈빛으로
조금은 미안한 웃음으로
그래 아마 난 세상을 모르나 봐
혼자 그렇게 그 길에 남았나 봐

하지만 후횐 없지 울며 웃던 모든 꿈
그것만이 내 세상
하지만 후횐 없어 가꿔 왔던 모든 꿈
그것만이 내 세상
그것만이 내 세상

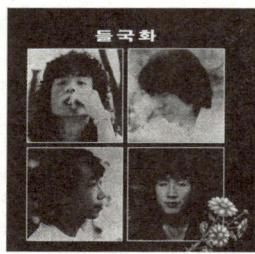

라이브 공연

아티스트 ǀ 들국화
곡명 ǀ 그것만이 내 세상
앨범 ǀ 들국화 1집
발매 연도 ǀ 1984

행진

나의 과거는 어두웠지만
나의 과거는 힘이 들었지만
그러나 나의 과거를 사랑할 수 있다면
내가 추억의 그림을 그릴 수만 있다면

행진 행진 행진하는 거야
행진 행진 행진하는 거야

나의 미래는 항상 밝을 수는 없겠지
나의 미래는 때로는 힘이 들겠지
그러나 비가 내리면 그 비를 맞으며
눈이 내리면 두 팔을 벌릴 거야

행진 행진 행진하는 거야
행진 행진 행진하는 거야

난 노래할 거야 매일 그대와
아침이 밝아 올 때까지

행진 행진 행진하는 거야
행진 행진 행진하는 거야

아티스트 | 들국화
곡명 | 행진
앨범 | 들국화 1집
발대 연도 | 1984

난 네가 바라듯 완전하진 못해
한낱 외로운 사람일 뿐야
제발 숨 막혀 인형이 되긴 제발 목말라
마음 열어 사랑을 해 줘

들국화의 명곡 "제발"의 한 구절입니다. 가사가 잘 말해 주듯 들국화는 자유로운 영혼을 꿈꾸었습니다. 그들은 자유롭지 못했던 1980년대에 긴 머리를 치렁치렁 흔들며 절규하듯 자유에 목마른 청춘을 대변한 문화 아이콘이었습니다.

언더그라운드에서 피어난 들국화

사람들은 드라마 〈응답하라〉 시리즈를 보면서 한국 청년 문화의 전성기였던 1990년대 추억몰이에 열광했습니다. 아마도 이 시기가 1988년 민주화와 1997년 아이엠에프IMF 사태 사이의 아주 짧았던 평화와 낭만의 시대여서 그랬는지 모릅니다. 이 시기 대중음악의 풍토에는 분명 양면성이 있습니다. 한편에서는 언더그라운드에 머물렀던 청년 문화가 주류 문화 시장을 점령하며 양과 질 모두를 혁신하는 주도권을 잡았지만, 다른 한편에서는 1980년대의 저항 정신과 야성을 상실하고 상업적 오락으로 함몰된 시기였습니다.

그래서인지 저도 이십대를 함께한 1990년대 문화보다는 청소년기 눌려 있던 정서를 위로해 준 1980년대 언더그라운드 문화에 더 마음이 끌립니다.

1980년대 청년들에게 '언더그라운드'란 공간의 개념이 아니라 '정신spirit'에 가깝습니다. 그 중심에 들국화가 있습니다. 1985년에 발매된 〈들국화 1집〉은 한국 대중음악의 역사를 들국화 이전과 이후를 나눠도 좋을 만큼 중요한 발자취를 남겼습니다. 한국 대중음악의 명반을 뽑는 여러 작업에서 〈들국화 1집〉은 언제나 1위를 차지합니다.

들국화의 등장은 1980년대 군사 정권 아래서 언더그라운드에 묻혀 잠재돼 있던 모든 에너지가 폭발하는 순간이며, 한국 상황에서 로큰롤이 "가장 독창적 형태로 피어난" 사건이었습니다. 또한 1970년대에 정권의 탄압으로 로커들이 강제 퇴출된 이후 캠퍼스 그룹사운드로 간신히 명맥을 유지하던 로큰롤을 "야생의 뮤지션들이 돌려받는" 상징과도 같았습니다. 음악평론가 박준흠은 들국화의 음악사적 가치를 이렇게 평가합니다.

> 들국화가 이 앨범을 발표하기 전 10년간은 '한국 대중음악의 암흑기'라고 불러도 좋을 만큼 뮤지션들이 멸종된 시기였다. 정확히 말해 뮤지션들이 자신들의 작품을 발표하지 않았던 시기였고 어찌 보면 자연스럽게 뮤지션들의 '세대교체'가 이뤄진 시기였다. 들국화가 본 앨범을 발표한 이후로 가치 '어디서 숨어 있다 한꺼번에 등장한 것'처럼 현재 거장이라고 얘기되는 뮤지션들이 나타났고, 그들은 다양하면서도 완성도 있는 앨범들을 발표하면서 80년대 중·후반을 '한국 대중음악의 르네상스기'로 만들었다.[1]

〈들국화 1집〉의 앨범 표지는 비틀즈의 마지막 정규 앨범 〈렛 잇 비〉에 대한 오마주입니다. 존 레논은 전인권이요 폴 매카트니는 최성원입니다. 멤버 전원이 작곡과 보컬에 참여한다는 점도 비틀즈와 매우 유사합니다. 정규 멤버인 전인권, 최성원, 허성욱, 조덕환과 객원 맴버인 최구희와 주찬권의 작업

은 예술적 역량의 균형과 공동체 정신의 발현이었습니다.

비틀즈가 리버풀과 함부르크의 작은 클럽에서 치열하게 내공을 키웠듯 들국화 역시 공연을 통해 설 자리를 찾고 음악적 정체성의 기반을 마련했습니다. 당시 들국화에 '언더그라운드'라는 수식어가 늘 붙었던 이유는 공연 현장을 터전으로 삼았기 때문입니다. 단지 텔레비전에 나가지 않는, 얼굴 없는 밴드라는 인식을 넘어, 주류와 제도의 방식으로 접근하지 않았던 들국화의 정신에 그들의 진정성이 담겨 있습니다. 그래서 국화가 아닌 '들국화' 아닐까요.[2]

억눌린 청춘들의 '앤썸'

"행진"과 "그것만이 내 세상"은 〈들국화 1집〉을 여는 '더블 타이틀' 곡입니다. 한국 대중음악사를 통틀어 한 앨범에 수록된 가장 강력한 '원투 펀치'였다고나 할까요? 두 노래는 당시 모든 청춘의 '앤썸'으로 그들의 귀와 입을 사로잡습니다. 1985년 당시 고등학교 2학년이었던 저는 즐겨 듣던 심야 라디오 방송에서 "그것만이 내 세상"을 처음 접했습니다. 최성원의 섬세한 멜로디와 전인권의 포효가 기막힌 조화를 이루는 후렴구는 마술처럼 단번에 저를 사로잡았습니다.

저를 비롯해 당시 음악 좀 듣는다는 친구들은 너나없이 서구의 강력한 하드록 마니아들이어서 가요는 잘 듣지 않았습니다. 그런데 이 노래는 뭔가 달랐습니다. 정교하게 꽉 찬 연주가 아니라 여기저기 공백이 있어 엉성했고, 앞부분의 읊조리는 구절은 지루한 듯도 했습니다. 그런데 이런 내 첫인상은 곧 사그라졌고, 곡의 중반부터 점점 마음이 사로잡히기 시작했습니다. 들국화의 음악에는 아주 다양한 록과 팝의 어법이 공존하지만, 서구의 록과는 다른 무엇이 있었습니다.

"그래 아마 난 세상을 모르나 봐"로 시작해 점층적으로 고도를 높여 가다가 마침내 "그것만이 내 세상"으로 절규하며 마무리하는 후렴구는 가요나 팝 모두에서 이전에는 들어 본 적 없는 신선한 울림이었습니다. 특히 전인권의 다듬어지지 않은 거친 보컬은 내 안의 숨겨진 야수성을 깨우며 감정적 전율로 몰아가는 힘이 느껴졌습니다. 밤새 이 생소한 노래의 멜로디를 잊지 않으려고 계속 머릿속으로 흥얼거리며 잠들었던 것 같습니다.

다음날 학교에서 이 노래에 감동받은 사람이 저 혼자만이 아님을 금세 확인할 수 있었습니다. 친구들 사이에서는 전날 밤 전파를 타고 흘러나온 이 마법 같은 노래와 들국화란 그룹에 대해 열띤 이야기들이 오갔습니다. 들국화의 라이브 무대를 이미 잘 아는 대학생 형을 둔 친구는 자신만의 고급 정보를 자랑스럽게 떠들어대며 우쭐거렸습니다.

그때부터 저는 한동안 라디오에서 이 노래가 다시 나오길 무작정 기다리곤 했습니다. 그러다가 궁했던 호주머니를 털어 마침내 〈들국화 1집〉 테이프를 구입하고는 정말이지 늘어지도록 듣고 또 들었습니다. 그때 산 또 다른 앨범이 시인과 촌장의 2집 〈푸른 돛〉이었습니다. 지금 생각해 보면 이 두 앨범은 제 학창 시절 억눌린 감수성을 구원하는 가스펠과도 같았습니다.

앨범 첫 곡은 전인권이 작곡한 "행진"입니다. 허성욱의 수려한 피아노로 시작하는 이 노래의 첫 감흥은 지금도 제 마음을 들뜨게 합니다. 들국화의 건반 연주자 허성욱은 객원 기타리스트 최구희와 함께 들국화 연주의 핵심이었습니다. (불행히도 그는 1997년 음악선교 활동 중에 교통사고로 사망합니다. 2012년 들국화가 3인조로 재결성했을 때 반가움과 함께 그의 부재가 크게 다가왔습니다.) "나의 과거는 어두웠지만 나의 과거는 힘이 들었지만 그러나 나의 과거를 사랑할 수 있다면" 전인권의 자전적 이야기로 시작하는 이 노래는 당시의 암울한 시대 상황을 대변하며 큰 공감을 불러일으킵니다.

이 노래는 2절에서 시점을 미래로 돌립니다. "나의 미래는 항상 밝을 수는 없겠지. 나의 미래는 때로는 힘이 들겠지. 그러나 비가 내리면 그 비를 맞으며, 눈이 내리면 두 팔을 벌릴 거야." 이 노래는 얄팍한 자기계발 강의나 부흥회처럼 미래에 대한 막연한 희망을 부추기지 않습니다. 힘들고 어두운 과거의 터널을 지나 미래의 밝은 빛을 기대하는 젊은이들에게 미래에도 계속 힘든 장애물을 만날 것이라고 말합니다. 하지만 중요한 것은 그것을 회피하거나 두려워하는 것이 아니라 기꺼이 그 비와 눈을 맞으며 담대히 두 팔을 벌리는 것입니다. 이런 태도야말로 격동의 현대사를 지나온 청춘들의 진취적인 모습이었습니다.

행진 행진 행진하는 거야
행진 행진 행진하는 거야

"행진"은 아주 강렬하거나 빠르지도 않고 매우 단순한 구조지만, 곡의 스케일에서 매우 장대한 힘이 느껴집니다. 지휘하듯 "행진 앞으로"를 반복해 포효하는 전인권의 리드에 맞추어 섬세한 피아노와 묵직한 드럼 연주가 시종일관 젊은이들의 심장을 뛰게 만듭니다. "행진!" 이 말보다 젊음의 열정을 대변하는 더 좋은 단어가 있을까요? 평범해 보이는 이 단어는 진부한 군가가 아니라, 기성의 질서를 떨치고 새로운 세계로 우리를 안내하는 설렘을 전합니다. 나이가 들어서는 스스로와 주변을 성찰하며 홀로 걸어가는 '산책'의 즐거움을 깨닫는다면, 젊음은 서로를 북돋으며 함께 '행진'하는 기상을 꿈꾸어야 마땅하겠죠.

깃발을 든 기수 전인권의 구령에 맞추어 1980년대 청춘들은 그렇게 행진했습니다. "난 노래할 거야 매일 그대와, 아침이 밝아 올 때까지." 〈들국화 1집〉

에 수록된 다른 두 노래의 제목을 인용한 브릿지 부분에는 아침을 기대하며 어두운 밤을 함께 행진하는 공동체 의식이 은밀하게 스며 있습니다. 이처럼 이 노래는 시대와 만나고 대중을 하나로 묶으며 격동의 1987년을 향해 가는 전조였습니다. 문화평론가 정덕환은 이 노래를 이렇게 평가합니다. "'행진'이 바꾼 것은 음악 산업과 팬들의 취향만이 아니었다. '행진'은 귀를 가진 젊음의 심장을 뛰게 만들었고 그 박동은 1980년대 후반을 관통해 갔다. 노래가 할 수 있는 수많은 일들이 '행진'으로부터 시작되었다."[3]

내 세상은 어디에

광야를 지나 가나안으로 행진하던 이스라엘 백성의 가슴에는 새로운 희망이 가득했습니다. 하지만 그들이 바란 것은 그들을 억압했던 이집트 제국의 강성함과 안락함이었던 것 같습니다. 그러다 보니 희망과 고난의 역설 가운데서 심리적으로나 종교적으로 큰 혼란을 겪습니다. 길 위의 삶이라는 현실은 그들이 예상한 이상과 믿음이 아니었기 때문입니다.

시간이 지나자 그들은 곧 옛 세상을 그리워하며 불평하기 시작합니다. 더 나아가 쾌락과 풍요를 상징하는 우상을 만드는 이중적 모습을 보입니다. 우리가 성경을 읽으며 당시의 유대인들에게 실망하는 장면이지만, 이 장면은 오늘날 많은 그리스도인들의 실제 모습일지도 모릅니다. 하나님은 우리에게 '풍요의 삶'이 아니라 '새로운 삶'을 말씀합니다. 그것은 세상과 구별되고 변화되어 새로운 가치를 입는 것입니다(롬 12:1).

〈들국화 1집〉의 두 번째 곡이자 타이틀곡인 "그것만이 내 세상" 역시 같은 맥락과 주제 의식을 담아내고 있습니다. 이 노래의 제목이 주는 감성적 충격은 강렬합니다. "그것만이 내 세상", 얼마나 흥분되는 표현입니까? 하지만 그토록 원하는 내 세상은 어디에 있단 말입니까? 과연 지금 우리는 간절히 바라는 그 "내 세상"에서 살고 있습니까?

> 세상을 너무나 모른다고 나보고 그대는 얘기하지
> 조금은 걱정된 눈빛으로 조금은 미안한 웃음으로
> 그래 아마 난 세상을 모르나 봐
> 혼자 이렇게 먼 길을 떠났나 봐

진짜 삶을 찾으려는 청춘들에게 어른들은 "세상을 너무나 모른다고" 염려하며 현실적 태도를 종용하곤 합니다. 때로는 세상모르고 천방지축 꿈을 좇는 청춘들을 "걱정하며", 때로는 삶의 무게 속에 버둥대야 하는 세상을 물려주었다며 "미안해하며" 말입니다. 그러고는 시시포스처럼 끝임없이 바위를 산꼭대기로 밀어 올려야 하는 반복되는 삶의 자리가 네가 살아야 할 세상이라고 충고합니다. 과연 우리가 그런 일상에 만족할 수 있을까요?

이집트에서 종살이하던 이스라엘 백성이 진짜 힘들었던 것은 고달픈 일상과 이집트인들의 채찍이 아니라, 억압된 삶 가운데서 아무런 목적과 의미를 찾을 수 없었던 허무였는지 모릅니다. 이런 허무는 이집트 궁정에서 살아가는 모세의 마음에도 가득했습니다. 풍요로운 생활을 한다 해도 만족스럽지 않았습니다. 마침내 그는 궁정에서 쫓겨 나와 더 큰 의미를 찾기 위한 길고 고된 "먼 길"을 떠납니다.

실존주의 철학이 말하는 '부조리 absurdity'란 두 세상이 충돌하는 혼돈에서 비롯됩니다. 우리에게는 먼저 "안으로부터의 이야기"가 있습니다. "내가 삶의 주인이며 내가 보는 관점으로, 즉 나를 중심으로" 세상은 돌아갑니다. 하지만 "밖으로부터의 이야기"는 전혀 다릅니다. "나는 광대한 우주와 장구한 시간 속에서, 통제할 수 없고 이해할 수 없는 '세상으로 내동댕이쳐진' 허

무의 존재"인지 모릅니다.[4]

    10여 년간 땅 속에서 굼벵이로 머물다 마침내 밖으로 나와 불과 한 달을 살고 죽는 매미의 삶, 얼마나 가련하고 허무합니까? 하지만 그 삶은 허무할지는 몰라도 부조리하지는 않습니다. 매미에게는 자신이 바라보는 삶이 전부이기 때문입니다. '우물 안 개구리'라는 말이 있습니다. 우물 속에 갇혀 그 속을 세상 전부인 줄 알고 살아가는 답답한 인생을 일컫는 말입니다. 하지만 인간은 그 우물 속에서도 이것이 전부는 아닐 거라며 우물 밖을 상상하고 우물 밖의 삶을 꿈꿉니다. 그래서 인간은 이상과 현실 사이의 괴리와 삶의 부조리에 고뇌하게 됩니다. 유한하지만 영원을 꿈꾸고, 우주 속에서 자신의 세상을 바라보는 이중적 세계관의 인간은 어디에서 삶의 의미를 찾을 수 있을까요?

부조리를 극복한 새로운 존재

    하지만 후횐 없지 울며 웃던 모든 꿈
    그것만이 내 세상
    하지만 후횐 없어 찾아 헤맨 모든 꿈
    그것만이 내 세상

    그렇습니다! 삶의 의미를 부여할 수 있는 중대한 계기는 이 부조리에 대한 인식에서 출발합니다. 결코 내가 아닌 다른 무엇이 억지로 내 삶의 의미를 강요해선 안 됩니다. 그래서 실존주의 철학자들은 인간의 유한성에 대한 허무가 곧 삶에 새로운 의미를 부여한다고 주장합니다. 내가 삶의 창조자가 되어 허무하고 유한한 인생의 한 순간 한 순간을 살아내야 한다고 말합니다.

버트런드 러셀Bertrand Russell은 이렇게 말합니다. "내가 죽음에 이르렀을 때 헛된 삶을 살았다고 느끼지는 않을 것이다. 나는 저녁이면 지구가 붉게 물드는 것을 보았고, 아침에 반짝이는 이슬을 보았고, 얼어붙은 태양 아래 환하게 빛나는 눈을 보았고, 가뭄 뒤에 내리는 빗물의 냄새를 맡았고, 콘웰의 화강암 해변에 부딪히는 폭풍 같은 대서양의 바람 소리를 들었다."[5] 우리에게 구원이란 죽음 이후의 영생만이 아닙니다. 오히려 구원이란 허무한 일상과 부조리로 고뇌하는 마음에 새로운 의미를 부여하는 세상을 찾는 것입니다.

영화 〈버킷 리스트Bucket List〉에서 주인공인 자동차 정비사 카터(모건 프리먼)와 재벌 사업가 에드워드(잭 니콜슨)는 죽음을 앞두고 인생에서 '버킷 리스트', 즉 '죽기 전에 해야 할 것들'이란 목록을 만들어 모험을 떠납니다. 영화의 마지막 장면에 이르면 먼저 세상을 떠난 카터의 장례식을 찾은 에드워드가 이렇게 말합니다. "그는 내 최고의 친구입니다. 그가 내 인생을 구원했습니다." 인생 마지막 무렵 아주 짧은 순간을 함께했지만 에드워드는 카터를 "최고의 친구"라고 부릅니다. 평생 돈만 좇아 살다가 가족도 등지고 외롭게 죽음을 기다리던 에드워드에게 삶의 의미를 찾아 준 여정을 함께한 친구이기 때문입니다. 또한 에드워드는 카터가 자신의 삶을 "구원했습니다He SAVED my life"라고 고백합니다. 건강을 되찾은 것도 아니며, 곧이어 그 역시 친구를 따라 죽음을 맞습니다. 하지만 남은 삶의 진정한 의미를 알게 해 주고, 나아가 지난 삶을 잘 정리하고 딸과의 화해까지 도와주었기 때문입니다. 그렇게 그의 삶은 '구원'받습니다.

그리스도인에게 예수는 누구입니까? 단지 우리의 예배와 찬양의 대상인 하늘의 권세자입니까? 그래서 예배는 그분의 권위와 힘 앞에서 그분이 내려 준/내려 줄 포상을 바라며 엎드리는 것일까요? 실존주의 신학자 폴 틸리히

다시 행진

는 신앙이란 그리스도 안에서 우리가 '새로운 존재New Being'를 찾는 것이라고 말합니다.[6] 그리스도는 그렇게 우리의 반복되는 일상을 구원합니다. 남은 삶에 새로운 의미를 부여하고, 지난 삶에 대한 후회 없는 성찰로 이끕니다. 그렇게 우리는 그리스도 안에서 나의 삶과 나의 세상을 새롭게 이루어 갑니다. 바로 그곳에서 나의 "안으로부터의 이야기"와 "밖으로부터의 이야기"가 조화롭게 만납니다.

걷고 걷고 또 걷는다
새벽 그대 떠난 길 지나
아침은 다시 밝아 오겠지
푸르른 새벽 길

꽃이 피고 또 지고
산 위로 돌멩이 길 지나
아픔은 다시 잊혀지겠지
끝없는 생각들

오랜 시간이 흐른 후 들국화가 2012년에 발표한 새 노래 "걷고 걷고"의 가사입니다. 꽃이 피고 지는 반복과 허무의 일상에서 여전히 풀리지 않은 숙제를 안고 우리는 끝없는 생각에 잠깁니다. 그럼에도 "걷고 걷고 또 걷는" 그들의 '행진'은 나이가 들어 느려졌지만 결코 멈추지는 않습니다. 그렇게 시간이 만들어 내는 삶의 폐허 위에서도 계속 앞으로 나아가는 것이 바로 나 자신으로 사는 삶일 것입니다. 많은 이들이 아픈 사건에 눈물짓던 지난날을 걸어 왔습니다. 그리고 이제는 설렘마저 익숙해진 무디어진 감정으로 하루

하루를 지내는 시대를 살고 있습니다. 하지만 바로 이 순간에도 우리는 매일 그분과, 우리가 바라는 세상을 찾아, 일상의 광야를 따라 '다시 행진'하고 있습니다.

누구든지 그리스도 안에 있으면, 그는 새로운 피조물입니다.
옛 것은 지나갔습니다. 보십시오, 새 것이 되었습니다.

고린도후서 5:17

다시 행진

때를 따라 아름답게

김광석
"일어나"

검은 밤의 가운데 서 있어 한 치 앞도 보이질 않아
어디로 가야 하나 어디에 있을까 둘러봐도 소용없었지
인생이란 강물 위를 뜻 없이 부초처럼 떠다니다가
어느 고요한 호숫가에 닿으면 물과 함께 썩어 가겠지

일어나 일어나 다시 한 번 해 보는 거야
일어나 일어나 봄의 새싹들처럼

끝이 없는 날들 속에 나와 너는 지쳐 가고
또 다른 행동으로 또 다른 말들로 스스로를 안심시키지
인정함이 많을수록 새로움은 점점 더 멀어지고
그저 왔다 갔다 시계추와 같이 매일매일 흔들리겠지

일어나 일어나 다시 한 번 해 보는 거야
일어나 일어나 봄의 새싹들처럼

가볍게 산다는 건 결국은 스스로를 얽어매고
세상이 외면해도 나는 어차피 살아 살아 있는 걸
아름다운 꽃일수록 빨리 시들어 가고
햇살이 비추면 투명하던 이슬도 한순간에 말라 버리지

일어나 일어나 다시 한 번 해 보는 거야
일어나 일어나 봄의 새싹들처럼

 라이브 공연

아티스트 | 김광석
곡명 | 일어나
앨범 | 김광석 4집
발매 연도 | 1992

"근데 광석인 와 그렇게 일찍 죽었대냐?" 영화 〈JSA 공동경비구역〉에서 북한군 장교(송강호)가 물었듯이, 해마다 1월이면 나도 모르게 이 대사를 읊조리며 그를 그리워합니다. 1996년 1월 6일, 김광석은 '서른 즈음에' 바람처럼 우리 곁을 떠났습니다. 하지만 그의 노래들은 그가 활동했던 1990년대에 머물지 않고 지금까지 끊임없이 재조명되고 있습니다.

라스트 포크 히어로

'포크' 뮤지션들의 노래는 최소의 악기 편성과 단순한 구조 가운데서 깊은 사색과 섬세한 감성을 극대화합니다. 김광석은 포크의 이런 미학적 특징을 가장 잘 구현한 한국 대중음악사의 거인입니다. 그의 노래는 초연한 듯한 음성에 생생한 자의식과 시대의 고민을 담아, 듣는 이의 귀와 마음을 파고드는 마성이 있습니다. 그만큼 김광석의 음성은 특별했습니다. 그가 부르면 무슨 노래든 특유의 섬세한 감정이 실리면서 그만의 노래가 되었습니다.

김광석은 인생의 슬픔과 불안을 과장하지 않습니다. 그가 노래한 삶의 희망 역시 상투적이거나 가볍지 않았죠. 바르 이 때문에 많은 청중이 지금도 그의 노래를 마음 깊은 곳에 넣어 두었다가 때때로 끄집어내 그가 전하는 감수성에 젖습니다. 가령 한국인라면 누구나 서른 살 언저리가 되면 "서른 즈음에"를 들으며 지나간 이십대에 허탈해하고 조금은 울적해집니다.

점점 더 멀어져 간다 머물러 있는 청춘인 줄 알았는데

때를 따라 아름답게

비어 가는 내 가슴속엔 더 아무것도 찾을 수 없네
계절은 다시 돌아오지만 떠나간 내 사랑은 어디에
내가 떠나보낸 것도 아닌데 내가 떠나온 것도 아닌데
조금씩 잊혀져 간다 머물러 있는 사랑인 줄 알았는데
또 하루 멀어져 간다 매일 이별하며 살고 있구나

김광석은 어릴 때부터 다양한 악기를 배우고 합창단에서 노래의 기본기를 닦았습니다. 대학 입학 후 음악 동아리 '연합메아리'에서 기타 치며 노래하던 그는 김민기의 오페라 〈개똥이〉 앨범에 참여하면서부터 음악 활동을 본격적으로 시작합니다. 이후 노래를 찾는 사람들, 동물원에서 활동하며 부른 "흐린 가을 하늘에 편지를 써" "거리에서"가 히트하면서 이름을 널리 알렸죠. 솔로로 독립한 김광석은 정규 앨범 네 장, "다시 부르기"라는 제목으로 유명한 리메이크 앨범 두 장을 내놓으며 1990년대 초반에 아주 굵직한 음악적 종적을 남겼습니다.

1990년대 초중반은 한국 대중음악의 상업적 전성기였습니다. 신드롬까지 일으킨 서태지를 비롯해 다양하고 세련된 여러 젊은 가수들이 등장해 대중음악계 판도를 뒤집었습니다. 트로트는 물론이고 포크의 죽음까지 공공연히 거론되던 그때에 김광석은 라디오와 콘서트만으로 대중의 큰 사랑을 받았던 거의 유일한 포크 스타였습니다. 또한 그의 앨범은 자작곡뿐 아니라 한동준, 김창기, 조동익, 박용준, 김형석 같은 작곡가들의 노래들까지 아우르며, 포크를 넘어 당대에 완성된 한국적 발라드 미학의 극치라 평할 수 있습니다.

청년, 허무와 절망을 노래하다

"일어나"는 1994년에 발표한 4집 앨범의 타이틀곡입니다. 이 앨범은 김광석이 자기 색깔을 제대로 내보인 앨범으로 "서른 즈음에"와 "너무 아픈 사랑은 사랑이 아니었음을" 같은 대표곡들이 들어 있는 명반입니다. 앞서 언급한 대로 그의 노래에는 청년의 감수성이 짙게 녹아 있습니다. 청년기는 혼란과 모순 가운데서 급격한 변화를 겪는 시기이며, 이때를 지나면 점점 무너지는 자신의 이상을 뒤로하고 현실을 받아들이며 성숙기로 접어듭니다. 그 과정에서 절망과 희망이 팽팽한 긴장을 이루며 예술적 감성은 극대화되지요. 김광석의 모든 노래에는 이 둘이 만들어 내는 역설적 그림이 절묘하게 어우러져 나타납니다.

> 검은 밤의 가운데 서 있어 한 치 앞도 보이질 않아
> 어디로 가야 하나 어디에 있을까 둘러봐도 소용없었지
> 인생이란 강물 위를 뜻 없이 부초처럼 떠다니다가
> 어느 고요한 호숫가에 닿으면 물과 함께 썩어 가겠지

이 노랫말이야말로 인생의 진로를 고민하며 방황하는 우리 모두의 솔직한 자화상입니다. 한 치 앞도 보이지 않는 답답함과 결국 썩어져 가는 '부초'가 될 것 같은 두려움! 이 먹먹한 교차로에서 우리네 청춘은 서성이고 있습니다. 성경에서도 전도서 기자가 "헛되고 헛되다. 헛되고 헛되다. 모든 것이 헛되다. 사람이 세상에서 아무리 수고한들, 무슨 보람이 있는가?"라며 인생의 허무를 이야기하지 않았습니까?

> 끝이 없는 날들 속에 나와 너는 지쳐 가고

때를 따라 아름답게

> 또 다른 행동으로 또 다른 말들로 스스로를 안심시키지
> 인정함이 많을수록 새로움은 점점 더 멀어지고
> 그저 왔다 갔다 시계추와 같이 매일매일 흔들리겠지

이 시대 청춘들은 몇 안 되는 안정된 기회를 얻기 위해 치열하게 경쟁하면서 저도 모르게 세상이란 거대한 조류에 굽실거리게 됩니다. 경쟁에 밀려 자칫 '루저'가 될 것 같은 두려움이 그들의 가슴을 짓누릅니다. 새로움과 이상을 추구하는 열정을 늘 꿈꾸지만, 지루하게 반복되는 일상에 함몰되어 결국에는 순간의 재미와 오락에 빠져듭니다. 그러면서 "그래 세상이 다 이런 거지 뭐"라며 스스로를 안심시키곤 합니다.

> 가볍게 산다는 건 결국은 스스로를 얽어매고
> 세상이 외면해도 나는 어차피 살아 살아 있는걸
> 아름다운 꽃일수록 빨리 시들어 가고
> 햇살이 비추면 투명하던 이슬도 한순간에 말라 버리지

새장 속 결박된 새처럼 길들여진 자신을 바라보며 느끼는 무력감! 그렇게 나이를 먹으며 우리의 청춘은 점점 멀어져 갑니다. 자신감의 유일한 근거였던 젊음이라는 스펙의 상실은 우리를 더욱 허무와 절망으로 몰아갑니다. 자기계발서와 성공학 강의에서 어설픈 꿈과 희망의 구호들이 난무할수록 이와는 거리가 먼 현실에 더 염세적인 쓴웃음이 납니다. 그래서 이원석은 한동안 우리의 '시대정신'으로 작동하며 날개 돋친 듯 소비된 자기계발 열풍이 개인의 욕망을 부추기는 공허하고 '거대한 사기극'이었다고 비판합니다.[1]

청년, 다시 희망을 노래하다

김광석은 청춘의 어두운 단면을 순간적 낭만으로 덧칠하지 않습니다. 기타와 하모니카라는 단순한 악기에 현실을 있는 그대로 담아 초연하고 담담하게 노래합니다. 그래서 그의 음성을 듣다 보면 '나의 노래'나 나의 고백처럼 들립니다. 실제로 비슷한 상황이 닥치면 우리는 이 노래를 들으며 가슴속에 애써 감추고 묻어 놓았던 고뇌의 감정 한 가닥을 꺼내어 봅니다. 그러나 자기 주문 같은 후렴구는 우리의 감성을 새로운 희망의 공간으로 끌어당깁니다.

일어나 일어나 다시 한 번 해 보는 거야.
일어나 일어나 봄의 새싹들처럼

청년 정신! 그것은 '다시 한 번' 해 보는 새로운 가능성입니다! 김광석은 이렇게 염세와 희망의 경계에서 서성입니다. 이 놀라운 반전의 희망은 성경의 중심 주제이며 다윗의 시편이 가장 선명하게 전하는 내러티브입니다. 시편을 주의 깊게 읽어 보면 다윗의 많은 노래들이 불안과 두려움, 절망과 분노의 넋두리로 시작하지만, 곧이어 하나님 안에서 새로운 희망을 찾고는 구원과 감사의 송축으로 마무리합니다.

전도서 기자는 이렇게 말합니다. "하나님이 모든 것을 지으시되 때를 따라 아름답게 하셨고 또 사람들에게는 영원을 사모하는 마음을 주셨느니라. 그러나 하나님이 하시는 일의 시종을 사람으로 측량할 수 없게 하셨도다"(전 3:11, 개역개정). 앞날을 측량 수 없다는 말은 분명 불안과 두려움으로 다가옵니다. 하지만 역설적으로 이야말로 가장 큰 희망입니다. 맞습니다, 미래는 모르는 것입니다. 우리 사회는 눈에 보이는 몇 가지 자료를 근거로 "너는 이럴 거야", "쟤는 저럴 거야"라고 쉽게 단정합니다. 하지만 미래는 아무도 모릅니다. 인생은 역동적이며 그래서 다시 한 번 희망을 노래할 수 있습니다.

그리스도인들에게 이 엄청난 주문의 근거는 하나님이 "때를 따라 아름답게" 하실 것이라는 언약에 대한 믿음입니다. 그 하나님의 '때'(카이로스kairos)는 내 일상의 '때'(크로노스chronos)를 소중하게 여길 때 찾아옵니다. "이제 나는 깨닫는다. 기쁘게 사는 것, 살면서 좋은 일을 하는 것, 사람에게 이보다 더 좋은 것이 무엇이랴! 사람이 먹을 수 있고, 마실 수 있고, 하는 일에 만족을 누릴 수 있다면, 이것이야말로 하나님이 주신 은총이다"(전 3:12-13). 미래와 현재, 기회와 일상, 염세와 희망의 조화 속에서 우리의 시간은 구원을 얻습니다.

우리가 고뇌와 희망의 이중주 속에서 발견할 수 있는 또 다른 중요한 사실은 이 시대가 정한 생존 경쟁의 룰을 벗어나는 새로운 대안이 필요하다는 것입니다. 하늘이 주시는 새로운 상상력은 제3의 가능성을 실험할 수 있는 최선의 환경이 될 수 있습니다. 우리는 늘 안락하게 머물 곳을 갈망하며 삽니다. 하지만 하나님은 우리에게 욕망에 안주하는 그 세상을 떠나라고 명령합니다. 그렇다고 아무 목적 없이 방랑하라는 것이 아닙니다. 그리스도인들은 이를 가리켜 '부르심calling'이라고 합니다. 이 소망은 우리를 늘 다시 한 번 일으켜 뭔가를 해 보게 만듭니다. '청년'은 생물학적 개념이 아니라 새로운 실험에 기대와 용기를 불어넣는 '정신'입니다.

김광석은 염세와 희망이 교차하는 인생의 길목에 서서 세상과 불화하기 때문에 오히려 수혈 받을 수 있는 청년 정신을 노래했습니다. 그 청춘의 노래꾼 김광석은 그의 노래처럼, 아니 그의 노래와 달리 서른둘 젊은 나이에 우리 곁을 떠났습니다. 하지만 그의 노래는 그의 죽음을 뛰어넘어 '청년성' 위에 '영원성'을 덧입고 지금도 살아 있습니다. 그래서 나는 매년 그가 떠난 1월이 되면 그의 노래를 들으며 새해의 희망을 꿈꾸곤 합니다.

하나님은 모든 것이 제때에 알맞게 일어나도록 만드셨다.
더욱이 하나님은 사람들에게 과거와 미래를 생각하는 감각을 주셨다.
그러나 사람은 하나님이 하신 일을 처음부터 끝까지 다 깨닫지는 못하게 하셨다.
전도서 3:11

제3의 길을 찾아서

YB
"나는 나비"

내 모습이 보이지 않아 앞길도 보이지 않아
나는 아주 작은 애벌레
살이 터져 허물 벗어 한 번 두 번 다시
나는 상처 많은 번데기

추운 겨울이 다가와 힘겨울지도 몰라
봄바람이 불어오면 이젠 나의 꿈을 찾아 날아

날개를 활짝 펴고 세상을 자유롭게 날 거야
노래하며 춤추는 나는 아름다운 나비

거미줄을 피해 날아 꽃을 찾아 날아
사마귀를 피해 날아 꽃을 찾아 날아
꽃들의 사랑을 전하는 나비

날개를 활짝 펴고 세상을 자유롭게 날 거야
노래하며 춤추는 나는 아름다운 나비

Spread my wings and fly away
(나의 날개를 펴고 날아올라)
Ride the wind sailing on the world today
(바로 오늘 세상을 항해하는 바람을 타고)
Sing a song reach for the sky
(하늘을 향해 노래해)
Flying butterfly God save me
(날아가는 나비, 신이여 날 구원하소서)

아티스트 | YB
곡명 | 나는 나비
앨범 | Why Be?
발매 연도 | 2006

　YB는 밴드 문화가 취약한 한국에서 폭넓은 인기를 누리는 보기 드문 록밴드입니다. 이들의 디스코그래피는 꾸준한 음악 실험과 저항적 시대정신을 부르짖는 그들만의 록 스피릿으로 충만합니다. 이와 동시에 말랑한 사랑 노래도 부르고 텔레비전 예능 프로그램에도 출연하며 로커답지 않은 대중적 친화력도 선보입니다. YB의 이런 성취에는 그룹의 프론트맨인 윤도현의 힘이 절대적입니다. 강렬하고 시원한 록 보컬과 친근한 성품, 여기에 잘생긴 외모까지, 그는 확실히 한국 록음악계에서는 아주 희귀한 슈퍼스타입니다.

YB의 두 축

　윤도현은 1994년에 포크 성향이 짙은 데뷔 앨범 〈가을 우체국 앞에서〉를 내놓으며 솔로 가수로 대중음악계에 얼굴을 알렸습니다. 하지만 2집부터는 밴드를 구성해 본격적인 록 사운드를 지향하기 시작합니다. 2년간 공들여 제작한 2집은 박노해의 시에 곡을 부친 "이 땅에 살기 위하여" "철문을 열어" 등으로 양심수나 노동 문제 같은 사회적 담론을 정면으로 다룬 명반이라는 평가를 받습니다. 이후 YB는 2002년 한일 월드컵 공식 응원가 앨범의 "오 필승 코리아"가 큰 인기를 끌면서 전 국민의 지지를 받는 록밴드로 자리매김하게 됩니다.

　제가 YB에 매혹된 계기는 1999년에 발매된 〈한국 록 다시 부르기〉 앨범입니다. 이 앨범은 한국 록의 선구자 신중현 송창식, 들국화, 활주로, 샌드페블스의 명곡들을 자신만의 색깔로 재해석해 한국 록의 계보를 선명하게 보여 줍니다. 또한 러시아 민중에게 평화와 저항 정신을 불어넣은 한국계 포크 로커 빅토르 최Victor Choi의 "혈액형Blood Type", 평화와 통일의 염원을 담은 김민기의 "철망 앞에서" 같은 숨은 명곡까지 소개해 한국에서 록밴드가 지향해야 할 방향을 제시합니다. 요즘에는 한국 대중음악의 '레전드'를 복원하는 작업이 활발하지만, 당시만 해도 아이돌이 주도하는 음악 풍토에 밀려 한국 록의 뼈대를 이룬 노래조차 대중이나 평론가 모두에게서 잊히던 때였습니다. 그래서 이 앨범은 리메이크 앨범이 단순한 기념 프로젝트가 아니라 지난 유산의 재발견이자 새로운 재창조라는 사실을 잘 보여 준 역작입니다.

윤도현밴드는 2006년에 7집 〈Why Be?〉를 발표하면서 YB로 이름을 바꿉니다. 윤도현이라는 솔로 가수에 기댄 '윤도현의 밴드'가 아니라, '다리가 넷인 탁자' 같은 U2나 REM처럼 멤버 간의 균형과 합을 강조하겠다는 강한 의지를 드러낸 것이죠. 이는 밴드 정신과 강렬한 록 사운드를 지향하겠다는 목표 의식이 그만큼 더 깊어졌음을 의미합니다. 그래서인지 새로운 이름으로 낸 첫 앨범은 고전적 하드록 문법에 충실하면서도 젊고 유쾌한 감성을 잘 조화시킨 균형감이 돋보입니다.

이 앨범에 수록된 "나는 나비"는 뒤늦게 알려지면서 큰 인기를 얻었고, 이제는 YB의 공연에서 주로 대미를 장식하는 그들의 대표곡이 되었습니다. 이 노래를 만든 사람은 YB의 또 다른 축인 베이시스트 박태희입니다. 많은 이들이 아는 대로 그는 독실한 그리스도인으로서 매일 아침 자신의 삶과 음악이 하나님의 뜻에 합당하게 쓰이기를 간절히 기도하며 하루를 시작한다고 합니다.

그는 록밴드에서 또 대중음악계에서 그리스도인으로 산다는 것이 무엇인지, 타락해 가는 대중음악계에 계속 머물러야 하는지를 놓고 고민했습니다. 박태희는 세상을 향한 하나님의 뜻을 YB를 통해 정직하게 전하는 음악인이 되리라 다짐하고는, 조용하지만 뚜렷하게 그만의 색깔을 YB 음악에 녹여 표출하고 있습니다. 그는 그룹 리더인 윤도현과 드러머 김진원이 기독교 신앙을 갖는 데 영향을 끼쳤습니다. CCM 가수인 아내 김윤정과는 프로젝트 그룹 〈음악일기〉를 결성해 보다 따뜻하고 감성적인 노래를 발표하며 박태희만의 음악 세계를 펼쳐 가고 있습니다.

이명박 정권 때부터 사회적 발언을 한 연예인들에 직간접으로 제재가 가해지면서 윤도현은 부득이하게 관련 활동을 자제하게 됩니다. 그러면서 그 역할은 상대적으로 언론의 주목을 덜 받는 박태희의 몫이 되었습니다. 그는 음악과 SNS를 통해 여러 사회 문제에 대한 그리스도인의 정직하고 날카로운 시선을 내보이며 거침없는 록 스피릿을 드러내고 있습니다.

박태희의 사회 비평은 그가 작사 작곡한 "거짓"에서 가장 뚜렷하게 나타납니다. 효창공원의 윤봉길, 이봉창, 백정기 의사 묘역 앞에 있는 김구 선생님이 직접 쓴 휘호 유방백세流芳百世(꽃다운 이름이 후세에 길이 전하다)에서 따온 "꽃다운 향기를 가진 그대의 삶을 기억해"라는 가사가 인상적인데, "정치는 생각이 다를 수 있지만 역사가 왜곡되어서는 안 된다는 의미에서 쓴 곡"이라고 합니다. 반복되는 후렴구, "세상에 검게 퍼진 거짓이 날 삼키려 하네"에는 잠자는 시민 의식을 깨우는 그의 비평의식이 잘 담겨 있습니다.[1]

꼭대기에는 아무것도 없었다

박태희는 "나는 나비"를 통해서도 위선과 억압의 껍질을 벗어던지고 하늘로 날아오르는 나비가 되라며 우리를 격려하고 또 자극합니다.

> 내 모습이 보이지 않아 앞길도 보이지 않아
> 나는 아주 작은 애벌레

살이 터져 허물 벗어 한 번 두 번 다시
나는 상처 많은 번데기

이 가사처럼 우리는 언젠가부터 치열한 경쟁에 눈이 멀어 자신만의 꿈을 찾고 이루는 방법을 잊어버린 것 같습니다. 젊은이들은 아무런 철학도 목적도 없이 안정적 수입을 보장하는 직업을 구하기 위해 지겨운 공부 노동을 반복하는지 모릅니다. 이런 경쟁이 두려워 피한 이들은 낙오자가 되었다는 자괴감 속에 꿈을 잃은 채 오늘의 욕구에만 치중하며 시간을 허비합니다. 스스로를 껍질 속에 가두고 "생육하고 번성하여 땅에 충만하라"는 조물주의 축복을 완전히 망각하고 말았습니다. 무엇이 우리를 이토록 무기력하게 만들었나요? 치열하게 공부하는 이유와 목적이 안정된 직장을 얻는 것이라면 우리의 인생이 너무나 비참하고 가련하지 않나요?

이는 비단 젊은이들만의 문제가 아닙니다. IMF 사태 이후 우리는 공동체 의식을 상실하고 개인의 안녕과 돈이 최고라는 물질주의의 포로가 되었습니다. 그렇게 붕괴된 가정 속에서 지금의 청춘들이 자랐습니다. 멕시코에서 농업 공동체를 지향하며 조직된 사파티스타의 지도자 마르코스Marcos는 현대인의 문제점을 이렇게 토로합니다.

이제 이 도시는 외로움과 두려움으로 병들고 말았어. 이곳은 거대한 고독의 집합체야. 문제는 이런 고뇌가 그저 모여 있는 것이 아니라 서로 상승작용을 일으킨다는 거야. 모두들 불평하지만 정작 떠나려는 사람은 없어. 왜? 떠나는 게 더 불안하기 때문이야. 행복이 아니라 덜 불행해지기 위해 사는 불쌍한 도시인들![2]

"나는 나비"를 듣노라면 트리나 폴러스Trina Paulus의 동화 『꽃들에게 희망을Hope for the Flowers』³이 떠오릅니다. 짧지만 의미심장한 이 풍자 동화에는 수많은 애벌레들이 등장하는데, 그들은 치열하게 경쟁하며 높은 곳을 향해 갑니다. 이들이 서로 짓밟고 기어오르면서 '애벌레 기둥'이 만들어지고, 이들은 그 기둥을 끝없이 치열하게 오르고 또 오릅니다. 그때 주인공 노랑 애벌레가 친구인 줄무늬 애벌레에게 묻습니다. "그런데 꼭대기에는 뭐가 있어?" 친구는 막연히 "분명 좋은 곳일 거야"라고 대답하며 계속 기어오릅니다. 그러다 지친 두 애벌레는 문제의식을 안고 땅으로 내려옵니다. 하지만 이내 그들은 계속 올라가는 다른 애벌레들을 바라보며 불안해합니다. 결국 두 애벌레는 서로 다른 길을 택합니다. 줄무늬 애벌레는 애벌레 기둥으로 돌아가 다시 다른 애벌레들을 타고 올라갑니다. 한 번 해 봤기 때문에 더 잘 오르리라는 기대까지 품습니다. 마침내 올라선 꼭대기에서 줄무늬 애벌레는 이렇게 말합니다. "이 꼭대기에는 아무것도 없잖아!" 이 말을 들은 다른 애벌레가 입단속을 합니다. "쉿! 바보야, 조용히 해. 우리는 지금 와 보고 싶은 자리에 와 있다고. 그거면 된 거 아냐."

　이 동화를 읽다 보면 우리 역시 허위와 허무의 애벌레 기둥을 기어오르며 살고 있다는 생각에 섬뜩해집니다. 우리가 지금 현재의 행복을 희생한 채 간절히 지향하는 것이 결국에는 서로가 서로를 밟고 오르는 애벌레 기둥인지 모릅니다. 하지만 그 위에는 "아무것도 없습니다!" 줄무늬 애벌레는 정상에 선 자기 위로 뭔가 지나가는 것을 봅니다. 그것은 나비로 날아오른 노랑 애벌레였습니다. '애벌레 기둥 오르기'를 포기한 노랑 애벌레는 나비가 되는 길을 선택했고, 번데기의 답답함을 견뎌 내고는 마침내 훨훨 날아올랐습니다.

　나비란 어떤 존재입니까? 나비들은 서로 밟고 오르는 존재가 아니라 꽃들의 씨앗을 전하는 이들입니다. 그것이 나비가 존재하는 목적이라고 동화는 강조합니다. 여기서 동화는 중요한 묵시적 메시지를 전합니다. "나비가 없으면 꽃들은 사라지게 될 거야." 그렇습니다. 인생의 참된 의미와 목적인 서로를 연결하고 상생하는 삶을 잊으면 인간과 세상의 존재 가치는 사라지고 맙니다. 단순히 현재의 고통을 견디며 화려한 나비를 꿈꾸라는 것이 아니라, "꽃들에게 희망을"이라는 제목이 말해 주듯 상생하는 공동체로의 회복이 이 동화의 핵심 메시지죠.

그러면 어떻게 나비가 될 수 있을까요? 동화의 가장 중요한 대사는 이렇게 권면합니다. "애벌레이길 포기할 만큼 날기를 원하는 마음이 간절해야 해." 새로운 목적은 간절한 소원을 품게 하고, 간절한 소원은 수많은 장벽과 혹한기를 이겨 내는 동력이 됩니다. 우리는 새로운 가능성을 찾아야 합니다. 새로운 도전을 두려워하면 다시 애벌레 기둥으로 돌아가 아등바등 기어오를 수밖에 없습니다. 새로운 가능성을 열기 위해 우리는 위대한 믿음의 모험을 시작해야 합니다. 그것이 나비가 되는 유일한 길입니다.

자유를 찾아 떠나는 모험

"나는 나비"가 마냥 낭만적으로 지금은 애벌레지만 곧 나비가 될 거라며 상투적 허영이나 무능한 이상을 이야기하지는 않습니다. 꽃들의 사랑을 전하고 생명의 다리가 되는 대안적 삶을 선택하라고 북돋우면서도, 그 길에 따르는 수많은 유혹과 어려움을 함께 알려 줍니다. 결코 쉽지 않은 여정이지만 애벌레 기둥을 오르는 간절함과 치열함으로 차라리 나비가 되는 길을 선택하는 쪽이 훨씬 행복하리라 저는 확신합니다. 그때 우리는 물질이나 성공보다 더 소중한 진정한 '자유'를 얻을 테니까요.

추운 겨울이 다가와 힘겨울지도 몰라
봄바람이 불어오면 이젠 나의 꿈을 찾아 날아…

거미줄을 피해 날아 꽃을 찾아 날아
사마귀를 피해 날아 꽃을 찾아 날아
꽃들의 사랑을 전하는 나비

갈 바를 알지 못하고 말씀에 의지해 고향을 떠났던 아브라함이 여러 실패와 실수를 거듭해도 하나님은 그를 끝까지 붙들고 이끄십니다. 이처럼 성령의 바람을 타고 날아오르는 이 시대의 나비들을 하나님은 부르시고 그 길을 인도하십니다. YB가 2012년 재발매한 "나는 나비"에는 새로운 모험을 떠나는 나비의 여정에 신의 은총을 간절히 구하는 기도를 담은 영문 가사가 추가로 들어가 있습니다.

Spread my wings and fly away
Ride the wind sailing on the world today
Sing a song reach for the sky
Flying butterfly, God save me
(나의 날개를 펴고 날아올라
바로 오늘 세상을 항해하는 바람을 타고
하늘을 향해 노래해
날아가는 나비, 신이여 날 구원하소서)

2007년 여름, 저는 교회 청년들과 함께 우리나라 구석구석을 여행했습니다. 교회의 낡은 승합차를 타고 특별한 계획 없이 떠난 터라 모두들 묘한 기대감에 출발부터 들떠 있었습니다. 그때 저는 막 구입한 YB 7집을 오디오에 넣었습니다. "나 이제 떠나갈래. 흐르는 강물처럼. 꿈을 만날 수만 있다면 혼자라도 좋아." 윤도현의 힘찬 카운트다운 외침으로 시작하는 타이틀곡 "오늘은"을 들으며 이들이 진정한 자아와 인생의 방향을 여행에서 발견하기를 바랐습니다. 여행 내내 이 앨범을 반복해 들었는데 다들 두 번째 트랙, "나는 나비"에 꽂혔습니다.

> 날개를 활짝 펴고 세상을 자유롭게 날 거야
> 노래하며 춤추는 나는 아름다운 나비

여행을 마칠 때쯤에는 얌전한 교회 모범생들이 차 안에서 미친 듯이 후렴을 따라 부르며 일상을 박차고 떠난 자유를 만끽했습니다. 그때 나는 이 자유롭고 발랄한 청춘들을 얽매고 옥죄는 모든 율법과 상황에 분노하면서, "진리가 너희를 자유롭게 할 것이다"라는 예수의 약속을 진지하게 돌아보았습니다. '언제부터 기독교 복음은 이 위대한 자유를 상실했나?' '낡은 종교적 규범과 자기 교회 중심주의로 인해 자유의 복음이 또 다른 억압의 도구로 전락한 것은 아닌가?' 많은 교회들이 애벌레들의 치열한 경쟁을 바라만 보며, 어쩌면 경쟁을 부추기고 그 승자들을 축복해 주고 있는지도 모릅니다.

이 자유를 누리려면 내 옆 사람이 경쟁자가 아닌 친구임을 기억해야 합니다. 상생하는 자유, 물질주의로부터의 자유, 꽃들의 사랑과 생명을 이어 주는 것이 진정한 행복임을 아는 자유. 이 자유의 복음과 함께, 이 땅의 수많은 애벌레들이 애벌레 기둥에서 내려와 나비가 되는 길을 선택하는 창조적 삶과 평화의 세상을 꿈꾸어 봅니다. 토큰롤!

> 너희는 진리를 알게 될 것이며, 진리가 너희를 자유롭게 할 것이다.
> 요한복음 8:32

잉여, 다른 삶의 가능성

장기하와 얼굴들
"싸구려 커피"
"아무것도 없잖어"

싸구려 커피

싸구려 커피를 마신다
미지근해 적잖이 속이 쓰려 온다
눅눅한 비닐 장판에
발바닥이 쩍 달라붙었다 떨어진다
이제는 아무렇지 않아
바퀴벌레 한 마리쯤 쓱 지나가도
무거운 내일 아침엔
다만 그저 약간에 기침이 멈출 생각을 않는다
축축한 이불을 갠다
삐걱대는 문을 열고 밖에 나가 본다
아직 덜 갠 하늘이 너무 가까워
숨쉬기가 쉽지를 않다
수만 번 본 것만 같다
어지러워 쓰러질 정도로 익숙하기만 하다
남은 것도 없이 텅 빈 나를 잠근다

[내레이션]
뭐 한 몇 년간 세숫대야에 고여 있는 물마냥
그냥 완전히 썩어 가지고
이거는 뭐 감각이 없어
비가 내리면 처마 밑에서 쭈그리고 앉아서
멍하니 그냥 가만히 보다 보면은
이거는 뭔가 아니다 싶어
비가 그쳐도 희끄므레죽죽한
저게 하늘이라고 머리 위를 뒤덮고 있는 건지
저건 뭔가 하늘이라고 하기에는 뭔가
너무 낮게 머리카락에 거의 닿게
조그만 뛰어도 정수리를 쿵하고 찧을 거 같은데
벽장 속 제습제는 벌써 꽉 차 있으나마나
모기 때려잡다 번진 피가 묻은
거울을 볼 때마다 어우! 약간 놀라
제 멋대로 구부러진 칫솔 갖다

이빨을 닦다 보면은 잇몸에 피가 나게 닦아도
당췌 치석은 빠져 나올 줄을 몰라
언제 땄는지도 모르는
미지근한 콜라가 담긴 캔을
입에 가져다 한 모금 아뿔싸 담벼꽁초가
이제는 장판이 난지 내가 장판인지도 몰라
해가 뜨기도 전에 지는 이런 상황은 뭔가

아무것도 없잖어

아 아 아아아아아 (x2)
터벅터벅 느릿느릿
황소를 타고 왔다네
푸른 초원을 찾아
여기까지 왔다네

아 아 아아아아아 (x2)
초원에 풀이 없어
소들이 비쩍 마를 때쯤
선지자가 나타나서 지팡이를 들어
"저 쪽으로 석 달을 가라"
풀이 가득 덮인
기름진 땅이 나온다길래
죽을 둥 살 둥 왔는데

여긴 아무것도 없잖어
푸석한 모래밖에는 없잖어
풀은 한 포기도 없잖어
이건 뭐 완전히 속았잖어
되돌아갈 수도 없잖어!

아 아 아아아아아 (x4)
광채가 나는 눈을 가진
선지자의 입술 사이로

그 어떤 노래보다도
아름다운 음성이
"나를 믿으라"
머리를 조아린 다음
거친 가시밭길을 지나
꼬박 석 달을 왔지만은

아무것도 없잖어
푸석한 모래밖에는 없잖어
풀은 한 포기도 없잖어
이건 뭐 완전히 속았잖어
소들은 굶어죽게 생겼잖어
딱딱한 자갈밖에는 없잖어

먹을 거는 한 개도 없잖어
이건 뭐! 뭐가 없잖어
되돌아갈 수도 없잖어!

아티스트 | 장기하와얼굴들
곡명 | 싸구려커피
앨범 | 별일 없이 산다
발매 연도 | 2009

아티스트 | 장기하와얼굴들
곡명 | 아무것도 없잖어
앨범 | 별일 없이 산다
발매 연도 | 2009

2008년 5월, 라디오에서 흘러나온 무명 밴드의 기괴한 노래가 단숨에 내 귀를 붙들었습니다. 단순히 좋다 나쁘다는 기준으로 설명할 수 없는 이상한 마력이 느껴졌습니다. 랩도 아닌 읊조림도 아닌 독특한 노래, 해학 넘치는 가사, 이상하게 낯설지 않은 포크 사운드, 그리고 이후 텔레비전에서 "미미 시스터즈"라는 백댄서와 함께 보여 준 촌스런 B급 퍼포먼스까지. "싸구려 커피"는 그렇게 저를 포함한 많은 이들을 사로잡으며 장기하 돌풍을 몰고 왔습니다.

잉여의 삶을 노래하다

'장기하와 얼굴들'의 음악적 특성은 가창력과 멜로디가 아니라 읊조리듯 이야기하며 툭툭 내던지는 언어의 운율감에 있습니다. 얼핏 듣기에는 규칙도 성의도 없는 내레이션 같지만 우리말에 대한 예민한 감각과 리듬을 쪼개는 운율 감각이 그들만의 개성과 매력을 만들어 냅니다. 더욱이 그들의 노래에는 그 흔한 영어 가사가 전혀 등장하지 않습니다. 장기하는 2005년에 인디밴드 '눈뜨고 코베인'의 드러머로 음악 활동을 시작했으며, 그의 창법은 록과 포크 감성을 조화시킨 송골매의 리더 배철수의 보컬을 모방한 듯합니다.

최소화된 멜로디와 읊조리는 창법은 밥 딜런, 다이어스트레이츠Dire Straits의 리더 마크 노플러Mark Knopfler, 레너드 코헨Leonard Cohen 같은 팝 음악의 거장들이 선보여 왔습니다. 그래서 이들의 노래는 가사가 차지하는 비중이 매우 큽니다. 하지만 영어 가사에 대한 이해 부족과 멜로디에 실린 감성을 우선시하는 한국 대중음악 풍토에서 이들은 명성에 비해 그다지 환영받지 못했습니다. 이후 힙합이 주류 음악으로 떠오르면서, 멜로디뿐만 아니라 라임과 메시지가 얼마나 중요한지가 비로소 폭넓게 인식되기 시작했지요.

하지만 '음악에서 음악이 결여된' 장기하 스타일은 독특함 때문에 얼마간 이목은 끌겠지만 결국에는 음악적 한계로 작용할 것이라는 지적도 있었습니다. 대중음악 평론가 임진모는 장기하의 음악과 대중적 성과를 다음처럼 비판합니다. "자극과 변칙을 통해 일시적으로 올라설 수는 있을지 몰라도 오래 축적된 음악적 미학이 홀대되면 생명력은 기대할 수 없는 것이다. 이런 스타일이라면 다음 앨범에서도 대중의 환호가 계속될 거라고 장담할 수 없을 것 같다. 다른 비주류 가수나 밴드가 이 앨범을 듣고 나면 '나도 이런 신선한 음악을 해야겠다'가 아니라 '이렇게 해야만 뜨는 건가' 하고 회의에 빠질 수도 있지 않을까."[1]

하지만 임진모의 예상과 달리 장기하 열풍은 지금까지 이어지면서, 단순한 상업적 치기가 아니라 그만의 독특하고 매력적인 음악 스타일로 인정받고 있습니다. 무엇보다 중요한 것은 그의 가사에 동시대 많은 사람들이 공감했다는 점입니다. 데뷔곡 "싸구려 커피"는 우리 시대의 화두로 떠오른 '잉여' '루저' '백수' '룸펜'의 정서와 일상을 노골적으로 풀어냅니다.

> 싸구려 커피를 마신다 미지근해 적잖이 속이 쓰려 온다
> 눅눅한 비닐 장판에 발바닥이 쩍 달라붙었다 떨어진다
> 이제는 아무렇지 않아 바퀴벌레 한 마리쯤 쓱 지나가도
> 뭐 한 몇 년간 세숫대야에 고여 있는 물마냥
> 그냥 완전히 썩어 가지고 이거는 뭐 감각이 없어
> 비가 내리면 처마 밑에서 쭈그리고 앉아서 멍하니

그냥 가만히 보다 보면은 이거는 뭔가 아니다 싶어

이 서사가 시각적으로 보여 주는 캐릭터는 이 시대 청춘의 자화상으로 자주 언급되는 '잉여' 이미지입니다. 하지만 장기하와 얼굴들이 이 노래를 시작으로 꾸준히 보여 주는 미학적 감성은 잉여의 삶에 대한 비판과 고발을 넘어, 지질한 일상을 너와 나의 '인간적' 모습으로 승화시킨다는 데 있습니다.

2009년에 발표한 정규 1집의 "별 일 없이 산다"에서는 "일 없이 사는 자"가 그 때문에 "별 고민 없이 산다"고 말합니다. '백수'가 일 없는 일상을 "즐겁고 신나고 재밌다"며 즐기는 역설적 태도야말로 마침내 할 일을 찾아 안도하는 이들에게 들려줄 "깜짝 놀랄 만한 얘기"라는 것이죠. 이것은 장기하와 얼굴들이 지향하는 '지속가능한 딴따라질'을 계속 해 나가기 위한 음악적 태도이기도 합니다.

고독한 헝거게임

신자유주의 경제 생태계의 청춘들은 치열한 경쟁에 함몰된 채 아무런 철학과 목적도 없이 안정된 수입을 보장하는 직업을 찾는 데 삶의 전부를 쏟아붓습니다. 열심히 노력하고 스펙을 쌓아 경쟁에서 이기려 노력하지만 결국 이 생존 게임은 대다수가 낙오하는 게 현실입니다. 제레미 리프킨Jeremy Rifkin이 『노동의 종말The End of Work』[2]에서 경고한 대로 기술혁신과 신자유주의 체제는 "20대 80의 사회", 즉 80퍼센트의 노동이 남아도는 시대로 전환되었습니다. '잉여 노동력'이 인간의 행복을 만드는 유토피아가 아니라, '잉여 인간의 소외'라는 암울하고 불행한 디스토피아로 전락할 수 있다는 경고입니다.

이는 청년들만의 문제가 아닙니다. 갑작스런 구조 조정으로 밀려나는 중년들과 고령화 시대의 젊은 노인들도 사회에서 서둘러 퇴출당하는 것이 현

잉여, 다른 삶의 가능성

실입니다. 어른들의 그런 치열한 모습을 보고 자라난 아이들 역시 너무나 일찍 꿈이 있는 미래 대신 불안한 현실을 받아들입니다. 더 무서운 것은 이런 사회적 현상이 세대 간의 심각한 분열과 갈등의 요인이 된다는 것이지요.

많은 청년들은 자신을 이렇게 만든 앞선 세대에 대한 증오심과 그들이 사라져야 자신의 자리가 생긴다는 투쟁심을 품습니다. 장년과 노년들은 다음 세대를 세우는 대신, 그들이 치고 올라와 자신의 자리를 빼앗을까 두려워 사회적 장벽을 세웁니다. 그러고는 자신의 자녀들과 측근들에게만 기회를 열어 줍니다. 2012년 대통령 선거는 그런 의미에서 청년층과 노년층의 극단적 분열이 극명하게 드러난 순간이었습니다. 이념도, 정치적 노선도 빛이 바랬습니다. 이런 상황에서 중요한 것은 신자유주의 '잉여 환경'이 절망이 아닌 새로운 가치로 전환돼야 한다는 것입니다.

세상에 넘쳐나는 다양한 자기계발론은 불안한 청춘들에 심리적 안정을 제공하면서 널리 읽히고 퍼져 나갑니다. 열악한 환경을 극복하고 성공했다는 성공담이나, 남들과 다른 자기만의 창의성을 개발하는 방법론, 최선의 스펙을 채운 자기 홍보 전략, 이들의 체험이나 충고가 전적으로 나쁘다는 말은 절대 아닙니다. 그들의 통찰력과 성실한 삶은 박수 받아 마땅합니다. 하지만 그들이 내세우고 우리가 고개를 끄덕이는 그 성공의 자리는 매우 적습니다. 이런 상황에서 자기계발은 결국 "남을 이기는 법"일 수밖에 없습니다.

장기하와 얼굴들 1집의 "아무것도 없잖어"는 자기계발을 통한 성공의 길이 얼마나 허무한지를 잘 보여 줍니다.

초원에 풀이 없어 소들이 비쩍 마를 때쯤
선지자가 나타나서 지팡이를 들어 "저 쪽으로 석 달을 가라"
풀이 가득 덮인 기름진 땅이 나온다길래, 죽을 동 살 동 왔는데

> 여긴 아무것도 없잖어 푸석한 모래밖에는 없잖어
> 풀은 한 포기도 없잖어 이건 뭐 완전히 속았잖어
> 이건 뭐, 뭐가 없잖어 되돌아갈 수도 없잖어!

　IMF 사태가 할퀴고 지나간 우리나라 국민들 심상에는 물질만능주의라는 비극적 이념이 깊이 새겨졌습니다. 적어도 우리나라 국민들은 돈에 목숨 걸며 치열하게 살았어도 '그래도 돈이 전부는 아니다'라는 가치가 저변에 있었는데, 그 이후부터는 '결국은 돈이다'라는 개인주의와 이기심이 뿌리 깊이 자리 잡았습니다.

　이렇게 황폐해진 환경에서 살아남는 법을 알려 주겠다는 '광채 나는 눈을 가진' 미디어 속 '선지자'들은 성공에 이르는 길을 예언합니다. 그 말은 죽음의 사막에서 만난 희망의 빛과 같았습니다. 그 말을 믿고 "죽을 둥 살 둥" 최선을 다해서 우리가 발견한 것은 무엇입니까? 결국 "여긴 아무것도 없잖어"란 허무 아닙니까? 극히 일부를 제외한 대다수 사람들은 아무것도 얻지 못하고 현실의 벽에 부딪힙니다. "이건 뭐 완전히 속았잖어." 그러나 이미 수많은 노력과 시간을 투자한 이들은 허위를 부정하기보다는 "되돌아갈 수도 없는" 현실 앞에서 절망합니다.

　교회도 이런 공허한 울림에 한몫합니다. 중고등부 캠프, 청년부 수련회 때마다 우리 가슴을 뜨겁게 달군 거룩한 선지자들의 메시지가 하늘의 음성처럼 들리지 않았습니까! 희미했던 마음의 소원(욕망)은 "홍해 앞의 모세처럼, 골리앗 앞의 다윗처럼 세상을 정복하는" 판타지의 세례를 받는 자기 확신으로 변하고, 이제는 세상과 '맞짱' 뜰 수 있겠다는 자신감으로 충만해집니다. 어려울수록 넘쳐나는 확신과 비전의 수사에 우리는 마음이 더 끌리기 마련이니까요.

잉여, 다른 삶의 가능성

"무엇을 염려하나요? 믿음을 가지세요! 하나님께서 이미 길을 예비하시고 우리를 인도할 줄 믿습니다." "아멘!" 설교자나 찬양 인도자들의 확신에 찬 멘트는 결국 "아무것도 없잖아"라는 현실에 부딪혀 허무해지고, 그 순간 우리 믿음은 너무나 손쉽게 허물어집니다. 또한 교회에서조차 사회적 성공을 '좋은 그리스도인'의 척도로 여긴다는 사실을 알게 되고, 순수하게 봉사하는 거룩한 백수들의 마음에는 어느새 냉소적 의문과 상처가 깊게 패입니다.

자유로운 유목의 삶

성경 속 하나님의 사람들은 그런 믿음을 전하지도, 그렇게 살지도 않았습니다. 믿음의 삶이 반드시 세속적 성공으로 귀착되지도 않았습니다. 그들에게 믿음은 성공의 조건이 아닙니다. 그들에게 믿음은 분명한 가치관이었죠. 그들은 어떤 상황에서도 그 믿음으로 살았고, 그 믿음을 말했고, 어떤 이는 그 믿음 때문에 죽었습니다. 믿음은 상황을 초월하는 가치이고, 이를 공유하는 이들과 공동체를 이루는 유일한 조건이었습니다.

더 나아가 그들에게 믿음은 무의미한 경쟁에서 탈주해 새로운 세상을 바라며 떠나는 모험입니다. 그들은 정착하지 않고 유목하는 여정에서 대안적 삶의 가능성을 실험했습니다. 그래서 성경은 여호와 하나님은 유목민의 하나님이며, 아벨에서 다윗까지 하나님의 사람들은 모두 유목하는 목자였다고 강조합니다. 그래서 하나님은 다산과 풍요를 최우선 가치로 삼는 이집트와 가나안 정착민들의 농경문화와 그들의 부족신을 금해야 할 우상으로 철저히 경계하셨습니다. 우리 시대야말로 유목의 삶을 수용한 이 믿음의 모험이 필요하지 않을까요?

장기하와 얼굴들은 잉여의 삶을 그리되 부정적 넋두리를 넘어 긍정적으로 초연합니다. "느리게 걷자"에서는 이렇게 노래합니다.

죽을 만큼 뛰다가는 아 사뿐히 지나가는
예쁜 고양이 한 마리도 못 보고 지나치겠네

점심 때쯤 슬슬 일어나
가벼운 키스로 하루를 시작하고
양말을 빨아 잘 펴 널어놓고
햇빛 창가에서 차를 마셔 보자

    이들이 재해석한 잉여의 삶은 조금 힘을 빼고, 조금 느리게 반응하고, 조금 더 주변을 둘러보며 작은 것들을 소중히 여기는 삶입니다. 낙오자가 되었다는 열등의식을 벗어던지고 오히려 여유롭고 자유로운 삶을 향유하는 대안적 삶의 출발점에 섰다고 응원합니다. 돈 없이 어떻게 이런 삶이 가능한지 묻는 사람도 있습니다. 하지만 자유로운 삶에는 생각보다 큰돈이 들지 않습니다. 과도한 소비 욕구와 타인의 시선에서 자유롭다면 말이죠. 그래서 대안적 삶을 위해서는 공동체적 연대가 더 중요해집니다.

    자유로운 잉여의 삶을 향유하려면 장시간 일하고 적은 시급을 받는 시간제 일자리보다 약간의 기술이 필요한 육체노동이 훨씬 더 유리합니다. 2014년 〈슈퍼스타K 6〉의 톱 11에 오른 메탈 밴드 '버스터리드'를 예선 때부터 흥미롭게 지켜봤습니다. 결성한 지 얼마 안 되는 무명 밴드의 탄탄한 음악적 실력과 호흡이 무척 신선했습니다. 알고 보니 그들은 모두 수산 시장에서 일하는 청년들이었습니다. 그렇다고 수산업 종사자들이 결성한 밴드는 아니었습니다. 그들은 밴드와 록음악을 하겠다는 꿈을 품었고, 그 꿈을 이루기 위해서는 함께 일하며 돈을 버는 게 유리하다고 판단했습니다. 아침 일찍 시작해 비교적 일찍 마치는 수산 시장은 연습과 공연을 위해 시간을 낼 수 있는 최적의 일터였습니다. 그들의 얼굴에는 열등감은 물론이고 힘든 노동에 찌든 기색도 없었습니다. 버스터리드는 우리 시대의 어쩌면 가장 건설적인 '잉여'인지도 모릅니다.

CCM 가수나 예배음악 사역자에게 생계 문제는 고통스런 현실이며 해결하기 힘든 고민입니다. 그들 중 다수는 신학교에 입학해 안정적(?) 수입이 보장되는 교역자가 돼야 하는지를 고민합니다. 그래봤자 신학교 졸업생들이 마주할 현실은 열악한 비정규직 노동자로 취업하거나 교회를 개척해 소규모 자영업자가 되는 것입니다. 먹고살기 위해 성직을 선택한다는 일이 얼마나 이상합니까? 그만큼 그들의 삶은 비참할 정도로 곤궁합니다.

게다가 익숙한 예배곡만 반복해서 연주하다 보니 예술적 테크닉도 늘지 않습니다. 상투적 고백들을 되풀이하다 보니 창의적 메시지도 희미해집니다. 새로운 시도를 할 때면 '이렇게 해도 되나?'며 스스로를 의심하는 교리적 자기 검열에 빠지기도 합니다. 지금도 수많은 잉여 청춘들이 교회에서 봉사와 예배음악을 담당하며 교회 버전의 "싸구려 커피"를 부르며 궁상을 떨거나, "저기로 석 달을 가라"며 자기도 못 찾은 길을 담대히 선포하면서 '거짓 선지자' 놀이를 반복하고 있지 않은지 묻고 싶습니다.

요한 하위징아Johan Huizinga는 인간은 본질상 호모 루덴스, 즉 '놀이하는 인간'이라고 주장했습니다.³ 그래서 인간은 완전 취업의 사회가 아니라 완전 실업의 사회로 문명화되어 왔는지 모릅니다. 우리가 하나님 나라에서 영원히 취업하고 싶은 것은 아니지 않습니까? 우리의 진짜 꿈은 수동적 취업이 아니라, 자신의 창의성을 드러내며 자발적으로 일하고 노는 원초적 프리랜서입니다. 그럼에도 정년이 보장된 정규직을 선호한다는 것은 자신을 속이는 것입니다. 비정규직은 우리의 고통스런 현실이 아니라 우리의 꿈입니다. 88만원 세대에게 "바리케이드를 치고 짱돌을 들라"는 선동이나, "아프니까 청

춘이다"라는 386 지식인의 감상적 위로를 전달하는 것을 넘어 새로운 삶의 방식을 생각할 때입니다.

떠나라 아무 두려움 없이

질 들뢰즈Gilles Deleuze와 펠릭스 가타리Felix Guattari가 『천 개의 고원Mille Plateaux』에서 강조한 '유목'의 삶은 새로운 삶을 위한 '탈주-횡단-접합-등가'의 길을 강조합니다. 근대화와 자본주의는 삶의 욕구와 능력을 특정한 형태로 '코드화'하거나 특정한 영역으로 '영토화'합니다. 예를 들어, 공부하려는 원초적 욕구와 능력은 대학이란 제도와 영역 안에 '영토화'되고, 학위나 교수라는 특정 권위와 권력(직업)으로 '코드화'됩니다. 따라서 우리는 성공에 대해서도 코드화된 영토에서 '탈주'해 여러 영역과 사람들을 가로질러 '횡단'하며 새로운 친구들과 '접합'하고 그들과 연대하며 '등가'된 공동체를 이루어 가야 합니다. 이것이 바로 들뢰즈와 가타리가 제안하는 유목의 삶입니다.[4]

장기하는 성공한 이후 주류 음악계로 편입되었다는 비판을 받기도 합니다. 그가 대중적 지지를 폭넓게 얻은 데에는 우습게도 '서울대 출신'이라는 학벌이 한몫한 것이 사실입니다. "역시 서울대 출신이라 의식도 있고 기발했구나"라는 말을 들으면, 우리 사회에서 비뚤어진 통념과 기득권을 벗어나는 일이 얼마나 힘든지 한숨이 절로 나옵니다.

어디까지나 장기하의 성공이 인디 음악인들의 도약으로 이어진 것은 아닙니다. 분명 홍대 인디 씬은 누구나 자기 음악을 한다는 'DIY 정신'과 '똘끼'에서 출발했습니다. 하지만 장기하와 '십센치'의 성공 이후 대중의 주목을 받은 홍대 인디 씬은 무분별한 상업화와 인기 있는 주류 인디와 그 아래 이류 인디로 계급을 형성하며 영토화되었습니다. 이제 새로 결성된 밴드들이 연주할 수 있는 공연장은 거의 없다고 해도 과언이 아니며, 거리의 버스킹

문화도 상인들의 반발로 제동이 걸리곤 합니다. 과연 우리가 이처럼 단단하고 뿌리 깊은 자본주의적 영토와 관습을 벗어날 수 있을까요?

우리가 장기하의 음악에 공감한 이유는 웃기고 '지질한 청춘 찬가'를 불러서가 아니라, '다른 삶의 가능성'을 보여 주었기 때문입니다.[5] 단순히 주어진 환경을 감사하며 받아들이고 그 안에서 즐기자는 태도가 아니라, 우리에게는 새로운 길이 필요합니다. 서로가 경쟁자가 아니라는 인식에서 출발해야 합니다. 이는 욕망과 풍요의 가치에 함몰된 이 시대 바알 신앙에서 '떠나' 하나님이 우리에게 '보여 줄 땅'을 향해 떠나는 믿음의 모험이며, 유목의 삶 가운데서 지체들과 함께 누리는 하나님 나라 공동체의 꿈입니다.

> 주님께서 아브람에게 말씀하셨다.
> "너는, 네가 살고 있는 땅과, 네가 난 곳과, 너의 아버지의 집을 떠나서, 내가 보여 주는 땅으로 가거라."
>
> 창세기 12:1

잉여, 다른 삶의 가능성

3부 사회
어제보다 나은 세상

죽어도 사라지지 않는 꿈

존 레논
"Imagine"

천국이 없다고 상상해 보세요
그리 어렵지 않아요
우리 아래에는 지옥도 없고
우리 위에는 그저 파란 하늘만 있어요
상상해 봐요 모든 사람들이
바로 오늘을 위해 살아간다고, 아하!

      Imagine there's no heaven
      It's easy if you try
      No hell below us,
      Above us only sky
      Imagine all the people,
      Living for today, ah-a

국가가 없다고 상상해 보세요
그럴 수 있잖아요
죽이지도 않고 죽을 일도 없고
또 종교마저 없다고 상상해 봐요
상상해 봐요 모든 사람들이
평화 속에 살아간다고, 유휴!

      Imagine there's no countries
      It isn't hard to do
      Nothing to kill or die for,
      And no religion too
      Imagine all the people,
      Living life in peace, yu-hu

당신은 나를 몽상가라 하겠지요
하지만 나만 이 꿈을 꾸는 건 아니에요
그대 언젠가 우리와 함께하길 바라요
그러면 세상은 하나가 될 겁니다

      You may say I'm a dreamer
      But I'm not the only one
      I hope someday you'll join us
      And the world will be as one

자기 소유가 없다고 상상해 보세요
과연 그럴 수 있을까요

욕심부리거나 굶주릴 필요도 없고
우리에겐 오직 형제애만 있겠죠
상상해 봐요 모든 사람들이
세상을 함께 나누는 모습을, 유휴!

Imagine no possessions
I wonder if you can
No need for greed or hunger
A brotherhood of man
Imagine all the people
Sharing all the world, yu-hu

당신은 나를 몽상가라고 하겠지요
하지만 나만 이 꿈을 꾸는 건 아니에요
그대 언젠가 우리와 함께하길 바라요
그러면 세상은 하나가 될 겁니다

You may say I'm a dreamer
But I'm not the only one
I hope someday you'll join us
And the world will be as one

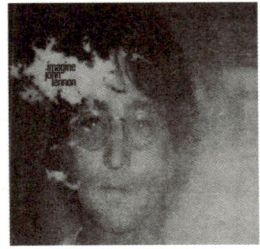

아티스트 | 존 레논
곡명 | Imagine
앨범 | Imagine
발매 연도 | 1971

1984년에 개봉한 〈킬링필드Killing Field〉는, 한 영화를 한 극장에서만 개봉하던 시절에 서울에서만 93만 명이라는 역대 최다 관객을 동원했습니다. 저도 영화를 보고 큰 감동을 받았는데 특히 마지막 장면에 흐르던 노래에 그 야말로 "필이 꽂혔던" 기억이 납니다. 꽤 시간이 지나 멜로디조차 가물거릴 무렵, 그 노래가 존 레논의 "이매진Imagine"이었다는 사실을 알았습니다. 이 영화의 마지막 장면은 영상과 음악이 아름답게 어우러진 명장면으로 지금까지도 회자됩니다.

이처럼 "이매진"은 평화의 메시지를 담은 영상이나 수많은 반전 시위에 등장해 강한 호소력을 전달합니다. 2012년 런던올림픽 폐막식에서는 출연자들이 다함께 거대한 존 레논 얼굴을 형상화하고는, 다 함께 "이매진"을 부르며 클라이맥스를 장식했습니다. 어쩌면 이 노래는 반자본주의자들과 세속주의자들에게는 "어메이징 그레이스Amazing Grace" 같은 노래일지도 모릅니다.

급진적 이상주의자

"이매진"은 존 레논이 부인이자 예술적 동반자인 오노 요코Ono Yoko와 뉴욕에 머물던 시기에 발표한 노래로, 1971년에 내놓은 두 번째 솔로 앨범에 들어 있습니다. 영국에서는 정상까지 올랐고, 미국에서도 빌보드 순위 3위를 기록했습니다. 그는 첫 번째 앨범 〈플라스틱 오노 밴드Plastic Ono Band〉에 이어 이 앨범에서도 급진적 사회 사상을 노래합니다. "이매진"과 더불어 "인스탄트 카르마Instant Karma" "파워 투 더 피플Power to the People" "워킹 클래스

히어로Working Class Hero" "아이 돈 워너 비 어 솔져, 마마 I Don't Wanna be a Soldier, Mama" 같은 노래들은 그가 품었던 진보적 사상의 면면을 잘 보여 줍니다.

존 레논은 비틀스 말기부터 좌파 사상가들과 교류하며 반전과 반자본주의에 근거한 급진적 사고를 행동으로 옮깁니다. 그 때문에 닉슨 정부에 반정부 인사로 낙인 찍혀 미국 비자도 거부당하고 오랫동안 활동을 접은 채 투쟁해야 했습니다. 분명 그는 당대의 가장 저명하고 골치 아픈 '문화 게릴라'였습니다.

1980년 12월 8일, 5년의 공백을 깨고 새 앨범 〈더블 판타지Double Fantasy〉로 활동을 재개하자마자, 자신을 진짜 존 레논이라 믿었던 마크 채프먼Mark Chapman에게 살해당했습니다. 모든 사람들과 함께 평화롭게 살아가길 희망했던 그의 꿈은 그렇게 비극으로 막을 내립니다. 하지만 그의 꿈과 노래는 이후 더 큰 사랑과 반응을 얻으며 우리 시대의 전설로 남았습니다.

그가 죽은 후 더욱 사랑받은 "이매진"은 잔잔한 피아노 선율이 대구를 이루는 전주를 시작으로 서정적이고 아름다운 멜로디를 들려줍니다. 하지만 가사는 국가와 종교와 자본주의를 부정하고 무정부주의 세상을 선동하는, 매우 과격한 메시지를 담고 있습니다.

천국이 없다고 상상해 보세요 그리 어렵지 않아요
우리 아래에는 지옥도 없고 우리 위에는 그저 파란 하늘만 있어요
상상해 봐요 모든 사람들이 바로 오늘을 위해 살아간다고

국가가 없다고 상상해 보세요 그럴 수 있잖아요
죽이지도 않고 죽을 일도 없고 또 종교마저 없다고 상상해 봐요
상상해 봐요 모든 사람들이 평화 속이 살아간다고

죽어도 사라지지 않는 꿈

존 레논은 천국도 지옥도 없이 모든 사람들이 지금 여기에 충실하며 살아가는 세상을 상상합니다. 종교인들은 이 제안이 내세와 영원의 신비를 무시하는 세속주의를 대변한다고 비판합니다. 실제로 그는 비틀즈 시절부터 여러 차례 무신론적 신념을 공개적으로 발언해 구설수에 올랐고 보수 종교인들의 반발을 산 적 있었죠.

신 없는 세상?

특히 제목부터 예사롭지 않은 그의 노래 "갓God"은 제목만큼이나 도발적인 가사로 경건한 청중을 당혹케 합니다.

> 신이란
> 우리의 고통이 만들어 낸 관념이죠
> 나는 마법을 믿지 않아요
> 나는 주역을 믿지 않아요
> 나는 성경을 믿지 않아요
> 나는 주술을 믿지 않아요
> 나는 히틀러를 믿지 않아요
> 나는 예수를 믿지 않아요
> 나는 케네디를 믿지 않아요
> 나는 붓다를 믿지 않아요
> 나는 만트라를 믿지 않아요
> 나는 기타를 믿지 않아요
> 나는 요가를 믿지 않아요
> 나는 왕들을 믿지 않아요

나는 엘비스를 믿지 않아요
나는 짐머만[밥 딜런의 본명]을 믿지 않아요
나는 비틀즈를 믿지 않아요
나는 그저 나를 믿어요 요코와 나 말예요
그게 바로 현실이죠
꿈은 끝났어요 무슨 말을 해야 할까요?
꿈은 끝났어요 지난날에
나는 꿈을 헤매는 자였지만 이제 거듭났어요
나는 월루스[해마]였지만 이제 존이 되었어요
그러니 친구여, 당신은 굳건히 살아가면 돼요
꿈은 이제 지나갔어요

    그의 무신론적 신념을 비판하기 전에, 이 노래를 통해 우리가 믿는 종교를 먼저 진지하게 반성하고 성찰해야 합니다. 적어도 그의 노래는 아주 중요한 종교적 질문을 던집니다. 하늘나라에 보화를 쌓는다는 명목하에 하나님이 창조한 이 세상의 현실과 그에 따르는 책임을 회피하지는 않았는지 말입니다. 교회 역사에서 종교적 기득권자들이 천국과 지옥이라는 관념으로 자신의 이익을 축적하고 다른 이들을 통제하고 억압한 사례도 많았습니다.

    존 레논은 사람들이 추종하고 자신도 한때 영향을 받았던 모든 사상과 종교와 인물, 심지어 비틀즈까지도 믿지 않는다고 선언합니다. 그 대신 오노 요코와의 만남을 통해 이전의 세속적 욕망과 가치를 버리고 "거듭나서" 진정한 자아를 발견했으며, 새로 발견한 진정한 삶의 가치를 믿고 따르겠다고 선포합니다. 그에게 요코는 아내를 넘어 메시아 같은 대상인 셈입니다. 어쩌면 요코에게서 어릴 때부터 그리워하던 '엄마' 상을 찾았는지 모릅니다. (그가

부른 "마더Mother"를 들으면 그가 얼마나 엄마와 가족에 목말라했는지를 알 수 있습니다.)[1]

존 레논의 "갓"을 듣노라니 그리스도인들과 그들의 신앙적 체험을 다시 생각해 보게 됩니다. 어쩌면 예수와의 만남을 통한 거듭난 삶이 아니라 자신의 고통을 덜고 결핍된 욕구를 채우려는 종교적 대상물을 신봉하는 것은 아닐까요? 이 노래는 분명 급진적이지만 그래서 우리 신앙을 더욱 진지하게 돌아보게 합니다. "갓"의 노랫말을 곰곰이 묵상하다가 저 역시 급진적 가사를 떠올려 보았습니다.

나는 교회를 믿지 않아요
나는 성직자를 믿지 않아요
나는 교리를 믿지 않아요
나는 예배를 믿지 않아요
나는 믿음을 믿지 않아요
나는 전통을 믿지 않아요…
나는 이제 예수와의 만남과
그 안에 다시 찾은 진정한 나를 믿어요

존 레논은 한때 힌두교 가르침을 깊이 신봉했고, 그가 엘비스 프레슬리와 밥 딜런에게 받은 영향은 절대적입니다. 또한 비틀즈 없는 존 레논을 상상할 수 있을까요? 이처럼 제게도 교회의 전통과 교리와 예배는 지금까지 저를 만들어 온 소중한 유산입니다. 하지만 예수와의 만남을 통한 회심과 깊은 관계는 때로는 객관적이고 전통적인 유산을 초월하는 삶입니다. 역사학자 야로슬라프 펠리칸Yaloslov Pelikan이 말했듯이 "전통은 죽은 자들의 살아 있는 믿음이지만, 전통주의는 살아 있는 자들의 죽은 믿음"일 수 있습니다.

그래서 우리 신앙은 관습과 형식을 넘어, 그분과의 영적 관계 안에서 이루어지는 삶의 구체적 변화를 꾀해야 합니다.

"우리 위에는 그저 파란 하늘만 있어요." 이 구절은 내세를 부정한다기보다 욕망과 공포가 투영된 천국 이데올로기를 해체하는 것으로 읽힙니다. 그리스도인으로서 우리는 하늘뿐 아니라 지금 살고 있는 이 세상의 현실을 더 분명하게 바라보아야 합니다. 그제야 비로소 우리 옆에서 고통과 차별과 고독으로 신음하는 소중한 이웃들이 눈에 들어올 것입니다. 아쉽게도 존 레논은 기독교를 오해하고 있습니다. 그의 상상처럼 기독교는 천국과 지옥 교리에만 머물지 않으며, 부단히 오늘 이곳을 향한 신의 뜻을 찾습니다. 성경의 하나님은 우리에게, 당신이 그러하듯 오늘 이곳의 현실에 집중하라고 요청합니다.

몽상과 현실

2절에서 존 레논은 종교뿐 아니라 국가가 없는 평화로운 이상 사회를 꿈꿉니다. 그는 인류를 죽음으로 몰아넣는 갈등과 전쟁의 가장 큰 원인이 편협한 국가주의와 종교라며, 아무런 장벽 없는 보편적 인류애를 호소합니다. 비틀즈 시절 그는 이미 "노웨어 맨Nowhere Man"이란 노래를 통해 자신이 어디에도 속하지 않은 자유인이라고 표현한 바 있습니다. 나라를 잃는 아픔을 경험한 우리에게 그의 상상은 절대 용납할 수 없는 배부른 제안입니다. 하지만 국가주의가 얼마나 개인을 억압하고 폭력을 가했는지는 멀리 갈 것도 없이 우리 근현대사에서 처절하게 입증되어 왔습니다.

구약 성경에서 하나님은 바벨론의 거성문화와 국가의 폐해를 경계했습니다. 그래서 이스라엘 역사에서 의도적으로 제왕의 탄생을 미루고 경고하셨죠.[2] 또한 요한계시록은 사자와 어린 양이 함께 뒹굴고, 모든 나라와 민족과 백성이 주의 이름을 찬미하며, 국가와 경계가 사라지는 하나님 나라의 궁극적 비전을 제시합니다. 그렇다면 그리스도인들은 국가주의와 배타적 종교관을 넘어, 성경이 보여 주는 평화와 회복의 비전을 현실로 끌어들이는 보편적 인류애에서 선교의 동기와 목표를 찾아야 하지 않을까요?

자기 소유가 없다고 상상해 보세요
과연 그럴 수 있을까요?
욕심부리거나 굶주릴 필요도 없고
우리에겐 오직 형제애만 있겠죠
상상해 봐요 모든 사람들이
세상을 함께 나누는 모습을

3절은 더욱 파격적입니다. 사유재산 없이 모든 것을 공유하는 급진적 평등 사회를 노래합니다. 서로 모든 것을 나누고, 그래서 탐욕도 굶주림도 없는 이상적 공동체를 꿈꿉니다. 여기서는 존 레논도 살짝 그 가능성을 의심합니다. "과연 그럴 수 있을까요?" 탐욕이야말로 문명 발전의 궁극적 동기이며 본능인데, 과연 이러한 이상이 실현 가능할까요? 탐욕의 본성은 자본주의든 사회주의든 그 어떠한 정치 제도나 사회 이론일지라도 무력화하는 악마적 본성인지 모릅니다.

초대교회 공동체는 자기 소유를 부인하고 필요에 따라 나누어 쓰는 코이노니아를 실천했습니다. 그곳에는 '부족한 자'가 없었습니다. 사도행전 2장과 4장에 따르면 교회는 항상 모임에서 음식을 나누었고, 아마도 당시 빈민들은 교회를 찾아가면 굶주림을 피할 수 있었겠죠. 또한 아픈 사람들은 병이 낫는 은혜를 경험했습니다. 이들은 모두 교회 공동체에서 음식과 함께 영적인 양식을 떼며, 주님의 몸과 피를 나누는 공동체의 신비를 맛보았습니다.

> 당신은 나를 몽상가라고 하겠지요
> 하지만 나만 이 꿈을 꾸는 건 아니에요
> 그대 언젠가 우리와 함께하길 바라요
> 그러면 세상은 하나가 될 겁니다

후렴에서 존 레논은 사람들이 이 모든 상상을 그저 몽상이라고 비웃을지 모르지만, 자신처럼 생각하는 이들이 점점 늘어나 힘을 합치면 상상에 그치지 않을 거라고 노래합니다. 그렇게만 되면 인류가 진정한 유토피아를 이룰 것이라고 믿었습니다. 하지만 오늘날 현실에서 그의 꿈과 이상은 그리 낙관적이지 않습니다. 그가 떠난 지 오랜 시간이 지났지만 국가나 종교 간의 대립과 전쟁은 계속되고 있으며, 소비와 소유가 최대 미덕인 신자유주의는 의미와 가치의 공간을 잠식하며 가장 강성한 맘몬 종교로 자리 잡았습니다. 부의 양극화는 더욱 심해지고 여전히 많은 이들이 굶주린 채 죽어 가고 있습니다.

또 다른 몽상가, 또 다른 이매진

불행히도 몽상가 존 레논은 그의 꿈이 이루어진다고 약속한 성경의 신비를 몰랐습니다. 오히려 모든 종교와 체제와 물질 만능주의가 사라질 때 유토피아가 가능하다고 믿었습니다. 이 노래는 오늘날 갈등의 주요 원인인 종교 간 대립, 인간의 욕망이 투영되면서 교조화한 내세관, 자본주의와 결합한 기복 신앙 등에 불만을 토로하는 이들에게 상당한 설득력을 행사하며, 무신론을 옹호하고 확장하는 데 자주 등장합니다.

리처드 도킨스Richard Dawkins는 『만들어진 신The God Delusion』에서 이 노래의 한 구절을 인용하며 "종교 없는 세상을 상상해 보라"고 도전합니다.[3] 그는 종교가 자행한 많은 해악을 환기하면서, "누군가 망상에 시달리면 정신 이상이라고 한다. 다수가 망상에 시달리면 종교라고 한다"라고 대중적 무신론을 과격하게 전파합니다. 하지만 도킨스의 상상대로 종교가 이 모든 문제와 갈등의 핵심일까요? 오히려 탐욕에 물든 인간 사회에 종교의 본래 가치가 더 필요해진 것은 아닐까요?

저는 존 레논이 그토록 염원했던 꿈을 죄성에 물든 휴머니즘이 아니라 성경에서 찾았습니다. 이런 꿈을 설파한 인물이 바로 예수 그리스도입니다. 예수는 몽상가였고, 결코 올 것 같지 않은 하나님 나라가 왔다고 선포한 이상주의자였습니다. 그는 자유로운 삶을 누렸고, 어디에도 묶이지 않은 채 세상을 누볐습니다. 수많은 사람들이 그의 이야기에 공감하며 그를 추종했습니다.

하지만 역사에서 늘 그랬듯이 현실의 권력자들은 새로운 세상을 선포하는 참된 선지자를 죽였고, 예수의 뜻은 그렇게 사그라지는 듯했습니다. 영화 〈미션The Mission〉은 다음과 같은 대사로 막을 내립니다. "늘 그렇듯이, 죽은 자의 정신은 살아 있는 자의 기억 속에서 영원히 계속된다." 예수의 꿈은 그가 죽어도 꺾이지 않았습니다. 그때부터 지금까지 수많은 사람들 가슴에 전해지고 퍼져 나가고 있기 때문입니다.

우리가 반복해서 암송하는 '주기도문'은 바로 예수가 부른 "이매진"입니다. 예수가 가르친 이 기도문을 진지하게 묵상하면 매우 파격적이며 급진적인 내용이 그 안에 있음을 알 수 있습니다. 그가 꿈꾼 세상은 인간의 허영이나 욕심이 아니라 하늘의 뜻이 내 삶의 현장과 이 땅에서 이루어지는 세상입니다. 내일의 양식을 축적하지 않고, 나만의 소유를 구하지 않고, "오늘날 우리에게" 일용할 양식을 구하고 나누는 세상입니다. 자기 허물을 하나님께 참회하고 용서와 은혜를 구하듯, 서로서로 용서를 구하고 복수의 사슬을 끊고 평화를 누리는 세상입니다. 이 기도문은 이 땅의 "나라(부)와 권세(권력)와 영광(명예)이" 이 세상 그 누구의 것이 아니라 "영원히 아버지의 것"이라고 선포하면서 마무리됩니다.

나는 꿈의 힘을 믿습니다. 팔레스타인 시골구석에서 시작된 한 사람의 몽상이 제국을 넘어 지금까지 얼마나 많은 이들에게 공유되고 실천되어 왔는지를 알기 때문입니다. "당신도 언젠가 우리와 함께할 것이고, 세상은 그렇게 하나가 될 것입니다"

하늘에 계신 우리 아버지여 이름이 거룩히 여김을 받으시오며
나라가 임하시오며 뜻이 하늘에서 이루어진 것같이 땅에서도 이루어지이다.
오늘 우리에게 일용할 양식을 주시옵고
우리가 우리에게 죄 지은 자를 사하여 준 것같이 우리 죄를 사하여 주시옵고
우리를 시험에 들게 하지 마시옵고 다만 악에서 구하시옵소서.
나라와 권세와 영광이 아버지께 영원히 있사옵나이다. 아멘.

마태복음 6:9-13(개역개정)

사랑이 모르는 답은 없다

마빈 게이
"What's Going On?"

어머니, 어머니
너무나 많은 당신들이 울고 있네요
형제여, 형제여, 형제여
너무나 많은 그대들이 죽어 가고 있군요
우리에겐 방법이 있어요
오늘 여기에 사랑을 불러와야 해요

    Mother, mother,
    There's too many of you crying
    Brother, brother, brother,
    There's far too many of you dying
    You know we've got to find a way
    To bring some lovin' here today

아버지, 아버지
우리가 문제를 확대할 필요는 없어요
전쟁은 답이 아니에요
오직 사랑만이 증오를 이길 수 있어요
우리에겐 방법이 있어요
오늘 여기에 사랑을 가져와야 해요

    Father, father,
    We don't need to escalate
    You see, war is not the answer,
    For only love can conquer hate
    You know we've got to find a way
    To bring some lovin' here today

[후렴]
시위대와 피켓 구호들
제발 날 잔인하게 벌하지 말아요
내게 말해 봐요, 당신도 볼 수 있게
무슨 일이 일어나고 있나요?
무슨 일이 일어나고 있나요?
무슨 일이 일어나고 있나요?
무슨 일이 일어나고 있나요?
바로 지금 말예요

(Chorus)
Picket lines and picket signs
Don't punish me with brutality
Talk to me, so you can see
Oh, what's going on
What's going on
Ya, what's going on
Ah, what's going on
Right on, baby, right on

어머니, 어머니
모두들 우리가 틀렸다고 생각해요
하지만 그들이 누구라고 우릴 심판하나요
단지 우리 머리가 좀 길기 때문인가요
우리에겐 방법이 있어요
오늘 여기에 이해를 불러와야 해요

Mother, mother,
Everybody thinks we're wrong
Oh, but who are they to judge us,
Simply because our hair is long
Oh, you know we've got to find a way
To bring some understanding here today

[후렴]

(Chorus)

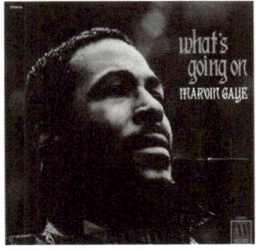

 라이브 공연

아티스트 | 마빈 게이
곡명 | What's Going On?
앨범 | What's Going On
발매 연도 | 1971

1980년 5월 18일, 광주는 수많은 시민들의 피로 물들었습니다. 이처럼 역사의 이면에는 언제나 무고한 희생자들의 그림자가 짙게 드리웁니다. 도대체 그들은 왜 소중한 목숨을 잃어야 했을까요? 밥 딜런이 "블로잉 인 더 윈드 Blowing in the Wind"에서 노래했듯 "얼마나 많은 사람들이 희생되어야 우리는 생명의 소중함을 깨달을 수 있을까요?" 해마다 5월이면 이 무거운 질문을 다시 하게 됩니다.

우는 자와 함께 울라

마빈 게이의 "왓츠 고잉 온?"은 한마디로 인류애에 기초한 평화의 송가입니다. 1971년에 나온 이 노래는 베트남 전쟁, 인종 갈등, 노사 분규 같은 사회적 혼란과 대립이 극심했던 그 당시 미국인들에게 평화와 화해를 호소합니다. 이 곡이 실린 같은 제목의 앨범 역시 팝 음악 역사에서 가장 훌륭한 작품 중 하나로 꼽힙니다.

〈왓츠 고잉 온〉 앨범은 흑인 음악 최초의 콘셉트 앨범으로, 시대 상황과 아픔을 그리되 이를 종교적 사랑으로 회복하고 평화로 나아가자는 명곡들로 채워져 있습니다. 마빈 게이는 다양한 상황의 '고통'을 아홉 곡에 담아 유기적으로 엮었습니다. 그러고는 이 모든 고통에서 우리를 구원하고 회복할 가치로 그리스도의 사랑을 제시합니다. 아홉 곡 모두에서, 특히 여덟 번째 노래인 "갓 이즈 러브 God is Love"에서 마빈 게이는 자신의 신앙과 그 안에 담긴 소망을 피력합니다.

가지 마세요. 내 아버지에 대해 말해 봐요

하나님은 나의 친구, 예수님도 나의 친구죠

그분은 우리가 살아갈 이 세상을 창조하셨고

우리에게 모든 것을 주셨죠

그분이 원하는 것은

우리가 서로 사랑하는 거죠

> Oh don't go and talk about my father
> God is my friend, Jesus is my friend
> He made this world for us to live in,
> And gave us everything
> All he asks of us is
> We give each other love

    목사의 아들로 태어나 가수의 길을 택한 마빈 게이는 미국 소울 음악 역사상 가장 뛰어난 남성 보컬리스트라는 평가를 받습니다. 수많은 팝과 소울 음악 가수들이 그에게 영향을 받았다고 공공연히 밝히며 찬사를 아끼지 않았습니다. 1960년대에는 많은 노래를 히트시키며 모타운 레코드Motown Record의 최고 스타로 부상합니다. 그는 동시대 소울 음악의 제왕 오티스 레딩Otis Redding의 감미로운 크루닝crooning 창법과 샘 쿡Sam Cooke의 호소력 짙은 가스펠의 여운을 모두 흡수한 소울 보컬의 명인이었습니다.

    하지만 그는 훌륭한 가창력 그 이상의 유산을 남겼습니다. 노래 안에서는 예언자적 메시지를 담아 시대를 어루만졌고, 노래 밖에서는 창작의 자유를 위해 투쟁했습니다. 그 위대한 자취가 녹아 있는 노래가 바로 "왓츠 고잉 온?"입니다. 시대 비판과 문제의식, 기독교의 사랑을 통한 평화와 회복 정신은 이후 아일랜드 출신의 록그룹 U2에게 이어졌고, 그래서인지 "왓츠 고잉 온?"은 U2의 콘서트에서 자주 불립니다.

사랑이 모르는 답은 없다

원래 이 노래는 포탑스Four Tops의 멤버 오비 벤슨Obie Benson의 경험에서 출발합니다. 1969년 5월, 벤슨이 샌프란시스코 공연을 하는 중에 '시민공원 People's Park'에서 대학생 반전 시위가 벌어집니다. 이때 경찰과 주 방위군이 발포해 많은 사상자가 발생하자 벤슨은 큰 충격을 받습니다. 당시 학생 진압을 위해 주 방위군을 파견한 캘리포니아 주지사가 바로 로널드 레이건Ronald Reagan입니다. 이후 대통령이 된 레이건이 펼친 경제 정책은 가난한 흑인들에게 큰 재앙이었습니다. 당시 거리로 내몰린 흑인들의 불만과 분노가 힙합의 발흥에 중요한 기원이었음을 감안하면, 레이건이야말로 미국 흑인 음악 발전에 지대한 공헌(?)을 한 셈입니다.

소울 스피릿: 블랙 이즈 뷰티풀!

당시 오비 벤슨은 경찰이 무고한 학생들을 무력으로 진압하는 이유를 납득하기 어려웠습니다. 미국에서조차 정의가 실현되지 않는데, 민주주의 수호를 명분으로 베트남에 젊은이들을 파병하는 상황에 분노가 치밀었습니다. 그래서 포탑스의 다른 멤버들에게 이 문제를 다룬 노래를 만들자고 제안하지만 아무도 관심을 보이지 않았습니다.

오비 벤슨은 결국 같은 모타운 레코드 소속 작곡가인 알 클리브랜드Al Cleveland와 함께 곡을 만들고, 미완성 상태에서 마빈 게이에게 불러 달라고 요청했습니다. 처음에는 관심을 보이지 않던 마빈 게이는 베트남전에 참전했던 동생의 증언과 사촌의 전사로 인해 전쟁에 대한 심각한 문제의식을 품게 됩니다. 그는 벤슨의 제안을 수락하고는 함께 노래를 완성해 녹음을 마칩니다.

그런데 정작 모타운 레코드가 앨범 출시에 반대하고 나섰습니다. 당시 모타운 레코드는 베리 고디 주니어Berry Gordy Jr. 사장[1]이 음반 제작의 주도권을 쥐고 있었습니다. 그의 목표는 상업적 성공이었고 따라서 무거운 주제의 노래들은 철저히 외면했습니다. 마빈 게이는 이런 회사 측의 반대에 분노했고, 이 앨범을 내지 않으면 모타운과의 관계를 끊겠다고 선언합니다.

결국 앨범은 출시되었고 수록곡 중 네 곡이 톱 10에 오르며 누적 판매량은 800만 장을 돌파합니다. 이는 그때까지 모타운 레코드의 최다 판매 앨범 기록이었습니다. 이로써 마빈 게이는 음반사의 상업적 주도권을 뛰어넘어 '예술가의 자유'를 쟁취했다는 또 다른 업적을 남기며, 이후 스티비 원더Stevie Wonder와 마이클 잭슨Michael Jackson이 예술적 자유를 누리는 데도 중요한 다리를 놓았습니다.

앨범 타이틀곡 "왓츠 고잉 온?"은 처음 몇 초간 흑인 특유의 "왓츠 업, 맨?What's up, Man?"으로 시작하는 뜬금없는 수다로 문을 엽니다. 듣는 이들에게 이 소리는 무척 당혹스러웠는데, 당시 미국 백인들이 가장 혐오하고 또 오해하는 소리였기 때문입니다. 하지만 마빈 게이는 자신의 흑인성을 과감하게 드러내며 노래를 시작합니다. 이는 고통 가운데서도 희망을 잃지 않고 저항했던 사회적 약자들의 자긍심을 당당하게 선포하는 행위였습니다.

소울의 거장 제임스 브라운James Brown은 흑인의 자긍심과 자존감을 노래에 담아 샤우팅한 대표적 음악가입니다. 그는 1968년에 "세이 잇 라우드, 아임 블랙 앤드 아임 프라우드Say It Loud, I'm Black and I'm Proud"(크게 소리쳐. 나는 흑인이다. 나는 자랑스럽다)라는 긴 제목의 노래로 미국 흑인의 자존을 선언했습니다. 이 문구야말로 1960년대 흑인 민권운동과 블랙 소울 음악의 정수입니다. 브라운은 이 노래에서 "무릎 꿇고 사느니, 차라리 두 발로 선 채 죽겠어We'd rather die on our feet. Than be living on our knees"라며 흑인 인권의 절실함을 포효했고, 마빈 게이를 비롯한 많은 흑인 음악가들에게 큰 영향을 끼쳤습니다.

브라운과 마찬가지로 마빈 게이는 흑인들이 좀더 나은 삶의 조건을 보장받는 데서 그치지 말고, 백인들이 심어 놓은 열등의식을 벗고 자긍심을 회복하자고 일깨웁니다. 그래서 흑인들에게 '소울' 음악은 로큰롤과 마찬가지로 음악 스타일이나 장르가 아니라 '정신spirit'을 의미합니다.

오직 사랑으로 평화를

"왓츠 고잉 온?"의 가사와 멜로디는 단순하면서도 선명하게 메시지를 제시합니다. 1절은 자식을 잃은 수많은 어머니들의 울음과 전쟁과 갈등 속에 죽어간 많은 형제들의 희생을 어루만지며 시작합니다.

어머니, 어머니
너무나 많은 당신들이 울고 있네요
형제여, 형제여, 형제여
너무나 많은 그대들이 죽어 가고 있군요

1960년대 미국에서, 그리고 지금까지도 전쟁과 억압 속에 많은 이들이 목숨을 잃고 있습니다. 누구의 잘못인지를 따지기에 앞서 우리는 이 사실에 주목해야 합니다. 그 어떤 정치적 명분도 생명의 소중함을 넘어설 수 없기 때문입니다.

2절에서 마빈 게이는 우리가 사소한 문제를 너무 확대 과장해 상대를 공격하고 편을 갈라 대립한다고 지적합니다. 이는 당시 미국이 처한 사회적 혼란 저변에 정신적·감정적·정서적 황폐와 단절이 깔려 있음을 고발하는 것입니다. 왜 이렇게 우리는 서로 겨누는 사이가 되었을까요? 마빈 게이는 분노와 보복을 통한 폭력이 아니라, 보편적 인류애와 기독교의 사랑을 통한 상호 존중과 회복이 문제 해결을 위한 유일한 길이라고 강조합니다.

아버지, 아버지
우리가 문제를 확대시킬 필요는 없어요
전쟁은 답이 아니에요
오직 사랑만이 증오를 이길 수 있어요
우리에겐 방법이 있어요
오늘 여기 사랑을 가져와야 해요

이는 1960년대 마틴 루터 킹 목사가 주장한 비폭력 불복종 인권운동의 핵심이기도 합니다. 킹 목사는 워싱턴 링컨 기념탑 앞에 행한 연설에서 "나는 꿈이 있습니다"라고 외치면서, 그 꿈이 단지 흑인의 권리 획득이라는 "아프리칸 드림"이 아니라 모든 인종이 서로 존중하며 공존하는 이민자의 나라, "아메리칸 드림"이라고 강조했습니다. 그는 먼 훗날 흑인과 백인이 함께 손을 잡고 찬송하는 평화의 나라를 꿈꾼다며 그때까지 미처 생각지 못했던 소망을 불어넣었습니다.

이처럼 한 사람의 꿈이 다른 사람들에게 전해질 때, 우리가 사는 이 세상을 변화시키는 위대한 힘을 발휘합니다. 1960년대 흑인 인권운동은 억압과 차별에 고통당하는 흑인뿐 아니라 편견과 두려움에 묶여 있던 미국 백인들까지 해방시킨 정신 혁명이었습니다. 마빈 게이는 이 노래에서 바로 그 화합과 공존을 뜨겁게 요청하고 있습니다.

후렴과 3절에서는 당시 젊은이들의 정당한 이의 제기와 평화로운 시위에 잔혹한 폭력으로 대응한 정부를 비판하고 이들을 존중하라고 요청합니다.

시위대와 피켓 구호들
제발 날 잔인하게 벌하지 말아요

내게 말해 봐요, 당신도 볼 수 있게
무슨 일이 일어나고 있나요?

어머니, 어머니
모두들 우리가 틀렸다고 생각해요
하지만 그들이 누구라고 우릴 심판하나요
단지 우리 머리가 좀 길기 때문인가요
우리에겐 방법이 있어요
오늘 여기에 이해를 불러와야 해요

그는 서로 마음을 열고 이해하려는 대화만이 유일한 해결책이라고 노래합니다. 자신의 주장을 관철하고자 대립하고 응징하는 것이 아니라, 마음을 열고 상대의 눈으로 보고 그 입장에 서 보는 데서 공존과 평화는 출발합니다. 간음하다 현장에서 잡힌 여인을 심판하려는 이들에게 예수는 "너희 가운데서 죄가 없는 사람이 먼저 이 여자에게 돌을 던져라"라고 말씀합니다. 그분 말씀에 모든 죄인은 당대의 편견과 정죄를 넘어서는 참된 포용과 이해를 경험합니다. 이것이 바로 그분의 사랑의 마음입니다.

지금도 지구촌 곳곳에서는 갈등과 분쟁의 소문이 계속 들려옵니다. 뉴스에 매일 등장하는 테러와 전쟁, 시위와 충돌, 착취와 탄압은 우리 마음을 무겁게 합니다. 미국은 여전히 전쟁을 통해 세계 곳곳에 개입하고, 자국의 이해에 부합하지 않는다는 이유로 반군을 지원하는 이중성을 드러냅니다. 우리나라 역시 정치·사회적 대립과 상호 비방의 소용돌이에서 벗어나지 못하고 있습니다.

"도대체 무슨 일이 일어나고 있나요?What's going on?" 우리는 마빈 게이가 제안한, '사랑'과 '이해'를 불러오는 평화의 노래를 계속 불러야 합니다. 현대 기독교 음악Contemporary Christian Music이 지향하는 동시대성은 단지 음악 스타일만이 아닙니다. 우리가 사는 사회의 상황을 진단하고, 성경이 말씀하는 시대정신을 노래하는 것입니다. 그리고 시대를 초월하는 시대정신은 바로 그리스도가 보여 주신 보편적 사랑과 평화의 길입니다.

> 서로 한 마음이 되고, 교만한 마음을 품지 말고,
> 비천한 사람들과 함께 사귀고, 스스로 지혜가 있는 체하지 마십시오.
> 아무에게도 악을 악으로 갚지 말고,
> 모든 사람이 선하다고 생각하는 일을 하려고 애쓰십시오.
> 여러분 쪽에서 할 수 있는 대로 모든 사람과 더불어 화평하게 지내십시오.…
> 악에게 지지 말고, 선으로 악을 이기십시오.
>
> 로마서 12:16-18, 21

희망의 리듬을 타는 사람들

밥 말리
"No Woman, No Cry"

안 돼요, 여인이여, 울지 말아요 (x4)
　　　　No, Woman, No cry. (x4)

그래요, 우리가 트렌치타운의
정부 청사 앞뜰에 앉아 있던 때를 기억해요
그때 우리는 위선자들을 바라보고 있었죠
우리가 만난 좋은 사람들과 함께 말이죠
우리는 좋은 친구들을 얻기도 하고
좋은 친구들을 잃기도 해 왔어요
그 과정 속에서 말이죠
이 밝은 미래에
당신은 이런 과거를 잊어서는 안 됩니다
그러니 눈물을 그쳐요 난 이렇게 말합니다

　　　　Yes, I remember when we used to sit
　　　　In the government yard in Trenchtown,
　　　　Observing the hypocrites
　　　　As they would mingle with the good people we meet.
　　　　Good friends we have,
　　　　Good friends we have lost,
　　　　Along the way.
　　　　In this bright future,
　　　　You can't forget your past.
　　　　So dry your tears, I say.

안 돼요, 여인이여, 울지 말아요 (x4)
　　　　No, Woman, No cry. (x4)

그래요, 나는 우리가 트렌치타운의
정부청사 앞뜰에 앉아 있던 때를 기억해요
조지가 불을 붙였고
통나무는 밤새도록 타올랐었죠
그리고 우리는 옥수수죽을 만들었어요
나와 당신이 함께 나눌 양식이죠
내 두 발이 나의 유일한 운송 수단이지만
그래도 난 계속 전진할 겁니다
내가 사라진다 해도…

Yes, I remember when we used to sit
In the government yard in Trenchtown.
And Georgie would make the fire light,
Log wood burning through the nights
Then we would cook cornmeal porridge
Of which I'll share with you.
And my feet is my only carriage,
So I've got to push on through.
But while I'm gone…

모든 것이 다 잘될 거예요…

Everything's gonna be alright…

아티스트 | 밥 말리
곡명 | No Woman, No Cry
앨범 | Natty Dread , Legend
발매 연도 | 1974, 1984

밥 말리는 레게음악을 전 세계에 알린 위대한 예술가이자, 그의 조국 자메이카 민중을 위해 헌신한 사회 활동가입니다. 밥 말리의 초상은 체 게바라Che Guevara와 더불어 젊은이들의 티셔츠에 가장 자주 등장하는 문화 아이콘이 되었습니다. 1981년에 그는 35세라는 젊은 나이에 세상을 떠났지만, 그의 삶이 남긴 울림은 지금까지도 수많은 사람을 일으켜 세우고 있습니다.

해방과 희망의 아이콘

그는 1945년 2월 6일, 자메이카의 작은 도시 세인트 앤에서 태어났습니다. 밥 말리의 아버지는 영국 해군 장교로 복무하는 중년의 백인이었고, 어머니는 십대의 자메이카 여성이었습니다. 그의 어린 시절은 너무나 불우했습니다. 아버지를 한 번도 보지 못한 탓에, 영국을 비롯한 제국주의 국가에 대한 적개심과 반항심을 가득 품은 채 뒷골목을 전전했습니다.

하지만 음악에 눈을 뜬 밥 말리는 1963년에 '더 웨일러스The Wailers'(울부짖는 사람들)란 밴드를 결성해 큰 인기를 얻은 후, 점차 민족주의 혁명가이자 음악가로 활동하기 시작합니다. 특히 그의 독특한 레게리듬 노래들은 새로운 음악적 실험을 원했던 영미 팝 음악인들에게 깊은 영감을 주면서 자주 리메이크되었습니다. 에릭 클랩튼의 유일한 빌보드 싱글 부문 1위곡인 "아이 샷 더 셰리프I Shot the Sheriff"와 스티비 원더가 부른 "리뎀션 송Redemption Song"은 원래 밥 말리가 부른 노래입니다. 이로 인해 밥 말리 역시 주류 팝 음악 시장에 자연스럽게 소개되었고, 자메이카의 민속 리듬인 레게는 세계적 열풍을 일으킵니다.

　레게리듬은 뒷 박자에 강세를 두는 소위 헤지테이션 비트hesitation beat가 특징입니다. 쉽고 단순해서 처음 듣는 사람도 거부감 없이 그루브를 타게 만드는 매력이 있습니다. 우리나라에서도 1990년대 초중반 김건모의 "핑계"로 시작된 레게 열풍은 몇 해 동안 수많은 히트곡을 양산하며 크게 유행했습니다. 마로니에의 "칵테일 사랑", 임종환의 "그냥 걸었어", 투투의 "일과 이분의 일", 룰라의 "100일째 만남" 등 당시 대한민국은 레게 전성기였다고 해도 과언이 아닙니다.

　하지만 이런 음악적 영향력을 넘어 사회 활동 영역에서도 그는 매우 중요한 인물입니다. 그는 반제국주의적 가치에 기초해 흑인의 자긍심과 해방을 노래했습니다. 평화, 사랑, 평등, 희망이라는 인류 보편의 가치를 노래에 담아 전 세계의 억압당하는 민중의 가슴을 뛰게 만들었습니다. 그는 "리뎀션 송"에서 흑인 민권 운동의 가치는 억압하는 권력자로부터의 해방이 아니라, '정신적 노예근성'에서 스스로를 해방시키는 데 있다고 역설했습니다.

　　너 자신을 정신적 노예근성에서 해방시켜라
　　오직 우리 자신만이 우리 정신을 자유롭게 할 수 있다
　　　　Emancipate yourselves from mental slavery;
　　　　None but ourselves can free our minds.

　따라서 밥 말리의 음악은 억압받은 자의 해방과 저항을 노래하지만 늘 희망과 긍정의 가치를 더 강조합니다. 이런 희망의 메시지가 수많은 사람이 지금까지도 그의 삶과 노래에 열광하는 더 큰 이유인지 모릅니다.

　또한 밥 말리는 자메이카 흑인들이 그들의 뿌리인 아프리카로의 복귀를 꿈꾸며 일으킨 라스타파리아니즘Rastafarianism의 영향을 받았습니다. 이 신홍 종교는 1930년대에 자메이카와 도미니카의 가난한 흑인들 사이에서 일어났으며, 마커스 가비Marcus Garvey가 주도한 아프리카 귀환 운동과 에티오피아의 하일리 셀라시 1세Haile Selassie I 즉위에 더욱 고무되어 널리 퍼져 나갔습니다. 이것은 일종의 천년왕국 운동으로, 그들에게 아프리카는 성경이 예언한 약속의 땅 시온이었습니다. 자메이카인들에게 레게는 아직 오지 않은 희망의 유토피아를 현재의 삶 속으로 불러들이는, 억압받는 자들의 종교적 제의와도 같았습니다.

밥 말리는 지금도 자메이카에서 민족 영웅이자 음악적 성인으로 추앙받습니다. 자메이카 정부는 1990년에 그의 생일인 2월 6일을 국경일로 지정했습니다. 특히 1978년에 그가 앙숙이었던 자메이카의 여당과 야당 지도자를 공연에 초청해 무대 위에서 손을 잡고 화해를 선포하는 장면은 대중음악 공연 역사상 가장 위대한 장면으로 꼽힙니다. 그는 사후인 1994년에 로큰롤 명예의 전당에 올랐고, 2001년에는 그래미 평생 공로상을 수상했습니다.

친구들과 위선자들

누가 뭐래도 밥 말리의 가장 유명한 노래는 "노 우먼, 노 크라이No Woman, No Cry"(안 돼요, 여인이여, 울지 말아요)입니다. 여기서 여인은 사랑하는 연인이라기보다 그의 조국 자메이카를 가리킵니다. 지금 처한 최악의 상황에서 모든 걸 포기하고 싶어도, 눈물을 거두고 희망을 가지라는 밥 말리의 진심 어린 위로를 담고 있습니다.

이 노래는 본래 1974년에 발표한 〈네티 드레드Natty Dread〉 앨범에 실렸지만, 이후 소울 느낌을 잘 살린 라이브 버전이 더 유명해집니다. 그의 사후에 발표된 베스트 앨범 〈레전드Legend〉에도 라이브 버전이 실려 있습니다. 노래는 밥 말리가 자란 자메이카의 수도 트렌치타운에 사는 빈민의 삶을 담담히 묘사하며 시작합니다.

> 우리가 트렌치타운의
> 정부 청사 앞뜰에 앉아 있던 때를 기억해요
> 그때 우리는 위선자들을 바라보고 있었죠
> 우리가 만난 좋은 사람들과 함께 말이죠
> 우리는 좋은 친구들을 얻기도 하고
> 좋은 친구들을 잃기도 해 왔어요
> 이 밝은 미래에, 당신은 이런 과거를 잊어서는 안 됩니다
> 그러니 눈물을 그쳐요 난 이렇게 말합니다
> 안 돼요, 여인이여, 울지 말아요

밥 말리와 그의 가난한 동료들은 정부 청사 앞뜰에서 '위선자들'을 바라보고 있었다고 기억합니다. 이들은 자메이카 국민의 궁핍한 삶을 외면한 채 그들을 압제하는 외국에 도리어 비위를 맞춰 가며 이권에 눈독을 들이는 기득권자들입니다. 자메이카뿐 아니라 어느 국가에나 이런 정치적·종교적 위선자들은 늘 있습니다. 이들은 사회 질서를 유지한다는 명목으로 보수적 가치관과 이데올로기와 종교적 교리를 앞세우고 그를 통해 기득권을 유지했던 이들입니다. 실제로 오늘날 우리나라의 많은 정치적·종교적 보수주의자들은 일제의 신사참배 위협에도 신앙의 원칙을 고수했던 그런 보수주의자들이 아닙니다.

예수도 이런 위선자들에게 "화 있을진저! 이 독사의 자식들아"라고 격노하며 비판했습니다. 그가 외친 '하나님 나라' 메시지는 당대의 민중을 일깨우고 새로운 희망을 불어넣는 혁명적 가르침이었습니다. 구약 성경 예언자들

의 메시지도 위선자들을 향했습니다. 예레미야가 선포한 다음 같은 메시지는 너무도 날카로워 듣는 이의 마음을 뜨끔하게 만듭니다.

> 나 만군의 주 이스라엘의 하나님이 말한다. 너희의 모든 생활과 행실을 고쳐라. 그러면 내가 이 곳에서 너희와 함께 머물러 살겠다. "이것이 주님의 성전이다, 주님의 성전이다, 주님의 성전이다" 하고 속이는 말을, 너희는 의지하지 말아라. 너희가, 모든 생활과 행실을 참으로 바르게 고치고, 참으로 이웃끼리 서로 정직하게 살면서, 나그네와 고아와 과부를 억압하지 않고, 이 곳에서 죄 없는 사람을 살해하지 않고, 다른 신들을 섬겨 스스로 재앙을 불러들이지 않으면, 내가 너희 조상에게 영원무궁하도록 준 이 땅, 바로 이 곳에서 너희가 머물러 살도록 하겠다. 그런데도 너희는 지금 전혀 무익한 거짓말을 의지하고 있다. 너희는 모두 도둑질을 하고, 사람을 죽이고, 음행을 하고, 거짓으로 맹세를 하고, 바알에게 분향을 하고, 너희가 알지 못하는 다른 신들을 섬긴다. 너희는 이처럼 내가 미워하는 일만 저지르고서도, 내 이름으로 불리는 이 성전으로 들어와서, 내 앞에 서서 "우리는 안전하다" 하고 말한다. 너희는 그런 역겨운 모든 일들을 또 되풀이하고 싶어서 그렇게 말한다. 그래, 내 이름으로 불리는 이 성전이, 너희의 눈에는 도둑들이 숨는 곳으로 보이느냐? 여기에서 벌어진 온갖 악을 나도 똑똑히 다 보았다. 나 주의 말이다.

예레미야 7:3-11

예레미야는 예루살렘 성전 앞에서 "이것이 하나님의 성전"이라는 거짓말을 믿지 말라고 담대하게 선포합니다. 온갖 불의를 저지른 이들이 성전에서 형식적 종교 행위를 하며 이제는 안전하다고 말하는 모습을 보고는, 바알에 분향하고 다른 신을 섬기면서도 구원받았다고 자부한다고 고발합니다. 이 메시지는 오늘날 한국 교회에도 시사하는 바가 큽니다. 화려한 교회 건물을 지어 놓고 정기적으로 예배에 참석하는 것으로 종교적 의무를 다했다고 스스로를 속이고 있는지도 모릅니다.

일상에서는 약자를 억압하고 자기 욕심을 채우는 이들이 종교 행위를 통해 스스로 용서받았다고 선포한 뒤, 마침내 자신의 뜻을 신의 뜻으로 확인받는 위선이 여기저기서 넘쳐납니다. 성장주의에 함몰된 한국 교회의 많은 목회자들에게 예언자의 부르짖음과 성령의 신음을 들을 수 있는 영혼의 감각이 남아 있는지 의심스럽습니다. 오히려 의인의 목소리는 교회를 파괴하는 불순분자로 매도당할지 모릅니다.

노래 속 밥 말리와 친구들은 자유와 정의를 부르짖으며 위선자에 저항하며 싸웁니다. 그 과정에서 같은 뜻과 비전을 가진 친구들을 만나 진정한 우정을 얻었다고도 말합니다. 하지만 압제 속에서 동료들이 희생되고 죽어 가는 아픔도 경험합니다. 1절 끝에서 밥 말리는 부르짖습니다. "밝은 미래에도 당신은 이런 과거를 잊어서는 안 됩니다."

이런 역사의식은 오늘을 사는 우리 모두가 간직해야 할 소중한 유산입니다. 아놀드 토인비Arnold Toynbee가 말했듯 역사를 망각하는 민족은 역사의 실수를 반복하는 저주를 피할 수 없습니다. 우리가 오늘날 당연하게 누리는 자유 중에 그 어느 것도 저절로 주어진 것은 없습니다. 그 당연한 권리를 위해 너무나 오랫동안 투쟁하고 희생한 수많은 이들이 있었기에 지금 우리가 그 축복을 누리고 있습니다. 그렇다면 오늘날 우리 역시 또 다른 권리와 정의를 위해 투쟁을 이어 가야만 미래에 소망이 생겨납니다. 신학자 폴 틸리히의 주장처럼 '개신교Protestantism' 종교개혁은 결코 16세기의 역사적 사건이 아니라, 매일 매일 진정한 교회의 회복을 위해 '투쟁하는 정신protestant spirit' 임을 분명히 기억해야 합니다.[1]

더불어, 또 함께

2절에서는 자메이카 빈민촌에서 발견한 공동체적 삶과 희망을 노래합니다. 조지라는 친구는 밤새 불을 지폈고 그들은 옥수수죽을 함께 만들어 나눕니다. 화려한 만찬이 아니라 끼니를 때우기 위한 소박한 음식일지라도 욕심 없이 두루 나누어 먹습니다. 그들이 가진 것은 육신뿐이지만, 그 두 발로 내일을 향해 계속 전진해 가리라 다짐하면서 말입니다.

> 조지가 불을 붙였고
> 통나무는 밤새도록 타올랐었죠
> 그리고 우리는 옥수수죽을 만들었어요
> 나와 당신이 함께 나눌 양식이죠
> 내 두 발이 나의 유일한 운송 수단이지만
> 그래도 난 계속 전진할 겁니다

여기서 밥 말리는 자메이카의 정치적 투쟁이 흑인 인권운동에 그치지 않고, 함께 나누는 코이노니아와 공동체적 삶까지 나아가는 방식을 제시합니다. 이는 오늘날 우리가 물질적 풍요 속에서 잃어버린 소중한 유산입니다. 치열한 자본주의 사회에서 동료는 넘어서야 할 경쟁자로 전락하고, 우정이나 신뢰는 이상적 가치로만 여겨집니다. 이런 비참한 인류 생태계를 바라보며 우리는 모두 지쳐 버렸습니다.

나부터 살고 보자는 각개전투 같은 생존 경쟁이 심지어 교회에도 만연합니다. 성공과 성장을 무엇보다 중요하게 여기는 맘몬주의가 '축복'이라는 포장에 쌓인 채 넘실댑니다. 지금 우리에게 가장 시급한 하나님의 뜻은 공동체로 함께 나누고 공존할 수 있는 사회가 되도록 그 구조를 개혁하는 데 있습니다. 우리 세포 하나하나에 스며든 허영과 물질주의를 씻어 내려면 치열한 개인 묵상과 함께 사회의 변화에 참여하는 행동이 필요합니다.

앞서 말한 대로 밥 말리의 노래는 결코 비판과 분노로 끝나지 않습니다. 흥겨운 레게리듬과 함께 희망을 선언하는 역설을 보여 줍니다. 그래서 이 노래뿐 아니라 그의 노래에 자주 등장하는 가사가 있습니다. 바로 "모든 것이 다 잘될 거예요"입니다. 실황 공연 앨범에서 청중과 더불어 끝없이 "Everything's gonna be all right!"을 반복하는 그의 음성을 듣다 보면 저 역시도 불우했던 과거와 현재의 고난을 이길 수 있는 희망의 동력과 기쁨이 충전됩니다. 이 후렴구는 그의 또 다른 명곡 "쓰리 리틀 버즈Three Little Birds"에 더 선명히 나타납니다. "아무것도 걱정하지 마. 사소한 일들까지 모두 다 잘될 거야!"

이는 막연한 개인주의적 자기최면이 아닙니다. 이 희망의 구호가 실천과 투쟁으로 이어졌고, 개인의 욕구 충족이나 성공이 아니라 공동체적 공존과 희망을 제시하기 때문입니다. 이처럼 그리스도인의 예배와 찬송 역시 개인의 신앙고백을 넘어, 그리스도의 몸인 교회 공동체의 회복과 나눔으로 이어져야 합니다.

성경이 반복해서 강조하는 말씀도 이 정신을 담고 있습니다. "아무것도 염려하지 말아라. 내가 너희 무리와 함께할 것이다. 모든 일은 다 형통하며 만물이 새롭게 회복될 것이다." 하나님 나라를 바라보는 사람은 아무것도 없는 상황에서도 결코 불의한 성공을 부러워하지도 절망하지도 않습니다. 왜냐하면 다가올 종말론적 희망을 오늘의 삶으로 끌어당겨 현재를 살아가는 사람들이니까요.

이름 없는 사람 같으나 유명하고,

죽는 사람 같으나, 보십시오, 살아 있습니다.

징벌을 받는 사람 같으나 죽임을 당하는 데까지는 이르지 않고,

근심하는 사람 같으나 항상 기뻐하고,

가난한 사람 같으나 많은 사람을 부요하게 하고,

아무것도 가지지 않은 사람 같으나 모든 것을 가진 사람입니다.

고린도후서 6:9-10

함께 기도하는 사람이 있기에

본 조비
"Living on a Prayer"

옛날 아주 멀지는 않던 때에…
    Once upon a time, not so long ago…

토미는 부두에서 노역을 했었지
노조가 파업을 할 때
토미는 재수가 없었어…힘들고 또 힘든 하루였지
지나는 하루 종일 식당에서 일하고
남편을 위해 일하며 돈을 벌었어
사랑, 사랑을 위해서
    Tommy used to work on the docks
    Union's been on strike
    He's down on his luck…it's tough, so tough
    Gina works the diner all day
    Working for her man, she brings home her pay
    For love, for love

[브릿지] 그녀는 말했지, 우리가 가진 것을 붙잡아야 해요
별반 달라질 일이 없으니까요
우리가 성공하든 그렇지 않든
가진 것이 서로뿐이잖아요 그거면 충분해요
사랑을 위해서…여기에 모든 것을 걸어요
    (bridge) She says: We've got to hold on to what we've got
    'Cause it doesn't make a difference
    If we make it or not
    We've got each other and that's a lot
    For love…we'll give it a shot

[후렴] 우리는 이제 절반은 이루었어요
그저 기도하며 사는 거죠
내 손을 잡아요, 늘 함께할 거라 맹세할게요
그저 기도하며 사는 거죠
    (Chorus) Oh, We're half way there
    Oh, Livin' on a prayer
    Take my hand and we'll make it…I swear
    Oh, Livin' on a prayer

토미는 여섯 현이 달린 악기를 저당 잡히고
이젠 늘 그랬듯이 힘겹게 버티고 있지
이렇게 말하면서…너무 힘들어 정말 힘들어
지나는 이런 삶을 벗어나길 꿈꾸지
한밤에 그녀가 힘에 겨워 울 때면
토미는 속삭였지, 여보 언젠가는 괜찮아질 거야.

> Tommy got his six string in hock
> Now he's holding in what he used
> To make it talk…so tough, it's tough
> Gina dreams of running away
> When she cries in the night
> Tommy whispers: Baby it's okay, someday

[브릿지-후렴]

    (Bridge-Chorus)

준비가 되었던 그렇지 않던, 그저 버텨내야 하지
처절하게 분투하며 살지, 가진 것이 그뿐이니까
우리는 이제 절반은 이루었어요
그저 기도하며 사는 거죠
내 손을 잡아요, 늘 함께할 거라고 맹세할게요
그저 기도하며 사는 거죠

> We've got to hold on ready or not
> You live for the fight when it's all that you've got
> Oh, We're half way there
> Oh, Living on a prayer
> Take my hand and we'll make it-I swear
> Oh, Living on a prayer

아티스트 ｜ 본 조비
곡명 ｜ Living on a Prayer
앨범 ｜ Slippery When Wet
발매 연도 ｜ 1986

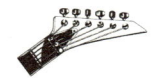

부풀린 머리와 가죽 재킷, 쇠사슬과 흉측한 문신, 여기에 난폭한 몸짓까지, 헤비메탈 음악은 남성의 마초성을 뚜렷이 드러내는 강렬한 이미지들로 상징됩니다. 하지만 본 조비의 음악은 우리가 흔히 아는 헤비메탈 이미지와 다릅니다. 강렬한 사운드에 담긴 선명하고 따뜻한 멜로디가 특징입니다. 가사 역시 악마주의나 퇴폐성은 찾아볼 수 없고 감상적 사랑 이야기로 가득합니다. 잘생긴 외모에 무대 위 카리스마까지 더해져 그들의 공연은 늘 십대 소녀 팬들로 가득했습니다.

대중이 환호한 헤비메탈

1987년 발표된 본 조비의 3집 앨범 〈슬리퍼리 웬 웻Slippery When Wet〉은 1천만 장 이상 팔려나가 가장 성공한 록 앨범 중 하나로 남습니다. "유 기브 러브 어 배드 네임You Give Love a Bad Name"과 "리빙 온 어 프레이어Living on a Prayer"는 빌보드 싱글 부문 1위를 차지했고 "원티드 데드 오어 얼라이브Wanted Dead or Alive"도 7위에 오릅니다. 이후 본 조비는 〈뉴 저지New Jersey〉〈킵 더 페이스Keep The Faith〉 앨범을 연이어 발표하면서 1980년대 말부터 1990년대 초까지 최고의 인기를 누렸습니다.

전통적으로 로큰롤 음악의 저항정신을 중요하게 여기는 평단은 이들의 엄청난 성공을 상업적 팝 메탈로 평가절하했습니다. 하지만 이런 평가는 본 조비가 이룬 메탈의 대중화라는 결정적 공헌을 간과한 편견입니다. 시간이 지나면서 그들의 음악적 가치는 재평가되고 있습니다.

1990년대 초반, 너바나Nirvana를 시작으로 얼터너티브 록이 급부상하자 1980년대를 주름잡았던 대다수 메탈 그룹들은 한순간에 몰락합니다. 본 조비 역시 1995년에 발표한 〈디즈 데이즈These Days〉 이후 급격한 하락세로 위기를 겪었고, 1997년에는 리더인 존 본 조비의 솔로 앨범마저 참담한 실패를 맛봅니다.

그럼에도 자신만의 사운드 패턴을 그대로 유지하면서 다양한 음악적 흐름을 수용해 변화하는 음악 시장에서 재기에 성공합니다. 2000년에 〈크러쉬Crush〉 앨범을 내놓은 이후에는 과거 명성의 회복보다는 자신을 이해해 주는 팬들과 먼저 대화하려는 성숙하고 진정성 있는 태도를 보입니다. 이를 통해 그들은 바뀐 세상에서 살아남은 거의 유일한 1980년대 메탈 밴드가 됩니다. 본 조비는 지금까지도 꾸준히 앨범을 발표하고 공연을 하며 왕성하게 활동하고 있습니다.

본 조비의 전성기가 레이건과 부시의 시대였기에 혹자는 그들의 음악이 레이거노믹스의 '물질적 성공'이라는 가치에 편승한 상업적 산물이라고 비판했습니다. 물론 이런 비판은 어느 정도 타당하며, 1980년대 헤비메탈에 대한 지배적인 평가 역시 그러합니다. 분명 본 조비의 음악에서 그들의 우상이었던 브루스 스프링스틴Bruce Springsteen이나 같은 시대를 관통한 U2의 저항성과 진취적 정신은 찾기 어렵습니다.

그럼에도 본 조비는 클린턴 대통령부터 오바마에 이르기까지 열렬한 민주당 지지자였고, 여러 차례 민주당 선거 캠페인에 동참해 많은 금액을 기부하기도 했습니다. 많은 이들이 생각하듯 본 조비가 감상적 사랑 이야기만 노래한 것은 아닙니다. 그들의 노래를 자세히 들여다보면 서민의 고달픈 삶에 대한 분명한 문제의식이 녹아 있습니다.

아메리칸 라이프

"리빙 온 어 프레이어"는 빌보드 순위 정상에 오른 본 조비의 최고 히트곡입니다. 제목에서도 알 수 있듯 이 노래에는 종교적 색채가 짙게 깔려 있습니다. 본 조비는 이 노래뿐 아니라 여러 곡에 종교적 신념과 가치를 직간접으로 담아냈기 때문에, 그들의 신앙의 진정성을 놓고 논쟁이 벌어지기도 합니다. "킵 더 페이스Keep the Faith" "산타페Santa Fe" "섬띵 투 빌리브 인Something to Believe in" "블레이즈 오브 글로리Blaze of Glory" "헤이 갓Hey God" "미라클Miracle" "원 라이트 버닝One Light Burning" "세이브 어 프레이어Save a Prayer" 등이 종교적 가치를 담은 본 조비의 대표곡들입니다. 또한 그룹의 리더, 존 본 조비는 옴니버스 가스펠 앨범인 〈오 해피 데이Oh Happy Day〉에 "킵 더 페이스"를 가스펠로 편곡해 참여하기도 했습니다.

존 본 조비는 어릴 때부터 가톨릭 교인이었고 가톨릭 학교를 다녔습니다. 1993년의 한 인터뷰에서 그는 자신이 여전히 신앙을 유지하고 있으며 "어디서든 하나님의 임재를 느낀다"고 고백했습니다. 또한 특정 교파에 집착하기보다는 하나님과의 개인적 관계로 자신의 믿음을 표현하며, "리빙 온 어 프레이어" 역시 그런 믿음을 표현한 노래라고 말했습니다.

1절과 2절은 미국 노동자 부부의 힘겨운 삶을 들려줍니다. 부두에서 노역하는 토미와 그의 연인이자 식당 종업원인 지나의 하루를 묘사하며, 미국 서민의 고달픈 하루를 털어놓습니다.

  토미는 부두에서 노역을 했었지
  노조가 파업을 할 때 토미는 재수가 없었어
  힘들고 또 힘든 하루였지
  지나는 하루 종일 식당에서 일하고

남편을 위해 일하며 돈을 벌었어
사랑, 사랑을 위해서

토미는 여섯 현이 달린 악기를 저당 잡히고
늘 그랬듯이 힘겹게 버티고 있지
이렇게 말하면서…너무 힘들어 정말 힘들어
지나는 이런 삶을 벗어나길 꿈꾸지
한밤에 그녀가 힘에 겨워 울 때면
토미는 속삭였지, 여보 언젠가는 괜찮아질 거야

일용직으로 하루 벌어 살면서 언제 잘릴지 몰라 불안해하는 삶은 미국 서민들의 실상입니다. 일자리를 잃은 토미는 자신이 아끼는 유일한 악기(기타)를 저당 잡히고 하루에도 몇 번씩 "제기랄 너무 힘들어"라며 고개를 떨굽니다. 지나는 식당 종업원으로 생활비를 버느라 육체적으로 정신적으로 지친 몸을 침대에 눕히고는, 지긋지긋한 삶에서 벗어나길 간절히 바라며 눈물을 흘립니다. 그 모습을 바라보며 아무것도 해 줄 수 없는 남편은 자신도 믿기 어렵지만 "언젠가 좋아질 거야"라며 무력한 자신을 탓합니다.

미국 서민들은 그들의 고뇌와 감정을 솔직하게 대변한 가사에 뜨겁게 반응했습니다. 언젠가 성공적 중산층이 되리라는 '아메리칸 드림'을 꿈꾸며 지금도 미국 노동자 계층은 힘든 하루하루를 견디고 있습니다. 하지만 이들 중 상당수는 치솟는 아파트 임대료와 생활비, 불안정한 노동 시장, 제한적인 의료 복지 제도로 인해 늘어나는 빚과 끝없는 불안 속에서 살아가고 있습니다.

이는 우리에게도 낯설지 않은 이야기입니다. G20 회원국이며 1인당 국민 소득이 2만 달러 이상인 나라에 사는 한국 서민의 일상도 결코 다르지 않기 때문입니다. 특히 많은 젊은이들은 오늘도 취업을 위해 수없이 이력서를 쓰고, 미래의 꿈을 위해 낮은 시급의 알바 막장에서 하루하루를 버텨 내고 있습니다. 또한 비정규직이 넘치는 가운데 안정적 미래는커녕 실직에 대한 두려움으로 불안에 떨며 살고 있습니다.

이런 묘사는 존 본 조비와 같은 뉴저지 출신이며 그의 음악적 영웅이었던 브루스 스프링스틴의 음악관을 반영하고 있습니다. 브루스 스프링스틴은 영국 록 밴드가 주도하던 시대에 포크 감성을 덧입힌 미국적 로큰롤로 대중에게 다가갔습니다. 그는, 미국 시민이지만 미국에 의해 억압받고 차별당하는 미국 서민들의 아픔을 기독교(가톨릭) 신앙에 입각해 비판했기에 노동자들의 '보스'로도 불립니다. (이 같은 맥락에서 안치환은 음악에서나 메시지에서나 브루스 스프링스틴을 한국적으로 재현한 음악인이라 할 만합니다.)

아무것도 없지만 그래도

브루스 스프링스틴이 레이건 시대의 어둠을 들춰내고 베이비붐 세대의 의식을 깨우는 날카로운 사회 비평을 노래로 옮긴 반면, 본 조비는 억압적 사회를 비판하는 대신 개인의 인내와 위로에 집중하는 한계를 보입니다. 이는 보수적 미국 그리스도인의 전형적 정서를 대변하는 것이기도 합니다. 하지만 본 조비가 제안한 인내와 위로의 메시지를 무조건 비판하기는 어렵습니다. 어렵고 힘든 시기를 어떻게 견뎌 낼지에 대해 중요한 실마리를 제공하기 때문입니다. 본 조비는 우리가 쉽게 놓치는, 하지만 결코 놓쳐서는 안 될, '함께하는 사랑'을 강조합니다.

후렴과 브릿지 가사는 토미와 지나가 나누는 따뜻한 사랑의 대화입니다. 가난하고 벗어나기 힘든 일상이지만 사랑하는 사람이 옆에 있어 감사하고 만족한다는 낭만적 고백입니다. "우리가 가진 것이 아무것도 없지만 바로 당신이 내게 있으니 그것으로 충분해요." "모든 것이 부족하지만 한 가지는 분명히 약속합니다. 당신 곁에 영원히 내가 있을게요." 기도하면서 하루하루 이겨 내자는 격려와 위로는 돈이 최고인 사회, 그래서 돈의 결핍이 너무나 두려운 사회에서 우리 모두가 기억해야 할 가장 중요한 가치인지 모릅니다.

과연 실제로 이런 낭만적 이야기가 가능할까요? 사랑하는 사람끼리 경제적 어려움과 삶의 고달픔을 서로 보듬기보다는, 자신의 힘듦을 함께 사는 사람 탓으로 돌리며 더 큰 상처를 주고받고, 결국에는 감정의 골이 깊어진 채 관계를 끊는 모습을 자주 봅니다. 부부가 싸우는 이유도, 부모자식 간의 갈등도, 이웃이나 친구끼리 멀어지는 이유도 경제적 요인이 가장 두드러집니다. 그렇다고 경제적으로 풍족한 이들이 더 좋은 관계를 맺고 사는 것도 아닙니다. 충분해도 부족해도 재물에 발목 잡힌 인생은 사랑이란 소중한 가치를 잠식해 버리니까요.

그래서 이 노래가 전하는 교훈은 더 소중합니다. 아무리 힘들어도 함께 기도하며, 서로 존중하고, 사랑받고 있다고 느낀다면 우리는 힘든 시기를 훨씬 더 잘 견뎌 낼 수 있습니다. "우리가 가진 것은 서로뿐이잖아요. 그러니 당신은 내게 가장 소중한 사람이고, 그런 당신이 내 옆에 있으니 나는 이겨 낼 수 있어요. 내 손을 잡아요. 우리 함께 기도하며 이겨 내요." 가족과 이웃 사이의 이런 공동체 정신이야말로 힘든 시대를 극복하는 가장 소중한 삶의 지혜이자 실제적 기술임에 틀림없습니다.

본 조비의 또 다른 대표곡 "킵 더 페이스"도 거짓과 탐욕의 사회에 분노하며 힘든 일상을 사는 한 젊은이가 자신의 반항심(忿)과 분노를 내려놓고 가족과 사랑의 자리로 돌아가려는 간절한 기도와 분투를 그립니다.

믿음! 세찬 빗속에서도 우리는 살아가야 하잖아요

주여, 당신에게 그 믿음이 있어요

믿음! 그대의 사랑이 증오로 변하게 하지 말아요

지금 당장이라도 믿음을 간직하세요

믿음을 지키세요, 믿음을 지키세요

주여, 우리는 이 믿음을 지키겠어요

Faith! you know you're gonna live thru the rain
Lord you got to keep the faith
Faith! don't let your love turn to hate
Right now we got to Keep the faith
Keep the faith Keep the faith
Lord we got to keep the faith

아쉽게도 이 노래에는 불의한 사회나 기득권에 대한 비판의식이 전혀 없습니다. 그러나 비록 사회 변화를 위한 투쟁도 필요하지만, 고난 가운데서 서로 사랑하며 기도하며 품는 작은 희망이 더 현실적 진리인지 모릅니다. 힘든 일상에서 함께 기도하며 사는 것, 서로에 대한 믿음과 소중한 가치를 지키며 사는 것이야말로 그리스도인에게 가장 현실적인, 아니 어쩌면 현실을 초월한 삶의 방식이자 경건의 지혜가 아닐까요?

혼자보다는 둘이 더 낫다.

두 사람이 함께 일할 때에,

더 좋은 결과를 얻을 수 있기 때문이다.

그 가운데 하나가 넘어지면,

다른 한 사람이 자기의 동무를 일으켜 줄 수 있다.

그러나 혼자 가다가 넘어지면, 딱하게도,

함께 기도하는 사람이 있기에

일으켜 줄 사람이 없다.

또 둘이 누우면 따뜻하지만,

혼자라면 어찌 따뜻하겠는가?

혼자 싸우면 지지만,

둘이 힘을 합하면 적에게 맞설 수 있다.

세 겹 줄은 쉽게 끊어지지 않는다.

전도서 4:9–12

무기가 쟁기가 되는 세상

마이클 잭슨
"Heal the World"

당신 마음에는 한 공간이 있어요
난 알아요, 그것이 사랑이란 걸
이 세상은 내일보다 더 빛날 거예요
정말 노력한다면, 그곳엔 애통함이 없겠죠
그곳에선 아픔이나 슬픔도 없을 겁니다
그곳에 이르는 길이 있어요
당신이 생명에 더 많은 관심을 베푼다면 말예요
당신 안에 작은 공간을 두고, 더 좋은 세상 만들어요

    There's a place in your heart
    And I know that it is love
    This place could be much brighter than tomorrow
    If you really try, you'll find there's no need to cry
    In this place you'll feel there's no hurt or sorrow
    There are ways to get there,
    If you care enough for the living
    Make a little space, make a better place

[후렴]
세상을 치유해요
더 좋은 세상을 만들어요
당신과 나, 그리고 온 인류를 위해
우리 주위엔 죽어 가는 사람들이 있어요
당신이 생명에 더 많은 관심을 베푼다면
당신과 나를 위해 더 좋은 세상 만들 수 있어요

    (Chorus)
    Heal the world
    Make it a better place
    For you and for me and the entire human race
    There are people dying
    If you care enough for the living
    Make a better place for You and for me

당신은 알고 싶은가요
왜 이 세상에 거짓 없는 사랑이 있는지를
사랑은 강하죠
사랑은 기쁨으로 베푸는 거죠.
우리가 노력한다면 이 축복을 보게 될 거예요

우리에게 두려움과 공포는 없을 거예요
지금 있는 것을 멈추고, 삶을 다시 시작해요
알게 되겠죠 사랑은 늘 우리를 자라게 한다는 걸
더 나은 세상을, 더 좋은 세상을 만들어요

If you want to know
Why there's a love that cannot lie
Love is strong
It only cares for joyful giving
If we try we shall see in this bliss
We cannot feel Fear or dread
We stop existing and start living
It feels that always love's enough for us growing
Make a better world, make a better world

[브릿지]
우리가 품은 꿈은
기쁨의 얼굴을 드러낼 거예요
우리가 믿는 세계는
은총 안에 다시 빛날 거예요
그런데 우리는 왜 생명을 억압할까요
이 땅을 해치고 그 영혼에 못을 박죠
비록 평범해 보여도
이 세상은 하늘 하나님의 영광이에요

(Bridge)
And the dream we would conceived in
Will reveal a joyful face
The world we once believed in
Will shine again in grace
Then why do we keep strangling life
Wound this earth, crucify it's soul
Though it's plain to see,
This world is heavenly be God's glow

우리는 높이 날 수 있죠
우리의 영혼은 결코 죽지 않아요
내 맘에, 당신 모두는 나의 형제예요
두려움 없는 세상을 만들어요
우리 함께 기쁨의 눈물을 흘리게 될 거예요

모든 나라들이 무기를 쟁기로 바꾸는 걸 보아요
우리는 정말 그곳에 이를 수 있어요
당신이 생명에 더 많은 관심을 베푼다면 말예요
당신 안에 작은 공간을 두고, 더 좋은 세상 만들어요

We could fly so high
Let our spirits never die
In my heart, I feel you are all my brothers
Create a world with no fear
Together we'll cry happy tears
See the nations turn their swords into plowshares
We could really get there
If you cared enough for the living
Make a little space to make a better place

[후렴]
더 좋은 세상 만들어요 (당신과 나를 위해)
세상을 치유해요
세상을 구해요 우리 아이들을 위해

Make a better place, (you and for me)
Heal the world we live in,
Save it for our children

 라이브 공연

아티스트 | 마이클 잭슨
곡명 | Heal the World
앨범 | Dangerous
발매 연도 | 1991

마이클 잭슨은 20세기 대중음악의 가장 거대한 봉우리 중 하나입니다. 「뉴스위크Newsweek」는 잭슨의 추모 특집 기사에서 "잭슨 이전에는 엘비스와 비틀스가 있었지만, 잭슨 이후에는 아무도 나타나지 않았다"고 평했습니다. 이 말처럼 마이클 잭슨은 세계가 지역과 인종을 초월해 열광한 '마지막 슈퍼스타'임에 틀림없습니다. 우리 시대 전 세계의 수많은 아이돌과 대중적 팝스타는 마이클 잭슨이 보여 준 화려한 퍼포먼스에 영향을 받은 '잭슨 키드'라 해도 과언이 아닙니다.

황제의 명과 암

하지만 그의 유산은 본격적인 MTV 시대를 열어젖힌 화려한 퍼포먼스와 공연, 뮤직비디오에 그치지 않습니다. 1979년에 솔로 가수로 독립한 그는, 발표하는 앨범마다 최고 수준의 연주자들과 함께 시대를 앞선 사운드를 창조하고 완벽에 가까운 스튜디오 녹음을 이루어 낸 '라디오 스타'이기도 합니다. 그는 자신이 원하는 음색과 음원을 찾을 때까지 스튜디오 작업에 매달렸으며, 그 녹음 기술은 이후 모든 프로듀서와 엔지니어에게 교본이 되었습니다. 이렇게 탄생한 그의 음악은 지구촌 수억 인구에게 감동과 전율, 눈물과 환희를 선물하며 그를 진정한 '팝의 황제로 각인시킵니다.

그의 음악은 사회적으로도 큰 전환점을 만들어 냅니다. 흑인인 그에게 백인들도 열광적으로 호응했고, 그의 음악 안에서 모든 인종이 하나 되는 놀라운 업적을 이루어 냅니다. 물론 그 이전에도 스티비 원더가 있었지만, 진정한 '크로스-레이셜cross-racial' 스타는 마이클 잭슨에 와서 완성되었습니다. 그를 기점으로 대중음악의 주도권이 상업적으로나 장르적으로나 백인에서 흑인으로 넘어간 것은 분명한 사실입니다.

1960년대 마틴 루터 킹 목사가 희미하게나마 꿈꿨던 "인종의 벽을 넘어 농장주와 노예의 아이들이 한 테이블에 앉게 될" 날은 20년 후인 마이클 잭슨의 시대에 이루어집니다. 그리고 다시 20여 년이 지나 억압과 차별의 나라였던 미국에서 흑인 대통령이 탄생한 것은 결코 우연이 아닙니다. 한 세대 전에 킹 목사의 꿈이 없었다면, 그리고 1980년대 마이클 잭슨이라는 '문화 대통령'이 없었다면, 흑인 대통령의 당선은 아마도 훨씬 더 오래 걸렸을 것입니다. 오바마 대통령은 스티비 원더와 마이클 잭슨의 음악을 들으며 자랐고, 자신이 대통령이 되기 전에 그들의 문화적 성취가 있었다며 감사를 표하기도 했습니다.

엄청난 인기와 영향력에도 불구하고, 그의 삶은 평온하지도 행복하지도 않았습니다. 흑인인 그가 백인 음악인들을 누르고 신드롬을 넘어 사회적 반향을 일으키자 미국 주류는 곱지 않은 시선으로 그를 바라보기 시작합니다. 1970년대에 반전과 반자본주의를 부르짖었던 존 레논이 미국 주류 사회의 압력과 배제에 고통당했듯이, 마이클 잭슨 역시 1990년대부터 사망 직전까지 미국 주류 사회와 언론의 갖은 압박과 비아냥거림 속에서 살아야 했습니다.

특히 그는 어떤 직접적 증거와 확인된 사실 없이 아동 성추행범이라는 낙인이 찍힌 채 전 세계의 조롱과 비판을 감내해야 했습니다. 10년이 넘는 오랜 법정 공방 끝에 2005년에 마침내 무죄 판결을 받았고, 그는 오랜만에 환한 웃음으로 대중 앞에 서기도 했습니다. 법정 싸움은 승리로 끝났지만 실추된 이미지 탓에 음악적 재기는 순탄치 못했고, 그의 내면은 이미 망가질 대로 망가진 상태였습니다.

그럼에도 불구하고 2011년에는 재기의 강한 열망을 되살려 의욕적으로 월드 투어를 준비했고 팬들 역시 한껏 기대에 차 있었습니다. 그런 와중에 너무나 갑작스럽게 그의 사망 소식이 전해집니다. 그의 죽음은 우발적 사고라기보다 그를 억압하고 질시하고 조롱한 세력이 행한 폭력의 결과일지 모릅니다. 한때 마이클 잭슨 역시 언론과 사회의 탄압에 분노하며 이에 저항하는 목소리를 앨범에 담기도 했습니다. 하지만 그는 타인에 대한 증오와 복수보다는 평화와 화해, 세상과 어린이에 대한 애정을 음악과 여러 활동에서 더 강렬하게 표명했습니다. "힐 더 월드"는 고통 받는 자신과 세상을 치유하기 원하는 염원을 담아낸 노래입니다.

어린아이처럼

마이클 잭슨은 프로듀서 퀸시 존스Quincy Jones와 함께 이룬 1980년대의 놀라운 성공을 뒤로하고 1991년에 홀로서기를 시도합니다. "힐 더 월드"는 이때 내놓은 첫 앨범 〈데인저러스Dangerous〉에 들어 있습니다. 이 앨범에서도 그의 재능은 풍성하게 드러나지만, 상업적으로는 전작들의 파괴력을 재현하지 못합니다. 그럼에도 이 앨범에는 "잼Jam" "윌 유 비 데어Will you be there" "블랙 오어 화이트Black or white" 같은 명곡이 다채롭게 수록되어 있어서 1990년대 마이클 잭슨을 대표하는 명반임에는 틀림없습니다. 특히 "힐 더 월드"는 발표 당시에는 다른 곡에 가려 큰 주목을 받지 못했지만, 이후 공연이나 여러 활동에서 부각되면서 이제는 마이클 잭슨의 발라드 가운데서 가장 사랑받는 노래가 되었습니다.

가난과 기아에 시달리는 아프리카 난민을 위해 밥 겔도프Bob Geldof가 주도한 영국의 〈밴드 에이드Band Aid〉의 성공에 자극 받아, 마이클 잭슨은 1985년에 미국 팝스타 45명과 힘을 합쳐 〈유에스에이 포 아프리카USA for Africa〉

프로젝트를 주도합니다. 라이오넬 리치Lionel Rich와 함께 작사 작곡해 발표한 "위 아 더 월드We are the World"는 엄청난 반향을 일으켰습니다. 마이클 잭슨은 이때의 경험이 이후 음악과 행보에 결정적 전환점이 되었다고 말한 바 있습니다. "힐 더 월드"는 "위 아 더 월드"의 후속편이라 할 수 있으며, 세상의 치유와 평화를 바라는 그의 열정과 신념이 따뜻하게 녹아 있습니다.

> 당신 마음에는 한 공간이 있어요
> 난 알아요, 그것이 사랑이란 걸
> 당신 안에 작은 공간을 두고
> 더 좋은 세상 만들어요

1절에서 마이클 잭슨은 세상을 치유하는 위대한 동력이 한 사람 한 사람의 마음속 작은 공간에서 시작된다고 말합니다. 어릴 때부터 엄격한 아버지 밑에서 많은 상처를 받았지만, 그는 모든 이의 마음에 사랑이 자리하고 있다는 믿음을 버리지 않습니다. 이기심에 사로잡혀 타인에 무관심하고, 서로 상처를 주고받고 갈등을 일삼더라도, 하나님의 형상으로 지어진 인간의 마음에는 타인에 대한 긍휼과 도덕적 양심이 자리하고 있습니다. 바쁘고 치열하게 살면서 서서히 그 본성을 잊었지만, 사랑은 우리 마음 깊은 곳에 살아남아 여전히 우리를 부르며 다시 찾아오기를 기다리고 있는지 모릅니다.

어릴 적 우리가 품었던 따뜻한 마음과 시선! 어른이 되어 버린 우리가 그 순진한 세상으로 돌아갈 수 있을까요? 그래서 마이클 잭슨은 늘 어린이에게 관심을 가졌고 어른이 되기를 거부한 채 평생 '어른 아이'로 살았는지 모릅니다. 어른에게 수많은 상처를 받으면서 그는 언제나 마음 속 이상이 숨 쉬는 그곳에 머물고 싶어 했습니다. 그리고 우리에게도 어리고 순수한 마음이

무기가 쟁기가 되는 세상

살아 있음을 일깨워 주려 했습니다.

우리는 세상
우리는 모두 어린이
우리는 세상
더 좋은 세상을 만들고
서로 나누는 삶을 시작해요

We are the world
We are the children
We are the world
Make it better place
And let's start giving

마이클 잭슨은 "위 아 더 월드"에서 노래한 이 구절을, "힐 더 월드"에서는 평화를 꿈꾸며 다시 노래합니다. 예수도 "너희가 돌이켜서 어린이들과 같이 되지 않으면, 절대로 하늘나라에 들어가지 못할 것이다"(마 18:3)라고 말했습니다. 우리 안에 있는 어린아이의 순수함을 회복하는 것이야말로 이 세상을 치유하는 시작일지 모릅니다.

생명을 살리라

무수한 사건과 사고, 환경 파괴와 기근과 전쟁, 이 가운데서 많은 생명이 지금도 죽어 가고 있습니다. 마이클 잭슨은 2절과 후렴에서 생명의 존귀함과 이에 대한 관심을 간절히 호소합니다.

우리가 믿는 세계는 은총 안에 다시 빛날 거예요
그런데 우리는 왜 생명을 억압할까요

이 땅을 해치고 그 영혼에 못을 박죠
비록 평범해 보여도 이 세상은 하늘 하나님의 영광이에요

우리 주위엔 죽어 가는 사람들이 있어요
당신이 생명에 더 많은 관심을 베푼다면
당신과 나를 위해 더 좋은 세상 만들 수 있어요

종교성과는 별개로 모든 생명이 신의 존귀한 피조물임을 인정하지 않는다면, 생명이 존엄하다고 외치는 세속적 선언들은 공허한 캠페인에 그칠 것입니다. 인간을 포함한 모든 만물은 결코 홀로 존재할 수 없습니다. 하나님이 창조한 이 세상은 본디 타자에게 나의 것을 주고 내게 없는 것을 타자에게서 받는 상호 순환의 원리로 움직입니다.

하지만 산업혁명 이후 전개된 공리주의적 현대 사회는 모든 것을 화폐 가치로 비교하고 교환하는 세계관을 구축해 왔습니다. 이 세속적 세계관은 최대 이익을 추구하면서 직간접으로 생명을 억압하고 파괴하는 여러 문제를 양산하고 있습니다.[1]

이는 인간만의 문제가 아닙니다. 지구라는 순환계에서 식물은 동물에게 산소를 주고 동물은 식물에게 필요한 이산화탄소를 내어 줍니다. 꽃들은 벌에게 꿀을 선물하고 벌은 꽃들의 사랑을 연결합니다. 우리 삶과 세상은 이처럼 은혜와 선물의 연쇄 작용으로 움직이고 유지되고 있습니다. 인간은 만물에 이름과 함께 의미를 부여해 아름답게 가꾸고, 자연은 인간에게 좋은 열매와 환경을 선물로 베푸는 생태적 순환이 하나님이 창조하신 에덴 공동체의 모습입니다.

창조 윤리는 현대 사회의 병든 관계들을 치유하고 회복하는 방법을 알려

줍니다. 타락 이후 인간은 하나님의 창조세계를 문명이란 이름으로 훼손하고 오염시켰지만, 세상을 아름답게 돌보고 가꾸라는 하나님의 문화 사명이 취소된 것은 아닙니다. 그래서 신약 성경에서 예수는 제자들에게 생명을 "살리라"는 구원의 대사명을 부여합니다.

> 내 맘에, 당신 모두는 나의 형제예요
> 두려움 없는 세상을 만들어요
> 우리는 함께 기쁨의 눈물을 흘리게 될 거예요
> 모든 나라들이 무기를 쟁기로 바꾸는 걸 보아요

이 노래의 절정에서 마이클 잭슨은 형제애를 통한 화해와 평화의 세상을 꿈꿉니다. 기독교 윤리의 실천 강령인 사랑은 관계를 회복하고 평화를 생성하는 소중한 능력입니다. 밖으로는 하나님과의 관계 회복이며, 안으로는 자신과의 화해, '자존감' 회복입니다. 동시에 이웃과의 관계에도 변화를 불러옵니다. 이렇게 모두가 생명 존중에 공감하면 마이클 잭슨이 꿈꾸었듯이 언젠가 생명을 죽이는 무기가 생명을 살리는 쟁기로 변화될 날이 오지 않을까요?

어제보다 더 좋은 세상

이 노래는 '더 좋은 세상'이라는 꿈을 코러스와 함께 반복하며 서서히 마무리 됩니다.

> 더 좋은 세상 만들어요 당신과 나를 위해
> 세상을 치유해요 세상을 구해요 우리 아이들을 위해

물론 이 땅에 '완전한 세상'을 만드는 일은 불가능합니다. 그러나 우리는 적어도 '더 나은 세상'을 꿈꿀 수는 있습니다. 급변하는 과학 기술과 사회 환경 속에서 미래학자들은 이 시대의 예언자로, 그들의 책은 더 나은 내일을 위한 경전으로 각광받습니다. 하지만 진정한 "미래학은 예언이 아니라 선택의 미학"입니다. 즉 미래학은 단순히 있음 직한 미래상을 예측하는 것이 아니라, 여러 가능성 가운데서 '바람직한 미래'를 선택하는 기술이며 윤리적 실천입니다.[2] '더 나은 세상'을 만들기 위해 교회는 생명의 소중함을 기억하고, 생육하고 번성하라는 창조 명령과 생명을 구원하는 선교 사명을 보다 광의적으로 적용하고 실천해야 합니다.

　마이클 잭슨은 6월 25일에 이 세상을 떠났습니다. 우리에게 이 날은 1950년에 발발한 전쟁으로 동족이 총부리를 겨눈 비극의 날이기도 합니다. 아직도 한국전쟁은 우리 민족 모두의 세포에 내재된 깊은 상처의 흔적이며 갈등의 씨앗으로 남아 있습니다. 누가 무엇 때문에 우리에게 이런 아픔을 주었습니까? 왜 아직도 우리는 철조망으로 서로 가르고 증오하고 비방하고 전쟁의 광분과 공포 속에 살아야 합니까?

　말로는 "평화통일"을 주장하지만, 남북 모두 자기가 원하는 방식대로 흡수 통일을 바라면서 다른 가능성은 고려하거나 상상하지도 않는 것이 현실입니다. 우리 민족이 '통일'보다 우선해야 할 가치는 바로 '평화'입니다. 6월 25일! 우리는 이날을 완전한 치유와 평화를 꿈꾸며 기억해야 합니다. 그리고 하나님이 우리의 모든 눈물을 닦아 주시는, 더 이상 아픔과 다툼이 없는 새로운 세상을 바라보며, 오늘 이 자리에서 어제보다 '더 좋은 세상'을 만들기 위한 대화와 상상을 시작해 보면 어떨까요?

그들은 하나님의 백성이 될 것이다.

하나님이 친히 그들과 함께 계시고

그들의 눈에서 모든 눈물을 닦아 주실 것이니

다시는 죽음이 없고, 슬픔도 울부짖음도 고통도 없을 것이다.

이전 것들이 다 사라져 버렸기 때문이다.

요한계시록 21:3b-4

같이 갈 수 있어요

U2
"One"

좀 나아지고 있나요?
아니면 똑같다고 느끼나요?
이제 비난할 사람이 생겼으니
좀더 수월해질까요

    Is it getting better?
    Or do you feel the same?
    Will it make it easier on you, now
    You got someone to blame

당신은 하나의 사랑, 하나의 삶이라고 말하죠
그 밤에 그게 필요할 때 말이죠
우리가 나누어야 할 것은 하나의 사랑이죠
하지만 당신이 소중히 다루지 않으면 그건 당신을 떠날 거예요

    You say one love, one life
    When it's one need, in the night
    One love, we get to share it
    It leaves you, baby, if you don't care for it

제가 당신을 실망시켰나요?
아니면 쓴 맛만 남겼나요?
당신은 사랑을 안 해 본 듯 구네요
당신은 내가 다 놓고 가 버리길 원하네요

    Did I disappoint you?
    Or leave a bad taste in your mouth?
    You act like you never had love
    And you want me to go withoutn

음, 오늘밤은 너무 늦었죠
과거를 끄집어 내 시시콜콜 따지기엔 말이죠
우리는 하나죠, 하지만 똑같진 않네요
우리는 서로의 짐을 져야 해요
서로의 짐을 져야 해요
하나로…

    Well, it's too late, tonight
    To drag the past out into the light
    We're one, but we're not the same
    We get to carry each other, carry each other
    One…

용서를 베풀러 여기 왔나요
죽은 자를 깨우러 왔나요
예수 노릇 하러 온 건가요
당신 머릿속 나병환자들에게요

    Have you come here for forgiveness
    Have you come to raise the dead
    Have you come here to play Jesus
    To the lepers in your head

제가 너무 많이 물어봤나요
당신이 내게 준 게 없어서 지금 제게 있는 것은 이것뿐이네요
우리는 하나죠, 하지만 똑같진 않네요
우리는 서로 상처를 주고받았죠
그런데 또 그러고 있네요

    Did I ask too much, more than a lot
    You gave me nothing, now it's all I got
    We're one, but we're not the same
    Well, we hurt each other
    Then we do it again.

당신은 사랑이 성전이며, 최고의 율법이라 하네요
사랑이 성전이며 최고의 율법이라고
당신은 내게 들어오라 하고서는 결국 기어가게 만들어요
나는 당신이 받은 걸 참을 수가 없어요
당신이 받은 게 상처뿐이라면 말이죠

    You say love is a temple, love a higher law
    Love is a temple, love the higher law
    You ask me to enter, but then you make me crawl
    And I can't be holding on, to what you got
    When all you got is hurt

하나의 사랑, 하나의 피
하나의 삶, 당신은 당신이 해야 할 바를 해야 해요
하나의 삶, 우리 서로가 함께하는, 자매여, 형제여

    One love, one blood
    One life, you got to do what you should
    One life with each other, sisters, brothers

하나의 삶, 하지만 우리는 똑같진 않네요
우리는 서로의 짐을 져야 해요, 서로의 짐을 져야 해요
> One life, but we're not the same
> We get to carry each other, carry each other.

하나로
> One

하나로
> One

아티스트 | U2
곡명 | One
앨범 | Actung Baby
발매 연도 | 1991

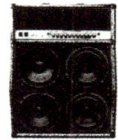

1987년에 발표한 〈조슈아 트리〉의 큰 성공으로 U2는 〈더 타임스The Times〉의 표현대로 명실공히 "세계에서 가장 뜨거운 밴드The world hottest band"로 도약합니다. 엄청난 음반 판매량, 그래미상 석권, 대규모 공연 같은 외형적 수치뿐 아니라 진지한 메시지로 사회적 존경과 명예까지 얻었으니, 이들의 미래에는 장밋빛 카펫이 깔린 듯했습니다.

하지만 이 시점에 매우 심각한 내부 균열과 진로 설정의 위기에 봉착합니다. 음악적 방향을 놓고 벌어지는 멤버 간의 의견 충돌과 모든 것을 이룬 뒤의 목표 상실, U2 역시 슈퍼 밴드들이 몰락한 전철을 밟을지 모른다는 위기감마저 감돌았습니다. 그 와중에 베를린 장벽이 무너지고 암울했던 이념적 대립에 해빙 무드가 돌자, U2는 이를 계기로 다시 한 번 멤버 간의 대화를 끌어내고 화합을 이루어 새로운 작업에 들어갔습니다. 1991년에 발표된 〈악퉁 베이비Achtung Baby〉 앨범은 화해의 상징이 된 베를린까지 날아가 작업한 결과물이며, 그들에게는 새로운 돌파구와 변화의 시발점이 된 명반입니다.

파격적 변신

〈악퉁 베이비〉 앨범을 발표하자마자 팬과 평론가들은 예상치 못한 그들의 과감한 변화에 경악했습니다. 스트레이트한 창법이 돋보였던 보노의 보컬은 감정 없이 낮고 건조하게, 때로는 뒤틀리고 찌그러진 읊조림을 반복했고, 전작에서 심플한 매력을 발산했던 에지의 기타는 과도한 이펙트를 사용하는 변화무쌍한 사운드와 펑키한 그루브를 선보였습니다.

같이 갈 수 있어요

U2가 당시 급부상한 테크노 유로댄스 리듬과 인더스트리얼 음악을 수용한 전혀 다른 밴드로 돌아온 것입니다. 가사 역시 진솔한 영적 순례와 사랑을 벗어나 암울하고 냉소적인 어법으로 경건한(?) 팬들을 당황하게 했고, 앨범 이미지도 여러 모습으로 분장한 보노의 얼굴들과 요상한 소품들이 모자이크되어 차갑고 뒤틀린 자아상을 전시하듯 보여 줍니다.

그들의 파격은 그 다음해의 "주 티브이Zoo TV" 월드 투어에서 더욱 잘 드러났습니다. 이 투어는 이전과는 비교할 수 없는 엄청난 규모의 세트와 다양한 카메라 효과를 극대화한 영상 기술의 극치였습니다. 수없이 많은 모호한 이미지 컷들이 스크린에 현란하게 쏟아지고, 보노는 공연 중반에 '메피스토'라는 악마 캐릭터로 변신해 연기하듯 노래하는 충격적 장면을 연출합니다. 이제 U2는 이전에 보여 줬던 진지한 양심을 뒤로한 채 거대한 연예 오락 산업의 첨병이 된 것일까요?

하지만 첫 인상의 충격을 가라앉히고 찬찬히 이 앨범을 다시 들어 보면 일관되게 흘러온 U2의 진정성이 이 파격적 앨범에도 그대로 녹아 있음을 발견하게 됩니다. 기독교의 사랑과 정의에 대한 수사가 여전히 넘쳐나고, U2만의 선명한 멜로디 라인 역시 여러 트랙에서 빛을 뿜습니다. 과거와 현재, 연속성과 불연속성 사이에서 고민하던 U2가 그 갈등을 딛고 발표한 이 앨범은 그들을 '1980년대의 밴드'가 아니라, 시대를 뛰어넘는 레전드로 격상시킨, 위대한 변화의 산물입니다.

U2는 당시 급부상한 포스트모더니즘의 현란한 이미지와 소비사회의 정신적 방황을 시대적 흐름을 차용해 풍자하고 비판했습니다. 보노는 미디어의 이미지 조작에 대해 이렇게 말합니다. "이것은 감각의 과부하다. 우리는 모든 테크놀로지를 사용할 수 있으며 그것을 착취하는 것이 우리의 임무다."[1] 테크놀로지와 문명에 대한 회의를 사운드 조작과 과장된 테크놀로지로 비판

하는 일종의 이중 전략인 셈입니다. 그전까지는 이미지와 미디어가 지배하는 현대 사회와 진정한 가치를 잃어가는 현실을 진지하게 고발했다면, 이 앨범에서는 자조적 기지로 청중이 스스로를 돌아보고 질문하게 만듭니다.

이 앨범은 "복제된 것에 의해 진정한 것들이 소외되는" 현대 문명을 비판했던 장 보드리야르Jean Baudrillard 이론의 재해석과 오마주로 보입니다.[2] U2가 1990년대에 발표한 세 앨범은 포스트모던 사회의 문제들에 대한 직접적인 가치 판단을 배제하고, 비유와 풍자를 동원해 현대 사회의 비인격화를 에둘러 비판합니다. 즉, U2는 미디어와 자본주의가 어떻게 우리 생활에 영향을 미치고 있으며, 그 결과 우리 일상이 얼마나 탐욕과 이기심에 물들었는지를 음악을 통해, 또 공연에 등장하는 이미지들을 통해 보여 주려 했습니다.[3] 평단은 그들의 파격적 시도에 찬사를 아끼지 않았고, 다수의 팬들도 그들의 변화를 지지했습니다. 나아가 새로운 것에 열광하는 젊은 세대까지 아우르며 상업적으로도 크게 성공합니다. 지금까지도 U2의 가장 강력한 무기로 여겨지는 거대하고 극적인 콘서트도 바로 이때부터 시작됩니다. 그들의 콘서트는 청중을 열광으로 몰아가는 사운드와 영상 효과에 그치지 않고, 소중한 가치가 무엇인지를 계속 일깨우고 심지어 이를 행동으로 옮기도록 호소하는 거대한 '테크노 부흥회'라 할 만합니다.

하나 됨의 함정

〈악퉁 베이비〉 앨범에 수록된 "원"은 1990년대 U2의 대표곡이며 가사에 담긴 문학적 미학과 정신이 가장 돋보이는 명곡입니다. 음악 채널 브이에이치원VH1이 기획한 "가장 위대한 노랫말 100곡"과 영국의 음악 잡지 「큐Q」가 선정한 "역사상 가장 위대한 노래 1001곡"에서도 "원"은 1위를 차지했습니다.[4] 평단과 팬들이 이 노래에 찬사를 아끼지 않는 이유는 무엇일까요? 그것은 이 노래가 다양성과 공존의 가치를 함께 끌어안아야 하는 현대 다원주의 사회의 고민을 잘 이해하고 그 나아갈 방향을 선명하게 제안했기 때문입니다.

세계적 음악인들이 참여한 9/11 추모 공연에서 U2는 이 노래를 부릅니다. U2의 메시지는 갈등하고 반목하는 세계에 진정한 평화와 하나 됨의 가치를 일깨웠으며, "원"은 이 시대의 노래가 되었습니다. 보노는 한국 기자와의 인터뷰에서 자신 역시 오랜 분단의 아픔을 겪은 아일랜드인이기에 한국의 분단 상황을 잘 이해하고 있으며, U2의 한국 공연이 성사되면 가장 부르고 싶은 노래가 "원"이라고 밝히기도 했습니다. "원"은 듣는 이에게 질문을 던지며 시작합니다.

좀 나아지고 있나요?
아니면 똑같다고 느끼나요?
이제 비난할 사람이 생겼으니
좀더 수월해질까요
당신은 하나의 사랑, 하나의 삶이라고 말하죠
그 밤에 그게 필요할 때 말이죠
우리가 나누어야 할 것은 하나의 사랑이죠
하지만 당신이 소중히 다루지 않으면 그건 당신을 떠날 거예요

U2가 묘사한 현대 사회의 가장 심각한 문제는 공동체 해체와 개인주의, 그로 인한 인간 소외입니다. 우리가 보통 긍정적으로 수용하는 '공동체'라는 개념에는 사실 큰 위험이 도사리고 있습니다. 역사상 강한 공동체주의를 표방한 집단은 외부의 이질적 요소를 내치고 억압했습니다. "우리는 하나다"라

같이 갈 수 있어요

는 구호와 함께 획득한 동질성 이면에는 이질적인 누군가를 비난하고 소외시키고 추방한, 차가운 현실이 숨어 있는지 모릅니다. U2는 바로 이 점을 날카롭게 비판합니다.

프랑스 사회학자 르네 지라르René Girard는 그의 저서 『폭력과 성스러움』에서 이렇게 말합니다. "비폭력을 위한 최선의 방법은 화해의 희생양을 하나 뺀 모든 사람의 일치다."[5] 공동체의 평화와 질서를 수립하기 위한 일종의 문명사적 방법론이 한 개인을 공동체가 집단적으로 따돌려 희생양으로 삼는 것이었습니다. 타자나 소수자인 약자를 희생양 삼아 공격함으로써 다수자들의 화해와 평화를 인위적으로 만들어 내는 모습은 우리 주변에서도 쉽게 찾아볼 수 있습니다. 솔직히 한국 사회에도 이런 식의 폭력적 제의는 얼마든지 나열할 수 있을 정도로 흔합니다. U2가 노래한 대로 만일 그 희생자가 사라지면 어떻게 될까요? 걱정하지 않아도 됩니다. 공동체는 하나 됨을 위해 또 다른 모난 사람, 즉 '비난할 누군가'를 결국 찾아내 공격할 테니까요.

일치를 넘어 공존으로

U2는 공동체가 "한 사랑, 한 생명"을 외친다면 단지 구호만이 아니라 냉철한 현실 인식과 반성이 따라야 한다고 지적합니다. 그리고는 하나 되는 방법을 후렴구에서 이렇게 풀어냅니다. "우리는 하나죠. 하지만 똑같진 않네요. 우리는 서로의 짐을 져야 해요." 하나 됨이란 모두가 똑같아지는 획일sameness이 아니라 함께 공존하는 삶togetherness의 방식입니다. 이어지는 가사는 주류의 위선적 포용과 다원주의 담론을 철저히 조롱하며 비판합니다.

용서를 베풀러 여기 왔나요
죽은 자를 깨우러 왔나요

예수 노릇 하러 온 건가요
당신 머릿속 나병환자들에게요

당신은 내게 들어오라고 하고서는 결국 기어가게 만들어요
나는 더 이상 당신이 받은 걸 참을 수가 없어요
당신이 받은 게 상처뿐이라면 말이죠

언론이나 공식 석상에서는 성적·인종적·신체적·문화적 소수자를 포용한다고 늘어놓지만 실제로는 두터운 편견으로 소수자들을 배제하는 이중성을 이 노래는 겨냥합니다. 사실 그 포용이라는 것도 기껏해야 '값싼 동정심' 아니었던가요? 소수자에게는 공동체에 머물러도 좋지만 대신 너희의 모난 행동은 자제하고 주류의 언행을 따라서 튀지 않게 행동하라고 강요합니다. 나아가 주류의 거주지가 아닌 그들만의 거주지 내에서만 움직이도록 게토화합니다. 이것이 우리가 지금까지 보여 준 사랑과 포용의 실체입니다.

이런 사례는 시공을 넘어 어디서든 발견됩니다. 이주 노동자를 대하는 우리 태도나 미국의 이민자 정책에서도 이런 위선은 쉽게 찾을 수 있습니다. 교회도 말로는 가난한 자와 장애인과 미전도 종족을 위한 구제와 선교를 외치지만, 실제로는 자신들의 '우아한 세계'에 낯선 이들이 들어오는 것을 반기지 않습니다. '여기'가 아닌 '거기'에 있는 사람들을 위한 봉사와 선교 프로그램으로 사랑을 실천하고 있다는 거룩한 착각에 빠져 있는지 모릅니다.

이 노래는 신약 성경 에베소서 4장을 인용해 기독교적 사랑의 진정성을 호소합니다. "당신은 사랑이 성전이며, 최고의 율법이라 하네요…하나의 사랑, 하나의 피, 하나의 삶, 당신은 당신이 해야 할 바를 해야 해요. (그리스도의) 하나의 삶, 우리 서로가 함께하는, 자매여, 형제여" 그리스도는 이 보편적 사

랑과 화해를 위해 배타적 폭력의 희생 제물이 되었습니다.

하나 됨의 원리는 그 희생을 기리며 떡과 포도주를 나누는 우리 모두가 그리스도의 몸과 피를 나눈 형제이며 심지어 한 몸이라고 선포하는 데서 가장 분명하고 강력하게 드러납니다. 이후, "원"은 U2 콘서트의 클라이맥스를 늘 장식합니다. 보노는 이 노래를 부르며 당면한 세계 문제 해결에 "함께 동참carry each other"하자고 강력하게 요청합니다.

예수의 코이노니아

오늘날 다원주의 사회에서 교회는 딜레마에 빠져 있습니다. 상대주의와 혼합주의에 맞서 교회의 정체성을 든든히 유지하되, 교회 안팎의 다양한 의견을 듣고 상호 존중하는 태도로 대화해야 하는 어려운 과제를 동시에 떠안고 있습니다.

우리는 그 지혜와 태도를 예수의 삶에서 찾을 수 있습니다. 예수가 하나님 나라를 선포하며 행한 일 중 가장 충격적인 사건은 죄인들과 어울려 식사를 한 일입니다. 당시 유대인에게 식사 자리를 같이 한다는 것은 상대를 친구로 인정한다는 의미였습니다. 따라서 그들은 율법을 따르지 않는 이방인들과는 겸상을 하지 않았습니다. 그런데 예수는 세리, 매춘부, 한센병 환자, 이방인을 가리지 않고 율법 바깥에 있는 사람들과 함께 먹고 마시고 어울렸고, 그래서 끝없는 비난에 시달렸습니다.

> 예수께서 그의 집에서 음식을 잡수시는데, 많은 세리와 죄인들도 예수와 그의 제자들과 한 자리에 있었다. 이런 사람들이 많이 있었는데 그들이 예수를 따라왔던 것이다. 바리새파의 율법학자들이, 예수가 죄인들과 세리들과 함께 음식을 잡수시는 것을 보고, 예수의 제자들에게 말하였다. "저 사람은 세리들과 죄인들과 어울려서

음식을 먹습니까?"

마가복음 2:15-16

당시 기득권자들은 예수의 이런 행동을 사회질서를 무너뜨리려는 도전으로 받아들였습니다. 게다가 많은 이들이 그를 추종하자 정치적으로도 큰 위협이었습니다. 하지만 교리보다 앞선 것이 바로 사랑입니다. 그리고 그 사랑은 내가 원하는 대로 바꾸라고 상대에게 요청하기 전에, 먼저 친구가 되는 것 아닐까요? 예수는 먼저 친구가 된 모범을 우리에게 보이셨습니다.

일반 사회에서는 보통 직책으로 호칭하지만 교회에서는 서로 '형제'나 '자매'로 부릅니다. 이로써 교회 공동체의 모든 사람은 수평적 관계가 됩니다. 교회의 형제애는 만물을 그리스도 안에서 통일시키려는 하나님의 계획이며 교회의 본질입니다(엡 1:10).

교회 공동체의 일치는 구성원의 개성과 차이를 무시하는 획일화를 의미하지 않습니다. 에베소서 4장은 교회를 그리스도의 몸에 비유하는데, 건강한 교회는 획일적 일치가 아니라 몸의 각 기관이 그러하듯 다양한 은사와 역할이 조화를 이룹니다. 교회는 머리 되신 그리스도를 중심으로 성도들이 몸을 구성하는 지체가 되어 연합하고 상보하며 함께 성장해 갑니다.

이러한 열망은 예수가 죽기 전날 밤 드린 기도에서도 잘 드러납니다. 예수는 제자들이, 그리고 앞으로 등장한 그리스도인들이 하나가 되기를 간절히 바랍니다. 이 기도야말로 갈등과 분열의 시대를 사는 우리가 하나 됨과 평화를 위해 드려야 할 기도이자 공들여 실천해야 할 소명입니다.

아버지, 아버지께서 내 안에 계시고
내가 아버지 안에 있는 것과 같이

그들도 하나가 되어서 우리 안에 있게 하여 주십시오.

그래서 아버지께서 나를 보내셨다는 것을, 세상이 믿게 하여 주십시오.

나는 아버지께서 내게 주신 영광을 그들에게 주었습니다.

그것은, 우리가 하나인 것과 같이, 그들도 하나가 되게 하려는 것입니다.

내가 그들 안에 있고, 아버지께서 내 안에 계신 것은

그들이 완전히 하나가 되게 하려는 것입니다.

그것은 또, 아버지께서 나를 보내셨다는 것과

아버지께서 나를 사랑하신 것과 같이 그들도 사랑하셨다는 것을

세상이 알게 하려는 것입니다.

요한복음 17:21-23

더 좋은 세상은 어디에

한대수
"행복의 나라로"

장막을 걷어라
나의 좁은 눈으로 이 세상을 더 보자
창문을 열어라
춤추는 산들바람을 한 번 더 느껴 보자
가벼운 풀밭 위로 나를 걷게 해 주세
온갖 새들의 소리 듣고 싶소
울고 웃고 싶소 내 마음을 만져 줘
나는 행복의 나라로 갈 테야

접어드는 초저녁
누워 공상에 들어 생각에도 취했어
벽에 작은 창가로
흘러드는 산뜻한 노는 아이들 소리
아하 나는 살겠소 태양만 비친다면
밤과 하늘과 바람 안에서
비와 천둥의 소리 이겨 춤을 추겠네
나는 행복의 나라로 갈 테야

고개 숙인 그대여 눈을 떠 보세
귀도 또 기울이세
아침에 일어나면 자신 찾을 수 없이
밤과 낮 구별 없이
고개 들고서 오세 손에 손을 잡고서
청춘과 유혹의 뒷장 넘기며
광야는 넓어요 하늘은 또 푸르요
다들 행복의 나라로 갑시다

아티스트 | 한대수
곡명 | 행복의 나라로
앨범 | 멀고 먼 길
발매 연도 | 1974

인간은 모두 자신만의 이상적 세상을 꿈꿉니다. 중세 말기, 토머스 모어 Thomas More는 사회주의적 평등사회인 '유토피아'를 꿈꾸었고, 프란시스 베이컨 Francis Bacon은 현대 과학기술로 도래할 '뉴아틀란티스'를 기대했습니다. 우리가 꿈꾸는 더 좋은 세상은 어디에 있을까요? 유토피아는 늘 대중의 가슴에 꿈틀대고 있으며, 많은 가수들이 그 꿈을 노래했습니다. 반대로 더 나은 세상을 바라는 꿈이 현실에서 무산되고 나아갈 바를 잃은 이들은 염세적 절망을 노래하기도 합니다.

태평양을 건너온 히피

인권과 반전평화 운동이 소용돌이치던 1960년대에 꽃핀 미국의 히피 문화는, 억압받는 청춘들의 현실에 대한 절망과 새로운 세상에 대한 희망이 교차하며 터져 나온 반문화 counter-culture 현상입니다. 이들의 정신은 '포크'라는 음악 장르를 통해 전 세계로 퍼져 나갔습니다. 1966년에 혼성 4인조 그룹 마마스 앤드 파파스 The Mamas and the Papas가 발표한 "캘리포니아 드리밍 California Dreaming"은 히피들의 찬가로 불리는 포크의 명곡입니다. "자유롭게 살고, 자유롭게 놀고, 자유롭게 사랑하자 live free, play free and love free"는 히피의 이상을 감미로운 멜로디와 하모니에 담아 들려줍니다.

나뭇잎은 모두 시들고 하늘은 잿빛이지
이런 겨울날 난 산책을 하곤 했어

내가 LA에 있다면 안전하고 따뜻했을 거야

이런 삭막한 겨울날, 난 캘리포니아를 꿈꾸네

>   All the leaves are brown and the sky is gray
>   I've been for a walk on a winter's day.
>   I'd be safe and warm if I was in L.A.
>   California dreaming on such a winter's day.

"캘리포니아 드리밍"이 묘사하는 춥고 우울한 도시 풍경은 당시 청춘들이 느꼈던 절망과 허무를 상징합니다. 그리고는 무언가에 얽매어 떠나지 못하는 도시인에게 "자연과 이상향을 동경"하도록 히피 정신을 일깨웁니다.[1] 이 노래는 발표되자마자 히피들의 찬가로 떠오르는데, '캘리포니아'는 일종의 이상향으로 여겨지는 상징적 장소라고 할 수 있습니다.

이 노래는 1994년에 왕가위 감독이 발표한 영화 〈중경삼림〉의 주제가로 쓰이면서 우리나라에서 다시 한 번 큰 주목을 받았습니다. 왕가위 감독은 홍콩 반환을 앞두고 불안해하는 젊은이들의 상황을 그리면서 이 노래와의 접점을 발견합니다. 당시 홍콩의 젊은이들도 '떠나갈 어딘가'를 간절히 바랐습니다. 1960년대 히피들이 꿈꿨던 이상향은 1970년대 초 한국 젊은이들 사이에서도 나타납니다. 그 희망을 대변한 노래가 바로 한대수의 "행복의 나라로"입니다.

한대수는 우리 대중음악사에서 가장 독특하고 기이한 인물입니다. 핵물리학자였던 아버지의 미스터리한 실종, 그로 인해 한국과 미국을 오가며 정체성 혼란을 겪어야 했던 청소년기, 군부 독재 시절 도리어 자유를 꿈꾸며 구축한 독특한 음악 세계, 사연 많은 개인사와 한국 근현대사를 관통하며 축적된 노래들은 끊임없는 음악적 실험과 깊은 사유의 옷을 입고 충격적으로 등장합니다. 이런 한대수는 자신의 음악적 우상이었던 밥 딜런처럼 한국 포크록의 창시자로 기록됩니다. 하지만 한국의 정치 상황과 음악 산업의 시장 논리는 이 고독한 천재를 시대의 방랑자로 만듭니다. 아니, 어쩌면 그는 세상 어디에도 안주하지 못하고 떠돌 수밖에 없는 보헤미안의 운명을 타고났는지도 모릅니다.

1970년대 초 대학가를 중심으로 한국 젊은이들 사이에는 기성문화와 구별되는 새로운 문화가 자발적으로 등장합니다. 당시 언론은 이 새로운 문화에 '청년 문화'라는 이름을 붙입니다. '노래 운동'은 이 청년문화의 상징이었으며, 특히 1970년대의 '통기타' 음악 문화는 청년층 하위문화가 형성되는 시발점이었습니다. 통기타 음악이 지향하는 세계는 기성세대와 구별된 자유와 낭만, 그리고 '소박하고 가난한 삶'이었습니다. 그런 의미에서 이들이 지향하는 바는 1960년대 서구의 "히피주의 세계와 일정한 공통점을 가지고 있습니다." 당시의 통기타 세대가 "장발과 청바지라는 히피주의 스타일을 차용한 것은 단순히 서구 스타일 모방을 넘어 규격화된 기성 문명과 질서로부터 벗어나고 싶은 일탈과 자유의 욕망을 드러낸 것입니다."[2]

1968년에 귀국한 한대수는 송창식, 윤형주, 조영남이 활약했던 '세시봉'에서 데뷔하지만, 번안곡을 주로 불렀던 세시봉 가수들과는 달랐습니다. 그는 개인적 낭만주의를 크게 벗어나지 않았던 당시 포크 가요와는 다른, 대신 김민기나 양병집의 음악 세계와 유사한, 뭔가 의미심장한 사색과 은밀한 비판 의식을 담은 노래들을 발표합니다. 더 나아가 그의 노래에서는 종교적 분위기까지 묻어났습니다. 그래서인지 한대수는 세시봉에서 데뷔했지만 '세시봉 가수'로 분류되지는 않습니다.

1960년대에 뉴욕에서 십대 시절을 보낸 한대수는 히피 문화를 실시간으로 받아들이며 시대를 앞선 음악을 선보였습니다. 그가 귀국하면서 선보인 파격적 패션과 행동은 여러모로 화제가 되었습니다. 말 그대로 진짜 '히피'

같이 갈 수 있어요

한 명이 한국 땅에 상륙한 것입니다. 그래서 한대수의 1969년 남산 드라마 센터 공연은 한국 대중음악사에 한 획을 긋는 일대 사건으로 남습니다. 홀로 무대에 선 한대수와 시계 소리만으로 시작된 오프닝, 공간을 채운 향 내음, 그리고 전위적인 톱 연주까지, 시종일관 관객의 오감을 사로잡으며 경이로운 공연을 만들어 냈습니다. 그는 분명 한국 대중가요 역사에서 전혀 볼 수 없었던 아방가르드 예술가였습니다.

1971년부터 1974년까지 군복무를 마치고 제대한 한대수는 「코리아 헤럴드」 기자로 일하며 부수적으로 음악 활동을 이어갑니다. 그가 작곡하고 김민기와 양희은이 부른 "바람과 나" "행복의 나라로"가 큰 인기를 끌면서, 한대수는 1974년에 첫 앨범 〈멀고 먼 길〉을 발표합니다.

소유의 가치를 넘어선 행복

그가 단 하루 만에 녹음을 마쳤다는 이 역사적인 데뷔 앨범은 파격 그 자체였습니다. 일단 앨범 표지에 담긴 일그러진 얼굴 사진부터 심상치 않은 느낌을 줍니다. '멋쟁이 가수의 예쁜 사진'을 주로 내세웠던 당시 표지와 달리, 험상궂은 한대수의 그로테스크한 표정은 내면의 불만과 냉소를 한 컷으로 표현한, 앨범 재킷 미학의 절정입니다. (어릴 때 고모가 소장한 이 앨범 표지를 보고는 무서운 아저씨 얼굴 때문에 깜짝 놀랐던 공포감이 지금도 생생합니다.) 음악적으로도 이 앨범은 여덟 곡 중 한 곡도 그냥 지나칠 수 없는, 한국 대중음악사의 가장 위대한 앨범 중 하나로 꼽힙니다.

첫 트랙의 "물 좀 주소"는 전주도 없이 터져 나오는 찌그러지고 기괴한 목소리로 듣는 이를 충격에 빠뜨립니다. "물 좀 주소. 물 좀 주소. 목마르오, 물 좀 주소. 물은 사랑이오. 나의 목을 간질며 놀리면서 밖에 보내네." 오늘날 한국 대중음악계에서 이렇게 개성 있는 목소리를 찾을 수 있을까요? 이십대 초반의 목소리라고는 믿기 어려운 거친 절규가 보컬의 문법을 무너뜨리며 청중을 단번에 사로잡습니다.

"스무 살의 나는 그냥 너무 화가 나서, 세상에 화가 나고, 사는 게 화가 나서 물 좀 달라고 고함을 친 거다."[3] 그는 한 인터뷰에서 이렇게 부연했습니다. 이처럼 한대수는 억압된 사회에서 자유를 갈구하는 마음을 대변하듯 절규합니다. 이때 한대수의 음악은 포크를 넘어 로큰롤과 1970년대 후반 영미권의 펑크Punk로까지 한 발 더 나아가는 듯 보입니다.

이 파격적 앨범은 당연히 바로 금지곡으로 지정돼 대중과 분리됩니다. 음악평론가 강헌은 이 사건을 이렇게 묘사합니다. "자유를 모르는 사회에게 자유를 충동했다. 불온하고 위험하고 아름답다. 〈멀고 먼 길〉이 전량 폐기된 것은 유신 시대 거대한 분서갱유의 시작이었다."[4] 이런 시대에 한대수는 어떤 "행복의 나라"를 꿈꿨을까요?

> 장막을 걷어라 나의 좁은 눈으로 이 세상을 더 보자
> 창문을 열어라 춤추는 산들바람을 한 번 더 느껴 보자
> 가벼운 풀밭 위로 나를 걷게 해 주세 온갖 새들의 소리 듣고 싶소
> 울고 웃고 싶소 내 마음을 만져 줘
> 나는 행복의 나라로 갈 테야

한대수는 이 노래를 열일곱 살에 작곡합니다. 그는 한 인터뷰에서, 이 노래를 두고 여기저기 떠도는 삶이 너무나 고통스러워 '행복의 나라'를 찾기 바랐던, 차라리 '바람'이 되고 싶었던 시절에 나온 곡이라고 밝힙니다. 낭만이 아니라 고통 속에서 명곡이 탄생한 것입니다. 그는 행복의 나라가 저 너머 세상이 아니라 내면의 눈을 떠야 닿을 수 있다는 것도 알았습니다. 3절

에서 그는 이렇게 노래합니다. "고개 숙인 그대여 눈을 떠 보세. 귀도 또 기울이세."

마음의 장막을 걷어 버리고 닫힌 눈을 뜨고 바라보면 눈앞에 새로운 세상이 펼쳐진다고 노래합니다. 좋은 환경이 아니라 환경을 초월한 행복의 가치로 시선을 돌립니다. 이는 소유를 넘어선 자유입니다. 한대수는 한 인터뷰에서 다음처럼 말합니다.

> 마리화나를 하고 머리를 기르는 것이 히피의 본질이 아니다. 사랑과 평화 속에서 더불어 살며 감정에 솔직하고 자연을 아끼는 것이 히피다.…내게 가장 소중한 것은 자유거든요. 해방되고 싶은데, 해방되고 싶은 조건이 자본주의 사회니까 돈이죠. 하지만 아무리 해도 그 부분은 해방될 수 없잖아요. 있는 사람도 해방되지 못하고 있죠. 그래서 가능한 미니멀 리빙할라꼬 해요. 가장 극소수의 생활을. 먹고 자고 그런 것을.[5]

우리가 생각하는 행복의 조건은 무엇인가요? 여기저기서 들려오는 행복의 환호성은 미디어와 소비사회가 주입하는 허영의 판타지인지 모릅니다. 언젠가 강의 시간에 학생들에게 이런 질문을 했습니다. "어느 정도 돈이 있으면 경제적으로 자유로울까?" 10억 원 정도를 생각했던 제 예상은 완전히 빗나갔습니다. 대다수 학생들은 통 크게 100억 원을 불렀습니다. 강남에 빌딩 하나 정도는 있어야 한다는 거죠. 우리가 조롱하고 혐오했던 무위도식하는 '강남 땅 부자'가 그들의 꿈이었던 셈입니다.

양극화가 심해질수록 전 계층이 생각하는 돈의 가치는 오히려 사람들의 의식을 동질화합니다. 깨끗한 척하는 우리지만 자신의 천박한 욕망을 가리려 부자들을 비난하고, 생각에도 없는 나눔의 삶을 주장하고, '나도 좀 먹자'는 심정으로 경제 민주화를 부르짖는 것은 아닐까요?

경제적 풍요가 행복을 보장하지는 않습니다. 그 욕구가 채워지지 않으면 행복할 수 없을까요? 물론 생존을 위한 기본 욕구가 해결되지 않으면 결코 행복할 수 없습니다. 그러나 성경은 행복은 삶의 목표가 아니라 태도라고 일러 줍니다.

한대수는 "행복의 나라로"에서 자연과 인간이 어울리는 나라, 탐욕을 내려놓고 주어진 것을 누리고 감사하는 나라, 함께 울고 웃으며 서로를 위로하는 나라, 무엇보다 한 사람 한 사람이 타인의 시선과 억압에서 벗어나 자기 목소리를 내며 자유롭게 사는 나라를 꿈꿉니다. 그는 '푸른 하늘과 넓은 광야'에서 정신적 풍요를 누리는 사람이야말로 진정 행복한 사람이라고 말합니다. 그래서 '바람'은 그의 노래에서 중요한 은유로 자주 등장합니다. "바람과 나"에서처럼 말입니다.

끝, 끝없는 바람,
저 험한 산 위로 나뭇잎 사이로 불어 가는
아 자유의 바람,
저 언덕 위로 물결같이 춤추던 님
무명 무실 무감한 님,
나도 님과 같은 인생을 지녀 볼래[6]

하나님 나라의 가치 혁명

김창남 교수는 오래전 한 논평에서 김민기를 높이 평가한 뒤, 이에 비해 한대수의 노래에는 매우 인색한 점수를 줬습니다. "김민기가 자신의 음악 활동을 통해 '나'에서 '우리'의 주체로 그 지평을 넓히며 정치적 문제의식을 고양한 것에 비해, 한대수는 미국 문화의 모방에 그치며 개인적 감상주의를 벗어나지 못했다"고 비평했습니다.

> 1970년대 초 한국의 청년 문화란 바로 그러한 일련의 문화적 현상이 아무런 비판 없이 모방 이식되었던 현상에 불과하다. 그 선두 주자 격이었던 한대수의 "행복의 나라로"는 바로 그러한 한계를 명백히 보여 주는 것이었다. 미국적일 수밖에 없는 정서가 한국적 현실이 부딪혔을 때 나타난 갈등은 이 땅에 행복의 나라를 건설한다는 의지가 아니라 어딘가에 있을 행복의 나라로 찾아가겠다는 표현으로 나타나고 있다.…그는 너무도 미국적이었던 것이다. 결국 그가 스스로 정신적으로 몸담고 있던 '행복의 나라'(미국)로 가 버린 것처럼 그의 노래는 몇 가지 '새로움'의 의미만 남긴 채 대학가 노래운동에서 그 힘을 잃어버리게 되는 것이다.[7]

이는 한대수의 노래에 이데올로기라는 잣대를 들이대 폄하하는, 지나친 편견입니다. 한대수가 원한 것은 정치적 해방을 위한 민중운동도 아니고, 산업 부흥과 경제 성장을 통한 풍요도 아니었습니다. 그는 우주와의 합일을 통한 자연스러움과 그 안에서 누리는 영적 자유를 원했습니다. 그는 "행복의 나라로"에서 '사회의 개혁'보다는, 스스로 만든 편견의 벽을 무너뜨리고 좁은 눈을 여는 '사고의 개혁'을 요청합니다. 그래서 그가 꿈꾸는 '행복의 나라'는 정치적이라기보다는 종교적입니다.

그는 평생 자유를 추구하며 살았지만 자신이 기독교 신자라는 사실을 공개적으로 드러낸 신앙인이었습니다. 그가 믿는 자유는 개인의 욕망을 마음껏 추구하는 쾌락과 방종이 아니었습니다. 오히려 그는 인간의 나약함을 경계하며 신앙이 필요하다고 고백합니다. "인간이 허약하고 외롭고 그러니까, 위대한 성인이 있음에 위안을 얻고 종교적 가르침을 따르는 거지. 거기엔 참 좋은 말이 많아요." 하지만 그는 신을 이용해 욕심을 채우는 종교지도자에 대해서는 극심한 혐오감을 드러냅니다.

> 우리의 적은 뭐냐! 종교 리더라고. 이 사람들이 뭐냐! 아주 위험한 사람들이거든. 왜냐하면 "나는 하나님의 길을 안다. 나를 따르라!" 지가 뭔데! 지가 뭐 안다고 하나님의 길을 어떻게 알아! 신학박사인 우리 할아버지도 모르는데 어떻게 자기가 길을 안다고. "당신이 가진 걸 저 하늘에 바치면 영광이 있을 거다." 그런 사람 좀 맞아야지.[8]

한대수의 비판처럼 언제부터 기독교가 자유의 복음을 망각하고 도리어 자유를 억압하는 종교 체제가 된 것일까요? 종교적 율법은 인간의 자유를 억압하는 것이 아니라, 성숙한 사람들이 누리는 진정한 자유로 우리를 이끕니다. 전통주의자는 인간의 자유가 초래할 무질서를 염려하지만, 복음은 자유를 존재의 중심에 둡니다. 오히려 전통이나 도덕의 토대가 자유인 셈입니다.

어느 날 바리새인이 예수에게 이렇게 묻습니다. "하나님 나라가 언제 오느냐?" 그러자 예수는 이렇게 답합니다. "하나님의 나라는 눈으로 볼 수 있는 모습으로 오지 않는다. 또 '보아라, 여기에 있다' 또는 '저기에 있다' 하고 말할 수도 없다. 보아라, 하나님의 나라는 너희 가운데에 있다"(눅 17:20-21). 예수가 선포한 하나님 나라는 경제적 풍요나 특정 정치 체제가 아닙니다. 육체의 만족을 넘어 마음의 평화와 기쁨을 누리는 세상입니다. 그것은 죽은 다음에 가는 나라가 아니라 지금 여기서 하나님의 영이 우리를 다스리는, "공의가 물처럼 흐르고, 정의가 마르지 않는 강처럼 흐르는 나라"입니다. 성령으로 거듭난 사람은 물질과 관계와 이념의 집착에서 벗어나 자유로운 '바람' 같이 사는 사람들입니다.

고개 들고서 오세 손에 손을 잡고서
청춘과 유혹의 뒷장 넘기며
광야는 넓어요 하늘은 또 푸르요
다들 행복의 나라로 갑시다

어디서 이런 절대적인 '행복의 나라'를 찾을 수 있을까요? 누가 이 목마름을 해갈할 수 있을까요? 정신없이 땅바닥을 파면서 눈앞의 욕심만 좇으면서는 이런 희망을 찾기 어렵습니다. 고기를 들어 하늘의 뜻을 바라보고, 멀리 동서남북 주위를 돌아보며, 인생의 볏된 이웃과 자연과 더불어 하루하루를 시작합시다. 그러면 나도 모르는 사이에 내 안에서 하나님 나라의 가치혁명이 시작될 것입니다. 다들 이 '행복의 나라로' 함께 갑시다.

하나님의 나라는 먹는 일과 마시는 일이 아니라,
성령 안에서 누리는 의와 평화와 기쁨입니다.
로마서 14:17

주

머리말 길 위에서 자유롭게

1 강헌, 『전복과 반전의 순간: 강헌이 주목한 음악사의 역사적 장면들』(돌베개), pp. 4-5.
2 Paul Tillich, *Theology of Culture* (Chicago: University of Chicago Press, 1959), pp. 7-8.
3 Milton G. Sernett, "Black Religion and the Question of Evangelical Identity", Donald Dayton & Robert Johnston (eds.), *The Variety of American Evangelicalism* (Downers Grove: IVP, 1991), p. 135.
4 Harry Stout, *Divine Dramatist: George Whitefield and the Rise of Modern Evangelicalism* (Grand Rapids: Eerdman, 1991).
5 Nathan Hatch, *The Democratization of American Christianity* (New Haven: Yale University Press, 1989).
6 신국원, 『니고데모의 안경』(IVP), pp. 79-80.

1장 벤 E. 킹, "Stand by Me"

1 리듬앤블루스의 태동과 발전에 대해서는 다음 책을 참조하라. 임진모, 『젊음의 코드, 록』(북하우스), pp. 23-36.
2 엘비스 프레슬리 공연 실황 DVD.
3 한국에서도 크게 사랑 받는 "Precious Lord, Take My Hand"의 한국어 번역 가사는 다음과 같다.

> 1절: 주님여 이 손을 꼭 잡고 가소서. 약하고 피곤한 이 몸을. 폭풍우 흑암 속, 헤치사 빛으로, 손잡고 날 인도하소서. 2절: 인생이 힘들고 고난이 겹칠 때, 주님여 날 도와주소서. 외치는 이 소리 귀기울이시사, 손잡고 날 인도하소서.

2장 비틀즈, "Let It Be"
1 이무영, "비틀즈, Let It Be", http://www.izm.co.kr/contentRead.asp?idx=22844&bigcateidx=19&subcateidx=52&view_tp=0

3장 U2, "I Still Haven't Found What I'm Looking for"
1 U2의 음악과 종교성에 대해서는 다음 논문을 참조하라. 윤영훈, "영혼의 순례기: 록밴드 U2의 음악과 삶, 그리고 믿음, 1980-1989", 「한국기독교 신학논총」 96호 (2015): pp. 244-269.
2 Steve Stockman, *Walk On: The Spiritual Journey of U2* (Lake Mary: Relevant Books, 2001), p. vii.
3 Steve Turner, *Hunger for Heaven* (London: Virgin Books, 1988), p. 175.
4 신현준, 『얼트 문화와 록음악』(한나래), p. 165.
5 폴 틸리히, 『믿음의 역동성』(그루터기 하우스), pp. 50-58.
6 위르겐 몰트만, 『신학의 방법과 형식』(대한기독교서회), pp. 115-116, 119.

4장 콜드플레이, "Fix You"
1 Henry Nouwen, *Bread For The Journey: A Daybook of Wisdom and Faith*, Reprint ed. (New York: Harper One, 2006), p. 187.
2 피에르 부르디외, 『구별짓기: 문화와 취향의 사회학, 상』(새물결), p. 44.

5장 시인과 촌장, "가시나무"
1 이혜숙, 손우석, 『한국 대중음악사: 통기타에서 하드코어까지』(리즈앤북), p. 168.
2 동아기획 음악인들 가운데 상당수는 이후 기독교 신앙으로 회심하고 대중음악과 CCM 사역을 병행하고 협력하는 돈독한 관계를 유지했다. 특히 1994년 발표한 더블 앨범 〈한 톨의 밀알 되어〉는 하덕규와 최덕신의 주도로 한동준, 김광석, 박학기, 이병우, 주찬권 같은 동아기획 음악인들과 CCM 사역자들이 협력하여 발표된 특별한 결과물이다. 비록 대중적인 성공을 거두지는 못했지만 이 음반은 예술적 차원에서 매우 탁월하였고, 기아 난민을 돕는 선한 동기로 이루어진 대형 프로젝트였다.
3 윤영훈, "소피스트들의 시대에 소크라테스는 어디에", NCCK 새월호참사대책위원회, 『곁에 머물다』(대한기독교서회), p. 36.

6장 심수봉, "백만 송이 장미"
1 임진모, 『가수를 말하다』(빅하우스), p. 110.

2 "백만송이 장미"의 원곡에 대해 다음 책을 보시오. 이충범, 『노래로 듣는 설교』(대한기독교서회), pp. 126-128.
3 장경철, 『인생의 무의미를 말하기 전에』(예영), pp. 173-175.

7장 신해철, "민물장어의 꿈"
1 신해철, 지승호, 『쾌변독설』(부엔리브로), pp. 78-84, 272-274.

8장 밥 딜런, "Like a Rolling Stone"
1 알 쿠퍼Al Kooper는 팝 역사상 가장 뛰어난 연주자이자 작곡자로 인정받는 아티스트이다. 그는 블루스와 가스펠에 심취해 독학으로 음악활동을 시작했으며 로큰롤의 출현 이후 여러 밴드와 세션으로 활동하며 그 명성을 쌓았다. 그는 즉흥 연주로 밥 딜런의 "Like a Rolling Stone"의 녹음에 참여했으며, 밥 딜런은 그의 연주를 매우 좋아해 이후 여러 앨범에도 세션으로 초대했다.
2 이무영, "밥 딜런, Like a Rolling Stone", http://www.izm.co.kr/contentRead.asp?idx=23407&bigcateidx=19&subcateidx=52&view_tp=0
3 고미숙, 『돈의 달인 호모 코뮤니타스』(그린비), p. 84.
4 한대수, 『영원한 록의 신화 Beatles vs 살아있는 포크의 전설 Bob Dylan』(숨비소리), p. 118.

9장 휘트니 휴스턴, "The Greatest Love of All"
1 클라이브 데이비스Clive Davis는 지난 50여 년 동안 수많은 스타를 양산한 대중음악 산업의 전설이다. 그와 함께 한 아티스트들은 휘트니 휴스턴뿐 아니라 밥 딜런, 브루스 스프링스틴Bruce Springsteen, 빌리 조엘Billy Joel, 베리 매닐로우Barry Manilow, 케니 지Kenny G, 사라 맥라클란Sarah McLachlan, 티엘시TLC, 퍼프 대디Puff Daddy, 핑크Pink, 앨리샤 키스Alicia Keys, 켈리 클락슨Kelly Clarkson, 애덤 램버트Adam Lambert까지 그를 빼놓고는 팝 음악 역사를 이야기할 수 없을 정도이다. 그는 신인을 발굴해 스타로 만들거나, 산타나Santana와 로드 스튜어트Rod Stewart 같은 과거의 스타에 새로운 옷을 입혀 재기시키기는 능력을 발휘했다.

10장 머라이어 캐리, "Hero"
1 임진모, "머라이어 캐리", http://www.izm.co.kr/artistReadasp?bigcateidx=&artistidx=1562.

11장 에이브릴 라빈, "Sk8er Boi"

1 1997년부터 1999년까지 3년간 열린 '릴리스 페어'는 캐나다 여가수 사라 맥라클란이 기획한 음악 축제로 여성 뮤지션만 참가했고 관객도 거의 여성이었다. 사라 맥라클란이 "남성이 지배하는 록을 향해 분리 평등을 외치는 것이 행사의 취지"라고 밝혔듯이 1990년대 음악계의 페미니스트 운동의 하이라이트라 할 수 있다. '릴리스'라는 타이틀에도 파격적 메시지가 담겨있는데, 아담의 첫 번째 부인으로 나중에 하와에게 자리를 빼앗긴 고대 신화 속 여성 이름이다. 축제는 모든 면에서 대성공을 거둔다. 실력파 여성 가수들이 총출동한 3년간의 음악 축제는 5,200만 달러의 수입을 거두고 1,600만 명의 관객을 동원했다.
2 안토니오 L. A. 리드는 현 세대 최고의 음반 제작자이며 현재 '에픽 레코드EPIC Records'의 대표다. 2011-2012년에는 미국의 유명 오디션 프로그램, 〈엑스 팩터The X Factor〉의 심사위원으로도 유명세를 탔다. 그는 1990년대 이후 베이비 페이스Baby Face, 바비 브라운Bobby Brown, 에이브릴 라빈, 저스틴 비버Justin Bieber 같은 젊은 아티스트를 발굴해 스타덤에 올린 바 있다.
3 유진 피터슨, 『다윗: 현실에 뿌리박은 영성』(IVP), pp. 29-30.
4 장 프랑소아 리오타르, 『포스트모던의 조건』(민음사), p. 260.

12장 들국화, "행진" "그것만이 내 세상"

1 박준흠, "들국화", 박준흠 편, 『한국 대중음악 100대 명반』(도서출판 선), pp. 46-47.
2 들국화와 비틀즈의 비교론에 대해 다음 글을 참조. 임진모, "비틀즈와 들국화", http://www.izm.co.kr/contentRead.asp?idx=18&bigcateidx=5&subcateidx=7&view_tp=1.
3 정덕환, "삶과 시간의 잔향으로 남은 들국화 그 노래들", http://www.izm.co.kr/contentRead.asp?idx=25686&bigcateidx=19&subcateidx=57&view_tp=0.
4 마크 롤랜즈, 『우주의 끝에서 철학하기』(책세상), pp. 16-29.
5 버트런드 러셀, 『과학의 미래: 버트런드 러셀의 미래를 위한 과학 철학』(열린책들).
6 폴 틸리히, 『새로운 존재』(뉴라이프).

13장 김광석, "일어나"

1 이원석, 『거대한 사기극: 자기계발서 권하는 사회의 허와 실』(북바이북), pp. 5-8.

14장 YB, "나는 나비"

1 임윤혜, "YB vs RRM", http://www.izm.co.kr/contentRead.asp?idx=21885&bigcateidx=1&subcateidx=3&view_tp=1.
2 고미숙, 『아무도 기획하지 않은 자유』(휴머니스트), pp. 285-286.
3 트리나 폴러스, 『꽃들에게 희망을』(시공사). 본 장에 기술된 트리나 폴러스의 책에 대한 해설은 본인과 함께 빅퍼즐문화연구소에서 동역하는 남오성 목사가 북콘서트에서 나누었던 메시지에서 많은 영감을 받았다.

15장 장기하와 얼굴들, "싸구려 커피" "아무것도 없잖아"

1 임진모, "별 일 없이 산다"(장기하와 얼굴들 1집 앨범 리뷰), http://www.izm.co.kr/contentRead.asp?idx=20065&bigcateidx=1&subcateidx=3&view_tp=1.
2 제레미 리프킨, 『노동의 종말』(민음사).
3 요한 하위징아, 『호모 루덴스』(까치), pp. 7-8.
4 이진경, 『문화정치학의 영토들』(그린비), pp. 51-53.
5 차우진, 『청춘의 사운드』(책읽는수요일), p. 29.

16장 존 레논, "Imagine"

1 존 레논의 어머니와 아버지는 그를 낳자마자 이모의 손에 맡기고 떠나 버렸다. 부모의 부재는 존 레논이 성공한 이후에도 지속된 내면의 트라우마였다. 다음은 "마더"의 1-2절 가사다. "어머니, 당신은 나를 가졌지만, 나는 당신을 가지지 못했어요. 나는 당신을 원했지만, 당신은 날 원하지 않았죠. 그래서 난 이렇게 말하려고요. 굿바이, 굿바이. 아버지, 당신은 날 떠났지만, 난 당신을 떠난 적 없어요." 그러나 노래 후반부에서 레논은 다음 같은 후렴구를 애절하게 반복하며 절규한다. "엄마, 가지 마, 아빠 집에 와!" 이 노래는 내가 들은 노래 중 가장 애절한 사랑 노래다.
2 이충범, 『노래로 듣는 설교』(대한기독교서회), p. 27.
3 리처드 도킨스, 『만들어진 신』(김영사), p. 5.

17장 마빈 게이, "What's Going On?"

1 베리 고디 주니어는 1959년에 미국 디트로이트에서 모타운 레코드를 창립했다. 탁월한 음악적 감각과 사업 수단으로 스티비 원더, 마빈 게이, 포 탑스Four Tops, 슈프림스Supremes, 템테이션스Temptations, 잭슨 파이브Jackson Five 등 수많은 슈퍼스타들을 배출하며 흑인 음악을 미국 팝 음악의 주류로 이끈 장본인이다. 한편, 그는 철저한 쇼비즈니스 마인드로 그룹 멤버 간의 불화를 야기하고, 백인 취향에 맞춘 멜로

디 위주의 음악을 양산해 흑인 음악의 정체성을 왜곡했다는 비판을 받는다. 영화 〈드림걸스Dream Girls〉에서 제이미 폭스가 연기가 주인공 커티스 테일러 주니어는 잘 알려진 대로 베리 고디 주니어를 모델로 한 인물이다. 또한 이 영화에서 에디 머피 Eddie Murphy가 연기한 제임스 썬더 얼리는 다빈 게이를 연상시키는 등장인물이다.

18장 밥 말리, "No Woman, No Cry"
1 Paul Tillich, *The Essential Tillich: An Anthology of the Writings of Paul Tillich*, edited by F. Forrester Church (Chicago: The University of Chicago Press, 1999), p. 79.

20장 마이클 잭슨, "Heal the World"
1 이진경, 『모더니티의 지층들』(그린비), pp. 25-30.
2 신지은 외, 『세계적 미래학자 10인이 말하는 미래혁명』(일송북), pp. 10-11.

21장 U2, "One"
1 신현준, 『얼트문화와 록음악 I』(한나래), p. 179.
2 장 보드리야르는 『시뮬라시옹Simularque et Simulation』에서 욕망을 부추기는 복제 기술simulation은 복제된 문화를 만들고, 실재보다 더 생생한 과잉실재hyper-reality에 실제가 오히려 밀려나는 복제 사회simularque의 문제점을 지적한다. 즉, 복제 문화로 말미암아 진정한 예술과 진정한 삶이 복제된 것들에 밀려나는 사태를 예고했다. 장 보드리야르, 『시뮬라시옹: 포스트모던 사회문화론』(민음사), p. 40.
3 윤영훈 "사랑 안에 평화의 길을 노래하다: U2의 음악과 활동 속의 기독교 사회윤리에 대한 연구", 「생명연구」 36호(2015): pp. 33-34.
4 "1001 Greatest Songs of All-time", http://www.rocklistmusic.co.uk/q1001_songs.htm(2014/12/08).
5 르네 지라르, 『폭력과 성스러움』(민음사), p. 17.

22장 한대수, "행복의 나라로"
1 히피 정신은 스콧 메켄지Scott McKenzie가 불러 우리나라에서도 크게 유행한 "샌프란시스코San Francisco"에서도 잘 나타난다. "당신이 샌프란시스코에 간다면 머리에 꼭 꽃을 꽂고 가세요." 히피 운동은 소위 "플라워 무브먼트Flower Movement"로도 불렸다. 이들의 슬로건이 "사랑과 평화"를 상징하기 위해 머리에 꽃을 꽂았기 때문이다. 이 두 노래는 모두 '마마스 앤 파파스'의 리더인 존 필립스John Phillips의 작품이다.

2 김창남, 『대중음악과 노래운동, 그리고 청년문화』(한울 아카데미), pp. 17, 23. 와이엠씨에이는 서구의 포크음악과 통기타 문화를 청년층에 보급한 선구적 역할을 했다. 와이엠씨에이에서는 1965년부터 '싱어롱 와이'라는 가창운동을 통해 새로운 포크송과 복음성가를 다수 보급했다. 이 모임은 당시 신선한 노래운동이자 외국 음악을 접하고 함께 부르는 체험 공간이었으며, 이후 통기타 문화의 효시가 되었다. 김형찬, "1970년대 통기타 음악과 청년문화의 인프라", Ibid., pp. 160-163

3 "'행복의 나라'의 가수 한대수", 「프레시안」(2003년 4월 15일), http://www.hahndaesoo.co.kr/main_who.htm

4 "한대수 음악인생 40년: 강헌이 묻고 한대수가 답하다", 「한겨레 신문」(2015년 4월 12일), http://www.hani.co.kr/arti/culture/music/686453.html

5 "'행복의 나라'의 가수 한대수", Ibid.

6 한대수의 "바람과 나"에 대한 기독교적 해설은 다음 책을 참조하시오. 이충범, 『노래로 듣는 설교』(대한기독교서회), pp. 39-65.

7 김창남, 앞의 책, pp. 25, 27. 이 책에서 김창남 교수는 자신의 이전 글을 소개하며, 한대수에 대한 자신의 평가를 근본적으로 수정할 필요는 없지만, 그의 자유주의적 사상을 이해하기에는 자신과 한국 사회가 너무나 편협했다고 담담하게 자평한다.

8 음악 월간지 「서브Sub」 1999년 11월호, http://www.hahndaesoo.co.kr/main_who.htm

그린이 차재옥

이화여대 사회복지학과를 졸업하고 홍익대 산업미술대학원에서 디자인을 공부한 다음, 여러 매체에 일러스트레이션 작업을 하고 있다. 요가와 산책을 좋아하고 사람들과 이야기하기를 즐긴다. 세상 사람들이 왁자지껄 살아가는 모습을 그리고 싶어 한다. 현재 '빅퍼즐문화연구소'에서 문화기획자로도 일하고 있다. 그린 책으로 『세종: 조선을 설계한 문화의 연금술사』 『화랑이 되고 싶었던 신라 소년 한림』 『여기는 취재현장!』 『키워드 한국사: 근대』 등이 있다.

윤영훈의 명곡묵상

초판 발행	2016년 3월 2일
초판 2쇄	2016년 3월 25일
지은이	윤영훈
그린이	차재옥
펴낸이	신현기
펴낸곳	한국기독학생회출판부
등록번호	제313-2001-198호(1978.6.1)
주소	04031 서울시 마포구 동교로 156-10
대표 전화	(02)337-2257 팩스_ (02)337-2258
영업 전화	(02)338-2282 팩스_ 080-915-1515
직영서점 산책	(02)3141-5321
홈페이지	http://www.ivp.co.kr
이메일	ivp@ivp.co.kr
ISBN	978-89-328-1440-7

ⓒ 윤영훈 2016

책값은 뒤표지에 있습니다.
무단 전재와 복제를 금합니다.